华夏之心

洛阳

中日文化视域中的

黄婕——著

社会科学文献出版社
SOCIAL SCIENCES ACADEMIC PRESS (CHINA)

◆（上）洛阳龙门石窟宾阳洞主尊
◆（下）日本奈良飞鸟大佛

◆ 日本奈良法隆寺

◆（上）洛阳白马寺的空海像
◆（下）日本遣唐使船复原

◆（上）洛阳香山白园的日本书法廊

◆（下）日本人在香山白居易墓前立的石碑

前　言

　　洛阳这座内陆城市不大不小，在现代社会生活中甚至质朴到被嘲笑有点土气，却以各种形式被日本人所熟知。笔者留学日本期间，当得知我来自中国洛阳时，日本朋友总会对我的家乡表现出特别的兴趣，他们常常附加一句"原来是《三国志》中的洛阳啊！"，或者"杜子春的城门还在吗？"。这种亲切与关怀，颇有"君自故乡来，应知故乡事"的期待。明明是中国的古都，却莫名让人生出一种错觉来，仿佛洛阳也是他们的洛阳。所以，考察日本的社会、个人以及学术界视角中的洛阳形象，成为本书的缘起。

　　洛阳是世界上历史最长、王朝更替最多的古都之一。和长安、北京相比，在此地建都的朝代不够集中，王朝也不够强大，但特点是绵延不断。宋元之前洛阳基本上一直以首都或陪都的形式存在，居于中国的思想文化和政治经济的中心地位。甚至在近代的民国时期，洛阳衰落到几乎被人遗忘时，竟然再一次短暂地被定为"行都"①。

　　很多古都作为都城的时候风光集一时之胜，遇到战乱便首当其冲，毁于一旦，洛阳也不例外。然而，多数古都被毁之后便从巅峰跌到谷底，从此一蹶不振，忆及当时盛况恍如隔世。而洛阳却反复被不

---

　　①　1932 年 1 月 30 日国民党政府发表《迁都洛阳宣言》，政府曾迁至洛阳办公；12 月
　　　　1 日都城回迁南京，洛阳被定为"行都"。

同王朝定都，建了毁，毁了再建。无论建筑被毁得多么彻底，哪怕被烧成一片焦土、片瓦不存，洛阳总是能一次又一次地焕发出生机。洛阳最特殊的地方就在于城市文化与时代的发展相重叠，这是一个说起中国的历史、中国的文化，无论如何也绕不开的地方。天然具有一种文化向心力，也是洛阳文化的力量所在。在兴亡盛衰、反反复复的过程当中，关于洛阳的历史记忆也不断地被书写、被添加，绵延不断，成为中国历史文化记忆中最重要的纽带。

李零在其著作《我的中国》中反复提到"茫茫禹迹，划为九州"，认为"禹迹"就是一个"中国符号"，是一种不断被改造，同时又连绵不绝的历史记忆。我对此很赞同，但常常又想，对于大多数普通人来说，相对于一个人有限的时间和精力，茫茫禹迹实在太过于宏大，为理解这片土地的既往和未来，我们需要一个瞭望点。如果要从神州大地上选取一个点来代表茫茫禹迹的话，或许再没有一个地方比洛阳更能够凝缩五千年中华文明的日月光华了。

这片土地和这个名称的历史长到几乎等同于中华文明的历史；而且从没有哪个城市像洛阳这样在众多朝代和政权交替中能反复占据历史的中心地位，辉煌过，也长久地没落过。这个空间不是个静止的容器或平台展示历史演变，而是能够随着历史的演变而不断重新建构和转化，生出"空间话语"。览古通今的史学家们最容易认识到洛阳的意义（或者称之为魅力），作《史记》的司马迁说"三代之居，皆在河洛"；作《汉书》的班固说"京洛有制，王者无外"；作《资治通鉴》的北宋司马光说"欲知古今兴废事，请君只看洛阳城"。日本近代史学巨擘内藤湖南认为，中国文化在特定时代、特定地域会因时势和地势的关系形成一个文化荟萃的"中心"，而洛阳就是最早的中心；当代史学家气贺泽保规则说："既往以长安为基轴构筑的中国史像，如果以洛阳为基轴重新构筑的话，可以发现中国史崭新的一面，感知更加深厚的中国历史世界的沉淀，并且在探索东亚史上也具有重要的意义。"①

相比于文人出色的辞藻文采，历史研究者更能理性地拨开现象看到本质。中日历史学家对洛阳的评价之所以异曲同工，是因为这个城市的城市文化史是一部见微知著的大历史，可以纵观从远古到近世的中华文明，涉及文化的起源与扩散。这个沟通空间与时间的门必然应该从这里打开，从洛阳这个空间潜入时间之流中去。

或许是"只缘身在此山中"之故，我们常常忽视或者无意去了解洛阳的真面目。然而，与中国文化同源、文物互见的日本，却从未停止对洛阳的关注和思考。日本的文字起源、衣冠制度都来自中国，在相当长的历史中，日本对中国的了解和认识都通过洛阳这个窗口。洛阳对于日本有着特别的意义，甚至有人把这两个字称为心灵的故乡，一听到便生出一种古典的安心。日本文化视域中的洛阳研究具有悠久的历史传统，是伴随着日本近代学术体系建立而产生的学术文化，翔实考察日本洛阳学可以追踪到中国文化异域传播的印记和影响。因此，以史为源，洛阳这座城市，可以成为理解和进行中日文化交流的一个关键节点。本书尝试通过洛阳这座古都的文化具象，串联起中日文化视域中的城市、时代、文明等看似宏大的叙事。

文化本身是个纷繁复杂而又模糊隐秘的概念，仿佛无处不在，探究时却都只是零珠碎玉；仿佛触手可及，手过之处却清风般不见其形。世上曾经存在的、现存的，天地之间的万物似乎都可以是文化，可以是一个具体的文化元素，也可以是一种抽象的文化现象，交织重叠，形成一处处自成风格的文化环境，再构成一组组互相影响的文化体系。就连我们人类诞生之前就早已存在的自然风光也被打上文化的

---

① 〔日〕气贺泽保规：《中国中古洛阳的历史地位》，载张占仓编《洛阳学国际学术研讨会论文集》，经济管理出版社，2017，第 631 页。

烙印，那些日月星空、青山绿水、明月清风都被日本的风景学家认为是"文化的母体，所谓风景，就是已经化作文化的环境"。

洛阳，作为一座今日仍活着的古都，其文化内涵与附带价值绝不应仅仅被当作普通地域文化来看待。洛阳本身就是一种"中国符号"，其文化源流数千年来始终与华夏文明一脉相承，仍在融通发展之中。本书大量借助邻邦的异域之眼去品读洛阳的历史风景和文化记忆，梳理和探讨中国和日本文化视域中的洛阳形象，试图从帝业兴衰和人文更替中探寻神州禹迹更深层次的文化源流。

仰望着过于浩瀚的文化星空，如果不知道中华文化之旅该从何处开始，那么在地图上不过是盈寸山河的洛阳也许是最好的切入点。尽管这座古城自元代以来已光环褪尽、沉寂多年，但如同题于 1138 年的《洛阳名园记》序所说："然一废一兴，循天地无尽藏，安得光明盛大，复有如洛阳众贤佐中兴之业乎？"这个沉淀着华夏文明最深刻记忆的地方，必然同我中华文明一起，再次迎来"旦复旦兮，日月光华"！

2019 年 7 月于洛阳

目　录

第一章

古代中日交流史中的洛阳

洛阳——中日实现正式交流的起点

洛阳虽然深处内陆，却自古就与四海环绕的日本关联匪浅，是有历史记载的、中日正式展开交流的起点。在关于日本列岛的最早的记录当中，可以发现种种日本与洛阳直接或间接的关联。

学界一般认为最早提到日本的文字记录是中国的史书《汉书》。《汉书》卷二八《地理志》载："乐浪海中有倭人，分为百余国。"这个记载是现有最早的比较明确的关于日本列岛的记录[1]。唐朝的颜师古研究《汉书》，对此加注："倭音一戈反，今犹有倭国。"并引鱼豢所写的《魏略》云："倭在带方东南大海中，依山岛为国，度海千里……皆倭种。"[2]

《汉书》是中国第一部纪传体断代史，作者东汉史学家班固与洛阳有深厚渊源。班固的父亲班彪出生于陕西扶风，在当时的京师洛阳任职，班固十六岁便进入洛阳太学学习。事实上，《汉书》这部皇皇巨著的编撰以班固为主，班彪、班昭等都有参与，是历时几十年、全家共同完成的。班固一直对洛阳这座城市情有独钟，曾作著名的《两都赋》对比东都洛阳和西都长安，目的是盛赞洛阳的礼仪道德之美，打消当时朝中的迁都

---

[1] 另外，严绍璗等学者认为世界上最早的关于"原日本人"（Proto-Japanese）的地理生态与人文生态的记叙存在于《尚书》或《山海经》中，相关记载包括《禹贡》篇中"冀州……岛夷皮服，挟右碣石，入于河""岛夷卉服，其篚织贝，其包锡贡"，以及《海内北经》中"盖国在巨燕南，倭北。倭属燕"等。

[2] 《魏略》共50卷，是魏郎中鱼豢私撰，可惜其书早已佚失，现今只留有佚文。其内容被《后汉书》《太平御览》等引用，裴松之注《三国志》也多处引用《魏略》。

之念。这篇气势磅礴的大赋广为传诵，南朝梁的昭明太子萧统汇编《昭明文选》，荟萃先秦至南朝梁代八九百年间的 700 余篇文章佳作，《两都赋》作为汉赋文章之典范，被列于整套《文选》开篇的位置。

中国的《文选》最迟于 8 世纪前已传入日本，成为平安时代日本上流社会颇为崇奉的要籍，并直接影响当时的日本文学创作。除了中国人的注释外，还出现了日本学者自撰的《文选》研究著作，江户时期出现大量日文训点本《文选》。著名的《万叶集》就是受其影响的日本古典文学的代表作之一。作为《文选》的开篇之作，《两都赋》不仅在文章技法上对日本文学有影响，班固塑造的重道德守礼仪的洛阳形象，在相当大的程度上奠定了后人对洛阳文化印象的基础。

由于中国与日本列岛只有一海之隔，沿海一带应该自古就存在人员的往来，因此《汉书·地理志》才会说"海中有倭人"，而从中国和朝鲜半岛去到日本的人被日本人称为"渡来人"。虽然《地理志》的记载证实当时我们已经知道倭国的存在，但并没有明确提到和他们的交流。直到成书于 5 世纪的范晔编纂的《后汉书》中，《光武帝纪》《安帝纪》《东夷列传》等才有进一步涉及日本的内容。其中的"建武中，东夷诸国皆来献见"，表明中日间发生了官方的正式往来。特别是"建武中元二年，倭奴国奉贡朝贺，使人自称大夫，倭国之极南界也。光武赐以印绶"这一记载，是关于中日间正式外交的最早记录。这些文字明确显示，古代日本岛与中国的交流在东汉时期有了突破性进展，岛中倭奴国（也有人认为其意应为"倭之奴国"，是日本列岛上众多国家中的一个）使节向在洛阳的光武帝朝贡，并得到封赐。朝贺是诸侯百官向天子参拜的礼仪，倭奴国的来朝是对东汉显示臣服的举动，而光武帝的赏赐则意味着对他们国家的认可和赐福。这是中国和日本历史上第一次最高层次的正式往来，在友善和谐中完成，具有开创性意义。

宋代印刷业兴盛，大量汉籍从中国输入日本。图 1 的《后汉书》是日本保存的南宋庆元年间（1195～1200）的印刷版，其真本被作为日本国宝现保存于日本国立历史民俗博物馆。《东夷列传》中的文字不仅记载了57年倭国向东汉派遣使节、光武帝赐予金印，还包括倭王在安帝时代再次派遣使节来到洛阳进贡，以及在桓、灵二帝时期的卑弥呼相关信息。文字的细枝末节中包含日本原始国家时期的线索，顺藤摸瓜可以推测出大量信息，每一个字都值得研究。例如"安帝永初元年，倭国王帅升等献生口百六十人，愿请见"中，这个进贡的倭国王与光武帝赐印的倭王是什么关系？他的名字是叫"帅升"还是"帅升等"？很多细节还没有完全确定，值得多方对照、反复考证。

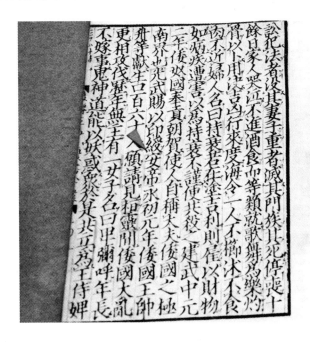

图1　保存在日本国立历史民俗博物馆的宋版《后汉书》

资料来源：日本国立历史民俗博物馆官网。

让这段尘封的历史又重见天日的是，1784年2月初春，日本九州地区一个名叫甚兵卫的农民偶然在福冈县的志贺岛上发现一枚纯金打造的印章。这枚金印随后被证明为汉光武帝所赐之物，成为关于日本古代历史记载的关键实证，引起轰动。后来做清朝驻日本公使的黄遵宪"尝于博览会中亲见之"，写下"博物千间广厦开，纵观如到宝山回。摩挲铜狄惊奇事，亲见委奴汉印来"的诗句，并在《日本杂事诗》卷一中注释说"有金印一，蛇纽方寸，文曰汉委奴国王。云筑前人掘土得之。考《后汉书》，建武中元，委奴国奉贡朝贺，光武赐以印绶。盖即此物也"。（图2）

图2　金印的侧面、正面和印文

资料来源：日本福冈市博物馆官网。

金印的发现对日本极其重要，当年发现金印的地方，早在1922年就竖立起一块刻有"汉委奴国王金印发光之处"的石碑，如今建成了金印公园作为纪念。现在这枚金印被日本政府指定为国宝，收藏在福冈市博物馆中，特意保存在幽暗的室内，以彰显黄金的璀璨光辉。并在下方放置镜子，可以映出印中的文字供人观看。对于此金印的真伪，以及为何是"委"而非"倭"，日本学界展开超过二百年的争论。虽然日本主流学说认定此印为当年汉光武帝所赐金印，并写入日本学校历史教科书，但至今仍有此金印系伪造之说。有意思的是，保存金印的日本福冈市多次开展关于金印真伪之辨的公开辩论，各路学者从不同角度激烈交锋却各执其词，难有定论。

其时日本还处在文明发展的初始阶段，使者们经过海上漂流和陆地跋涉，历经万难来到东汉都城，第一次正式与中国往来。中国与岛国的环境风物对比显著，特别是文明与物质的发展远远领先当时还处在弥生时代中后期的日本列岛。而当时的洛阳，被称为"九六城"，其城郭在班固的《东都赋》中被描述为"增周旧，修洛邑，扇巍巍，显翼翼。光汉京于诸夏，总八方而为之极。于是皇城之内，宫室光明，阙庭神丽"。相信这样的洛阳给远道而来的使者留下深刻的印象，被惊为天外城邦。中国国都的城里城外、使者的所见所闻都被他们带回去传达给日本列岛上的人们。这些描述经过历代的口口相传，形成岛国对"洛阳"这个地方的最初印象。

直到 8 世纪的奈良时代，日本才形成本国内最早的史书《日本书纪》和《古事记》。主要记录东汉王朝历史，包括都城洛阳大量事宜的《后汉书》，附带记录了当时与之有关联的日本的情况，成为日本史中最为重要的原始资料。也就是说，正是有了古代中日间的往来，才有了《后汉书·东夷列传》中的这些文字记录来弥补日本自身历史记录的空白。虽然关于日本的内容只有寥寥数语，却足以证实当时日本列岛已进入弥生文化时代，初步形成原始国家形态。可以让后人相对明确地了解当时日本列岛发生了什么、古代日本到底是什么状况。他们能够遣使穿越大海、长途跋涉到内陆，并且与东汉王朝沟通，说明虽然当时日本列岛的文明发展程度远远落后于中国，但其文化、技术、语言已发展至一定阶段，并且有与外界交往的愿望和能力。

中日交流史上的正式往来开始于东汉，洛阳城见证了中日间最早的友好交往，是真正可以称作中日正式交流起点的地方。相关记录为日本历史留下最早的、无比珍贵的资料，其开创性意义是无论怎样强调都不为过的。

邪马台国使者来朝

东汉末年，内忧外患、百事艰难的东汉王朝国力衰退，皇权难以为继。中国是天下大乱，而日本列岛也战乱不断，这期间没有中日间交往的记录。直到三国纷争尘埃落定，天下大势基本上归魏时，日本岛上列国才再次开始正式朝贡，与中国进行交流。这与永初元年（107）对东汉的最后一次朝贡间隔了百余年，总算再次开启了中日间的正式交往，这次交往仍然是以洛阳为中心进行的。

《后汉书·东夷列传》中提到的倭人卑弥呼政权，《三国志·魏书·东夷传》有更为详细的文字记述。这段两千多字的记叙也被称为《魏志倭人传》，较为具体地涉及日本岛上邪马台国的位置、风土人情以及与中国的交流，成为了解古代日本史的必读资料。

根据这段文字记载，邪马台国的首领是卑弥呼女王，239 年派遣使者来到魏都洛阳献上奴隶进行朝贡。卑弥呼政权得到魏明帝肯定，卑弥呼不仅被封为亲魏倭王，还获得金印紫绶，以及锦缎绢织和包括百枚铜镜在内的大量财物。邪马台国在随后的正始年间也数次来朝，与魏国保持了良好的关系。魏也派出使者回访，可谓高规格的外交待遇。这期间中日发生了相当频繁的往来和交流，正始八年（247），魏王朝甚至派遣官员前往岛上协助处理邪马台国与狗奴国的争端和卑弥呼死后事宜。一般认为，《魏志倭人传》的内容之所以极其具体而翔实，很有可能是因为魏国对倭国派出的使者曾往来于大陆与日本列岛之间，这段记录就是根据亲自登上日本岛并进行实地考察之人的实地见闻形成的。

邪马台使者来洛阳向魏明帝朝贡的时期，日本仍处于弥生时代（公元前 300 年至 3 世纪）的中晚期，与中国的交流、接触带来了物质的交换和流动。随后而来的是日本史中的"古坟时代"，因大量发现古坟而得名。这个时期的古坟形状以前方后圆为主，出土了大量可以反映日本岛与大陆交往的文物。图 3 是埼玉县稻荷山的出土物品，其中的金错铭铁剑上刻有 115 个汉字，铜镜也被认为是中国的铜镜，甚至有可能是魏明帝赐给卑弥呼的那批铜镜中的一个。

作为日本的史前记录，相比于《汉书·地理志》和《后汉书·东夷列传》，《魏志倭人传》的篇幅大大增加，"南至投马国，水行二十日……女王之所都，水行十日，陆行一月"等记叙，第一次用相

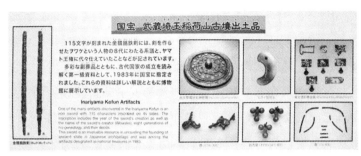

图3 稻荷山古坟出土文物

资料来源：さきたま古墳公園（行田市）稲荷山古墳，https：//
www. go2park. net/photo/kofun_ inariyama. html。

对详细的具体数字记录了日本列岛上的众多原始国家的位置和风貌，
因而更显珍贵，是解读邪马台国谜团的重要依据，为了解古代日本列
岛以及日本国家的起源提供了可能性。

日本学者纷纷以这些文字为根据展开研究：有人通过使节沿途的记
录试图推测出他们从大陆到岛上列国所走的路线和路程，进而确定邪马
台国的具体位置；由于早期表现外国人名和地名时比较随意地采用汉字
注音，有人通过当时洛阳通行的语言发音分析各个名称的汉字标记，从
读音上分析日本古国名称中可能存在的日语发音，与日本古史对照，考
察当时的国名；由于后来出土的古坟时代的部分铜镜上刻有"师出洛阳，
铜出徐州"的字样，还有人专门研究铜镜是否为当时魏明帝所赐的魏镜，
或者是由中国洛阳的技师来到日本以后在日本本土制造的；等等。这诸
多问题都是涉及日本国家起源的重大问题，需要与考古、历史、语言学
等众多学科结合进行研究，其中还存在大量假说和争议。尽管很多问题
的探讨在学术界持续了上百年，至今仍未有明确定论，但"洛阳"始终
是这些研究和争论中的关键词，是许多线索的重要参照物。

"日出处天子"的国书

5世纪至6世纪，魏晋之后中原大乱，随着"八王之乱"带来

"五胡乱华"，洛阳处在纷争的旋涡中心。大量士人权贵跟随朝廷迁往南方，衣冠南渡让中国进入南北朝时期。这期间日本列岛基本上完成了统一，建立起全国性政权——大和政权。由于地缘关系，日本岛上的大和政权与南朝有交流，留下"倭国五王"遣使朝贡的记录。

中日之间的交往又经过一百多年的空白期，在隋朝统一中国后，再次出现突破性进展，其标志是日本历史上有名的圣德太子致隋炀帝国书事件。圣德太子在日本史上是以聪慧、仁德、英明而闻名的近乎完美的偶像级人物，他四十七岁就英年早逝，日本民间还出现了把他当作神来崇拜的"太子信仰"①，圣德太子是迄今为止出现在日本钞票上最多的人物形象。

《隋书》卷八一《倭国传》记载："大业三年，其王多利思比孤遣使朝贡，使者曰：'闻海西菩萨天子重兴佛法，故遣朝拜，兼沙门数十人来学佛法。'其国书曰'日出处天子致书日没处天子无恙'云云。帝览之不悦，谓鸿胪卿曰：'蛮夷书有无礼者，勿复以闻。'"

虽然还有一些细微的争议，但学界基本认定"其王多利思比孤"就是指圣德太子。这段话是说圣德太子607年派出以小野妹子为首的使节谒见隋炀帝（当时隋炀帝在东都洛阳），并呈上写着"日出处天子致书日没处天子无恙"的国书。隋炀帝见此十分恼怒，说以后再有这样无礼的蛮夷之书就不要给他看了。

日本学者气贺泽保规将圣德太子（574～622）与隋炀帝（569～618）放在一起做对比研究，认为这两个人物几乎生长在同一时代，都极富个性和才能，推动各自国家的政治进程。他们的这次交往是

---

① 圣德太子本名厩户太子（574～622），因出生于马厩而得名，圣德是封号。他对于日本吸收中国文化和引进佛教起到巨大推动作用，影响深远。日本史书对圣德太子的所有记载都是溢美之词，引起现代研究者的质疑，甚至有人极端地认为这是个因政治需要而被虚构出来的形象。无论如何，圣德太子对日本有巨大的影响，在日本民间逐渐被神化，形成太子信仰。

"瞬间的交错，引起火花飞溅"①。历史上一直以被中国皇帝册封为荣的蕞尔小邦，竟然试图和天朝大国以平起平坐的姿态对话，这必然引起隋炀帝的震怒。当时的隋炀帝，刚刚在极短时间里动用 200 万人完成了营造东都洛阳新城的奇迹，正处在意气风发之际，也许是为了彰显天朝大国的风范，尽管他对于这个边远小国的自大十分不满，却并没有与其计较。不仅没有降罪于来使小野妹子，反而启用洛阳的鸿胪寺四方馆接待日本使团，并敕命高僧负责教育留学生及沙门，甚至还大度地派出文林郎裴世清作为使节跟随小野妹子回到日本。

日本与中国自此建立起稳定的外交往来关系，此后也有日本的遣隋使多次来往于中日之间，还有公费留学生长期留在中国，学习中国的政治文化。有意思的是，"日出处天子致书日没处天子无恙"的国书被视为日本对外交流中国家意识觉醒的标志，成为日本人最津津乐道的历史之一。

然而这次的递交国书在日本史书《日本书纪》中显示为第一次遣使使隋，但《隋书》记载，在此之前的 600 年第一批日本使者和其他国家使者就已一起来朝。隋炀帝大业三年（607）的这次被日本人看作彰显国威的外交事件，是否为第一次遣隋使所为？600 年的遣隋使为何没有在日本史书上留下记录？日本前后究竟几次遣使使隋？

这一系列问题一直是日本史学研究者致力于解决的问题。关于日本派出遣隋使的次数，由于《日本书纪》与《隋书》中的《倭国传》《炀帝纪》相对照出现矛盾，至今未能完全明确。以往以本居宣长为代表的日本史学界的传统主流观点是共三次遣使使隋，后由宫崎市定等修正为四次，也有学者提出五次、六次之说。虽然具体次数还有待探讨，但日本向只持续了短短三十七年的隋王朝频繁派出大量使者，无疑是一个基本事实。

---

① 気賀澤保規『遣隋使が見た風景』八木書店、2012、6 頁。

　　隋王朝初定天下，正是在各个方面大刀阔斧地进行改革和建设的时期。建好大兴城不久，隋炀帝就看重洛阳的位置，以举国之力修建东都洛阳，会见小野妹子就是在刚刚移都到洛阳不久的时候。遣隋使经过海上的漂泊与大陆的跋涉，一路上的见闻给他们带来无限新鲜感，而来到洛阳，"北据邙山，南直伊阙之口，洛水贯之，有河汉之象"的宏伟新都带给他们的则是巨大的震撼。停留在洛阳的或长或短的经历，不仅对遣隋使产生冲击感，这些见闻学识被带回日本列岛，给那里也带来了天翻地覆的变化。

　　圣德太子极力效仿中国，先是推动佛教传入日本，并颁布著名的冠位十二阶制度①，紧接着又颁布宪法十七条②等制度。这些明显都是模仿中国的宗教态度和政治体系。这些政策让日本从比较初级的大和政权过渡到中央集权政府，逐渐成为真正意义上的国家。通过到过洛阳的遣隋使等媒介，这个时期中国对日本的影响带有鲜明的洛阳痕迹。例如，随着佛教传入，日本也掀起了造寺造像的热潮。今天的日本关西一带仍可以看出些许《洛阳伽蓝记》中记载的"招提栉比，宝塔骈罗"的景象。

　　这个时期大量建造的寺院大多是仿照洛阳佛寺的伽蓝配置建造的，具有明显的北魏风格。其中比较著名的有圣德太子于约593年建造的难波四天王寺，从南大门始，向北依次排列中门、塔、金堂、讲堂、钟楼、经藏等建筑。这种南北方向直线排列的伽蓝布局，可以看出近似于北魏都城洛阳永宁寺的伽蓝配置。③

　　洛阳永宁寺已被大火焚毁，只留下永宁寺塔塔基，1963年由中国科学院考古研究所在汉魏洛阳城遗址内发现。好在还有位于日本大阪的四

---

① 603年圣德太子根据官员的能力和功绩分别授予官员德、仁、礼、信、义、智六个阶品，并配以紫、青、赤、黄、白、黑六种颜色的冠帽。每个阶品再各分大小，以冠帽颜色的浓淡区分，形成有十二级官衔的日本古代官位制度。
② 604年由圣德太子制定的十七条宪法，是日本法制史上第一部成文法典。主要内容包括对官僚和贵族的道德规范要求，包含浓郁的佛教思想。
③ 王建民：《中日文化交流史》，外语教学与研究出版社，2007，第26页。

天王寺，虽然也曾遭遇天灾人祸的毁坏，但每次都得以重建，至今仍保持着最初建造时的样子（图4）。如今想了解北魏永宁寺当年的风姿，反而只能通过日本的四天王寺等寺院来想象了。

图4　大阪四天王寺

资料来源：大阪周游，https：//www. osp. osaka－info. jp/jp/facility/detail？id＝15。

另一座著名的寺院法隆寺，又名斑鸠寺，被认为是圣德太子为病中的父亲用明天皇祈福而于约605年（也有建造于607年的说法）在自己居所的基础上修建的。这种舍宅为寺的做法是模仿北魏洛阳城中权贵皇族之间盛行的风气。如今的法隆寺建筑也并非当初原建①，但作为"南都七大寺"之一圣德宗的总本山，基本保持了原有风格（图5）。这座寺庙建筑沿袭北魏洛阳寺院的式样，金堂、五重塔、中门和回廊的一部分被认定为现存世界上最古老的木造建筑物，是世界文化遗产。特别是柱子的云形组件具有鲜明的北魏建筑的特征，是飞鸟时

①　到19世纪末为止，关野贞、平子铎岭等佛教建筑研究者认为现存法隆寺是原物保存至今，而后喜田贞吉等认为法隆寺670年发生火灾，现存法隆寺是在遗址上再建的。

代日本文化吸收中华文明的有力证据。1992 年日本天皇访华，赠送给江泽民主席的礼品就是日本画家平山郁夫画的法隆寺，其象征中日友好源远流长的寓意不言自明。

图5　作为图书封面的奈良法隆寺

资料来源：『法隆寺——美術史研究のあゆみ』大橋一章、片岡直樹編集、里文出版、2019。

飞鸟时期佛教造像艺术常被称为日本佛教造像艺术之滥觞，飞鸟文化的精髓尽在其中。这个时期日本佛像的雕刻基本上完全模仿北魏佛像，主要表现为大佛的形象与佛像所着服装的线条和褶皱，几乎都脱胎于北魏到东西魏时期的中国佛像。

特别是洛阳龙门石窟宾阳中洞的菩萨本尊形象，被称为日本飞鸟时代佛像的母胎，成为很多日本佛像的原型。比如著名的俗称"飞鸟大佛"的中金堂供奉的本尊，是一尊铜制丈六佛像。其正式名称为"丈六释迦坐像"，是由止利佛师于推古十四年（606）建造的。坐像约高 2.75 米，从图 6 和图 7 对比可见，飞鸟大佛虽然在近 1500 年间经多次损毁和修复，但仍然可以辨识出其以龙门石窟宾阳中洞本尊为原型。很多研究者据此推断北魏文化是飞鸟文化的源头之一。

图 6　龙门石窟宾阳洞本尊

资料来源：水野清一、长广敏雄《龙门石窟的研究》，座右宝刊行会，1941。

图 7　奈良飞鸟大佛

资料来源：奈良县明日香の飛鳥寺の紹介，https://ameblo.jp/idryou/entry - 1216968150 3. html。

　　日本遣隋使把中华文明源源不断地输送到日本岛上去，他们的活动如同给日本打开了一扇窗，让他们意识到有一个在政治、经济、文化、科技等几乎所有领域都远远领先于他们的大国，与日本列岛一衣带水、隔海相望。遣隋使把一个宏大的新世界展现在这个岛国面前，其意义在于开创了稳定的中日交流格局，为随后大批往来的遣唐使铺设了道路。

　　中断了一百多年又被圣德太子开启的中日文化交流，不仅在文化、经济和技术上为日本提供具体支持，而且在政治和制度上奠定了日本与中国交往的基础，在航海路线探索、外交礼仪、派遣制度等方面积累了经验，同时也揭开了此后三百年中日频繁交往、深度交流的序幕。遣隋使、遣唐使、留学生等成为后来日本"大化改新"及其他一系列中坚改革的主要力量，给日本社会带来飞跃性发展，引领日本进入繁荣的天平文化时期。

往返于东西两京的遣唐使

618 年取代隋而建立的唐朝，版图扩张，经济、文化也空前繁荣。日本通过遣隋使了解到中国的制度与文化的先进性之后，更加向往中华文明。623 年，遣唐留学僧惠齐、惠日等人在留学中国多年后回国，上书推古天皇："留于唐国学者，皆学以成业，应唤"，"大唐国者法式备定之珍国也，常须达"。表达了对唐的仰慕，建议召回留在中国的学有所成者，并继续派使节赴唐学习。

据《旧唐书·倭国传》和《新唐书·日本传》记载，日本于舒明二年（630）第一次派遣遣唐使团，由正使犬上御田锹和副使惠日率领。这两个人都曾有入隋的经历，熟悉中土事务，可以说遣唐使就是遣隋使的延续。

唐初的几代皇帝经常来往于长安和洛阳之间，有时会长期居留于洛阳，所以遣唐使一般是在山东半岛登陆，再由陆路经过洛阳，最后到长安（图 8）。这条航线大部分是沿海岸航行，比较安全，船只遇难情况较少。但是 663 年白村江之战后，新罗国统一朝鲜半岛，日本因与新罗政权交恶而不得不冒险开辟新的航路①。

遣唐使通常以大唐国都长安为目的地，遇到特殊情况时也会直接到东都洛阳。例如，659 年齐明天皇派出的第四次遣唐使团，在海上

---

① 遣唐使航线北路，在难波（今大阪）登舟，通过濑户内海，从博多（今日本福冈）出发。沿朝鲜半岛西岸北行，再沿辽东半岛南岸西行，跨过渤海，在山东半岛登陆，再由陆路西赴，经过洛阳，最后到长安。630～670 年主要走北线，与朝鲜半岛交恶后，670 年到 760 年改南线，由九州岛南下，沿种子岛、屋久岛、奄美诸岛，然后向西北横跨东海，最后在扬州登陆。760 年以后到停止派遣唐使前，航行路线改由九州西边的五岛列岛西南横渡东海，在明州（今宁波）登陆，然后转由大运河北上。

遭遇暴风，幸存使者好不容易才抵达中国，他们在去往长安的途中得知唐高宗正在洛阳，便掉转方向到洛阳朝贡。这批遣唐使十月末在洛阳觐见高宗皇帝，并且参加了十一月朔日的冬至祭天大典。

图 8　被复原的遣唐使船（现展示于奈良平城京历史公园中，全长 30 米）

资料来源：日本の旅　平城宮跡 & 宮跡庭園—奈良県奈良市，http：//www. uraken. net/rail/travel – urabe180a. html。

《旧唐书》中记载："日本国者，倭国之别种也。以其国在日边，故以日本为名……真人好读经史，解属文，容止温雅。"第一次正式提到"日本"这个称呼，并且给予比较高的评价。而《日本书纪》中记载：齐明天皇"五年秋七月丙子朔戊寅，遣小锦下坂合部连石部、大仙下津守连吉祥，使于唐国"。下注曰："十一月一日朝有冬至之会，会日亦觐，所朝诸蕃之中倭客最胜。"

从惹怒隋炀帝、被视为粗鲁无礼的蛮夷，到唐高宗时"所朝诸蕃之中"最胜、被评价容止文雅，仅仅过了 95 年，中国皇帝眼中的日本人形象竟完全不同！如此巨变的背后，是这个岛国因为吸取中华文明而实现的快速成长。寥寥数字，对应的有可能是当时现实中石破天惊的变化。史书中的每个字都意味深长，洛阳是见证了古代日本在国际外交和文明礼仪方面实现质的飞跃的地方。

这里需要特别说明的是，虽然此前的叙述中为了行文方便，常有

"中国"和"日本"之称，但事实上，"中国"是近现代才有的称呼，而"日本"正式作为国号大约始自 700 年。在此之前，我国的早期史书多将日本列岛上的人称为倭人，部落国家称为东夷、倭国；后日本列岛上的众多部落小国经过数百年逐渐统一，形成今天日本国家的雏形，唐代中期才开始称其为日本（表 1）。

表 1　中国史书中对日本的称呼

序号	中国史籍	对日本的称呼	涉及日本篇章
1	《汉书》	倭	卷二八《地理志》
2	《后汉书》	倭	卷八五《东夷列传》
3	《三国志》	倭	卷三〇《魏书·东夷传》
4	《宋书》	倭	卷九七《倭国传》
5	《隋书》	倭	卷八一《倭国传》
6	《旧唐书》	倭、日本	卷一九九《日本传》《倭国传》
7	《新唐书》	日本	卷二二〇《日本传》
8	《宋史》	日本	卷四九一《日本国传》
9	《元史》	日本	卷二〇八《日本传》
10	《明史》	日本	卷三二二《日本传》
11	《清史稿》	日本	卷一五八《邦交日本》

表 1 为笔者统计制作，从中可见，对日本称呼的转变发生在唐朝。日本这个国号提出的具体过程尚不明确，《新唐书·日本传》中记载咸亨元年（670），倭国遣使入唐，此时倭国已"稍习夏言，恶倭名，更号日本。使者自言，国近日所出，以为名"。《史记正义》中有"……倭国，武皇后改曰日本，国在百济南，隔海依岛而居"的记载。根据以上史料，一般认为是日本人不喜欢"倭"这个字，而自己命名"日本"并使用一段时间后，才通过遣唐使向当时的唐王朝提出更改国号，这个国号获得武则天的承认，从而得到确立。

《旧唐书》中依然收有"古倭奴国"系统的倭国与"倭国之别种"

即日本国的两种传记。有人推测，这种现象恐怕是因为询问遣使所得到的对日本国情的认识，难以对"倭国自恶其名不雅，改为日本"，以及"日本旧小国，并倭国之地"两种说法作整体把握，并缺乏足以否定该两论中任何一论的判断材料，因而不得不将这些一并记入。①

630 年至 894 年间，日本共 13 次派出遣唐使抵达中国②，出现学习唐朝先进制度和文化的热潮。使团最初的规模只有一二百人，后逐渐增加，最多时曾达到 651 人，包括大使、副使和各类随从，还有留学生和学问僧。能够成为遣唐使的日本人大多通晓经史，是各个领域的佼佼者，最为知名的是被称为"学问双璧"的吉备真备和阿倍仲麻吕、"佛教双璧"的最澄和空海。这些人原本就才干出众，通过游学于以长安、洛阳二京为首的城邑山河，与中国上流人物交流切磋并惺惺相惜。王维有"九州何处远，万里若乘空。向国惟看日，归帆当信风"（《送秘书晁监还日本国》③），李白有"日本晁卿辞帝都，征帆一片绕蓬壶。明月不归沉碧海，白云愁色满苍梧"（《哭晁卿衡》）等等，都是写给阿倍仲麻吕（晁衡是其汉语名字）的诗作。其中储光羲特意在一首诗的题目中注明"洛中贻朝校书衡，朝即日本人也"④，意为

① 细野浩二：《古代中国与"岛夷"日本之间的国家理性——从邪马台国的所在地展开》，《史林》1993 年第 3 期，第 82 页。

② 因计算方法不同，关于派出遣唐使的次数，还有 15 次、16 次、19 次等说法。日本朝廷派遣"遣唐使"的史料主要出自《日本书纪》《续日本纪》《日本后纪》《日本纪略》《续日本后纪》和《旧唐书》《新唐书》等史籍。根据这些史籍记载，得知自 630 年（日本舒明二年、中国唐贞观四年）至 894 年（日本宽平六年、中国唐乾宁元年）的 264 年间，日本朝廷任命过"遣唐使"共 19 次，包括"送唐客使" 3 次和"迎入唐使使" 1 次，还有由于某些原因没有成行者 3 次。

③ 王维《送秘书晁监还日本国》全文：积水不可极，安知沧海东。九州何处远，万里若乘空。向国惟看日，归帆但信风。鳌身映天黑，鱼眼射波红。乡树扶桑外，主人孤岛中。别离方异域，音信若为通。

④ 储光羲《洛中贻朝校书衡，朝即日本人也》全文：万国朝天中，东隅道最长。吾生美无度，高驾仕春坊。出入蓬山里，逍遥伊水傍。伯鸾游太学，中夜一相望。落日悬高殿，秋风入洞房。屡言相去远，不觉生朝光。

这是在洛阳为朝（晁）衡写的。其中"高驾仕春坊""逍遥伊水傍"等词句都表明当时的遣唐使们经常来往于东都，对洛阳的人文风物十分熟悉。

遣唐使们充分吸取唐朝制度、文化、技术的精华，推动了日本社会制度的革新，也深刻影响了日本人的文化与生活。在他们的推动下，645年日本实施大化革新，开始全面走上效仿中国的道路。引进唐朝典章律令，推动日本社会制度的革新；仿效唐朝教育制度，还借用汉字偏旁或草体创造出日本的假名文字。在服装习俗、历法节令上也汲取盛唐文化，提高日本文化艺术水平。他们引入的不仅仅是具体事物，更多的是把中国文化精神层面的东西带到了日本，经过消化改造，将其融为日本民族文化。可以说我们印象中所谓的和服、和风等形象，根源都在唐朝。

遣唐使源源不断地把中国大量的经史子集等各类典籍和文物输入日本，也包括大量汉籍佛经，正仓院至今仍珍藏着众多国宝级唐代文物。日本朝野上下竞相仿写唐诗汉文，特别是对白居易崇拜得五体投地，"白乐天"的大名甚至压倒了"李杜文章在，光焰万丈长"的李白和杜甫，白居易对日本的影响形成了一个长期的文化现象。

《日本文德天皇实录》承和五年条记载："（藤原岳守）出为大宰少贰，因检校大唐人货物，适得《元白诗笔》奏上，帝甚耽悦，授从五位上。"当时的仁明天皇833～850年在位，说明至少在838年，白居易的作品就已传入日本。随后，遣唐使陆续带回《白氏文集》70卷和《白氏长庆集》29卷。天皇对白诗的珍重态度也由来已久，仁明天皇之父嵯峨天皇（809～823年在位）对白诗倾慕不已，后来的醍醐天皇（897～930年在位）更是公开宣称："平生所爱《白氏文集》七十卷是也。"①

日本学者金子彦二郎著《平安时代文学与白氏文集》统计，平安文士大江维时编辑的《千载佳句》中，共收中日诗人诗歌1110首，白

---

① 《日本文德天皇实录》《日本国见在书目》等对于白居易诗传入日本有详细记载。

居易一人之作品即有 535 首，几乎占半数。藤原公任编纂的诗集《和汉朗咏集》共收录 588 首诗，其中白居易的诗就达 139 首之多。据丸山清子著《源氏物语与白氏文集》统计，《源氏物语》中引用中国古典文学典籍 185 处，其中白诗达 106 处之多。①《枕草子》也不例外，可见在这一时期问世的日本作品中，处处可见对白诗的引用与活用。

白居易既有超然世外的淡泊，又有对世俗愉悦的追求，他诗风中典雅闲适的一面非常符合日本宫廷贵族的审美文化，宫中研读白诗蔚然成风。文人雅士常因能够以白诗为内容进行唱和而乐。上至朝廷，下至普通文人，整个东瀛对白诗爱不释手。以贵族文化著称的平安时代的文学基本都在以模仿白诗为荣。直到汉诗文鼎盛的镰仓、室町时期的五山文学，日本人的汉诗文中还是充满了白诗的影子。

白居易的诗文在相当长的时期里在日本广为流传，其影响绝不仅限于文学。位于洛阳城东的龙门香山上长眠着白居易的白园里，竖立着日本诗歌和书法爱好者立的中日双语文字石碑。他们谦卑地将白居易奉为"恩重如山，万古流芳"的恩人，这并不是夸张。从语言文字的运用，到生活中对风花雪月的审美，再到儒、佛掺杂的思维方式，以及关于人生和自然的思想感受，白居易可以说影响了整个平安时代，并塑造了今日的日本人。

一生挚爱洛阳的白居易，写下无数关于洛阳四季风景和风土人情的诗篇。他晚年定居洛城 17 年，并且坚持要求死后埋在香山琵琶峰上与龙门对望。这样的情结也使日本人对洛阳这个城市产生一种特殊的情愫，不仅在白园为白居易立碑感恩，还在日本书法廊中留下大量日本书法家书写白居易诗歌的作品（图9、图10）。

一般认为，佛教于 6 世纪中叶正式通过朝鲜半岛进入日本，到飞鸟时期经过圣德太子的大力推广，已经开始有普及兴盛的倾向。从遣

---

① 〔日〕金子彦二郎：《平安时代文学与白氏文集》，培风馆，昭和 18 年。

图9 洛阳香山白园的日本书法廊

资料来源：作者友人马丁摄于香山白园。

图10 日本人在香山白居易墓前立的石碑

资料来源：作者友人马丁摄于香山白园。

隋使时代开始，就有僧人以"闻海西菩萨天子重兴佛法，故遣朝拜，兼沙门数十人来学佛法"的名义随小野妹子到东都洛阳。进入唐朝，大量学问僧、留学僧跟随遣唐使团来到中国。他们多游学于东南沿海和长安、洛阳两京的寺院。许多著名的日本僧人到过白马寺、龙门石窟等洛阳诸寺游学。

其中最著名的是随第九次遣唐使团入唐的荣睿和普照，他们在洛阳从大福先寺定宾和尚受戒，在洛阳留学三年，先邀请洛阳的道璇到日本为日本信徒授戒，使道璇在鉴真之前到达日本，成为将禅、律、华严传至东瀛的第一人。继邀请道璇（文献中作"道璿"）之后，荣睿和普照又于742年到扬州恳求鉴真和尚到日本传经。鉴真尽管当时已经54岁了，但面对"彼国太远，性命难存，沧海森漫，百无一至"的劝阻，赴日弘法之志弥坚。历经十年努力，坚持六次东渡，终于在753年初抵达日本，在日本建立了正规的戒律制度，被尊为日本律宗初祖。

此外还有空海法师，804年与最澄一起随遣唐使入唐，现有立像在白马寺（图11）。空海大约在中土两年，游学两京，主要在长安青龙寺学习密教，回日本之后创建了真言宗，被朝廷追封谥号"弘法大师"，是日本家喻户晓的人物。

中国佛教密宗由唐玄宗时代被称为"开元三大士"的三位印度僧人善无畏、不空和金刚智创立。由于密宗创始人中的两位（善无畏、金刚智）都长期在洛阳活动，圆寂后分别葬于龙门广化寺和奉先寺，日本真言宗曾到洛阳寻根。1988年高野山真言宗友好访华团一行70余人来广化寺遗址朝拜，多方筹措为二位祖师建碑。后经过洛阳市政府的许可，请到赵朴初亲自挥毫为碑文书丹，在二寺旧址分别立起"善无畏三藏显彰碑"（图12）和"金刚智三藏显彰碑"。在1988年11月的立碑仪式上，高野山大学名誉教授兼高野山灵宝馆馆长静慈圆即兴用汉文作诗：

山河容有变异，饮水不忘涓涓。

立碑斯地，表彰真荃。重踏遗迹，海月情率。

图 11　洛阳白马寺的空海像

资料来源：笔者友人摄于白马寺。

仰愿三宝兴隆，笃信弥坚，僧俗众庶，共参法筵。

祝愿中日友好，历久如鲜，子子孙孙，一意无偏。

——静慈圆《立碑式即兴》①

---

① 参与立碑的温玉成先生的回忆文章《海月情牵——一段往事回忆》，http：//www.ptfo.net/10179/673503.html。

正面　　　　　　　　　背面

图 12　立于洛阳广化寺的善无畏三藏显彰碑

资料来源：《龙门山上的千年密宗古刹——洛阳广化寺》，搜狐网，https：//
www. sohu. com/a/126271299_537447。

小　结

　　洛阳不仅在中国历史上举足轻重，在古代日本史中也频频出现，具有无可替代的地位。关于日本的历史，《古语拾遗》有述："上古之世，未有文字，贵贱老少，口口相传，前言往行，存而不忘。"也就是说，古代日本虽有自身的语言体系，却没有文字，无法记录，只能口耳相传来转述古事。但是，在漫长的文字记录空白期中，那些口口相传的故事毕竟年代久远，因为加入太多不确定元素而混乱不清，很难真正达到"存而不忘"的目的。直到奈良时代借助汉字完成最早的日本史书《古事记》《日本书纪》，日本才有了自己记录的历史。后世的人们想要了解之前这片土地上曾经发生了什么，想要更加客观地得知日本国家的起源和祖先的情况，必须借助来自他者的、更接近于同代史的描述。

好在，从和洛阳相关的古代史料中，可以发现零零星星和日本相关的文字，并且这些记录连绵数百年，稀少却不曾中断，对于缺乏文字资料的日本古代史来说，是极其珍贵的文献记录。57 年倭国开始派使者来朝，汉光武帝赐金印，239 年魏明帝赐金印与财物并开始与邪马台国往来，607 年隋炀帝收到圣德太子的国书，日本开启遣隋使、遣唐使时代，以及武则天在神都洛阳承认了日本的国号，这些都是中日交流史中的重要节点，同时也是日本古代历史中的关键词。虽然只有零珠碎玉，却足以证明近两千年前日本列岛和日本人的存在，从而解读当时的概况。这些文字记录如同一条隐秘的纽带，使我们可以通过国家外交形式的记载了解日本民族的历史渊源，通过日本与周边文明的接触探索日本文化的内部结构。这些文字记录如同暗夜中依稀投下的星光，虽然遥远朦胧，却在一片漆黑中划破长空，更显珍贵！

在中国与日本早期的正式交往过程中，几乎每一次接触和交流都与当时的洛阳有直接关联，这座城市在中华文明传入日本的过程中扮演了极其重要的角色。如汉字的传入、各种技术的传入、佛教的传入、国家律令制度的传入、文学的传入等等，给日本列岛带来前所未有的碰撞与激荡，造成翻天覆地的变化。这个原本远远落后于中国和朝鲜半岛的岛国，长期以来持续不断地吸取中华文明，迅速脱胎换骨，进入文明社会。如果从中日交流古代部分整体来看的话，古都洛阳是中日交流的起点都市，其历史地位甚至超越了长安。

因此，洛阳是每一个日本人文研究者绕不开的城市，历史、文化、考古、宗教等各个领域，或多或少都会涉及这个城市，甚至于当今日本社会中也可以找出与之丝丝缕缕的关联。研究洛阳可以解读古代日本历史，可以考察中世日本文学，可以思考日本文化的形成，这是长期以来日本学人喜欢研究洛阳并乐此不疲，以至于形成"日本洛阳学"的原因吧。

第二章

中日文化视域中洛阳的文化表象

第 1 节　洛阳的 "实像" 与 "虚像"

如何 "看" 洛阳

每个都城都是一个王朝的首善之区，担负着传承一个时代历史的使命。洛阳曾经是多个王朝的都城。关于在洛阳建都的王朝数量，史学界有 9 朝、13 朝、14 朝、16 朝等争议，目前多采用的是 14 朝 1667 年的说法。若陪都也计算在内的话，洛阳的都城史将达到 2000 余年（详见表 7 洛阳作为都城的时间）。计算标准不同的缘故，王朝数量、都城年数可能存在争议，但若说洛阳长期处于华夏文明的中心位置，绝对是不争的事实。对洛阳文化的探求，从某种意义上来说是对中华文明最核心的部分——华夏文明的探求。因此，我们有必要严肃全面地了解这座城市，客观科学地分析其文化影响。

洛阳可考的城市历史有 4000 余年，是世界上最古老的城市之一。对于这样一座绵延数千年岁月的城市，如果按照中国目前常用的地域文化研究方法，可以明确某个文化元素的来龙去脉，也可以搞清某个历史阶段这个地域较为主要的文化现象，但是，很难比较客观地探寻到洛阳这个地域整体的，同时又是连贯的文化特征。

世界上的古都虽多，但像洛阳这样从建造意图到城市设计，以及后来的每次兴衰和修建经过都留下大量文字记录的古都少之又少，甚至可以用举世无双来形容。由于城市历史漫长而曲折，洛阳的文化周期循环和内涵都与一般城市不同。这座城市数次经历从歌舞升平的繁盛到烧成灰烬的毁灭，但每一次都能从无到有，奇迹般地重生。几度这种周而复始的循环造就这里的文化元素异常丰富。无数巍峨壮丽的宫殿城楼、名刹古寺曾经在这里被毁了再建、建完又毁，留在史册中。任何曾经在这里存在过的一池一塔、一花一木、一景一物，都有资格作为一个文化元素被追根问源。更何况还有无数帝王将相、名士高人在这里留下数不清的传奇逸话。可以说抽出洛阳历史上的任何一个横断面，都有被历史记载的瞬间，都可以展开研究。

这对于研究城市的人来说，是幸也是不幸。事实上，关于洛阳的研究从未停止。所谓幸，是关于洛阳有研究不完的材料和做不完的具体课题；所谓不幸，是太过纷繁复杂，"只见树木不见森林"，要高屋建瓴地总结洛阳这座城市文化的实质、特征、内涵和意义，反而成为至难。到目前为止，虽然关于洛阳的各个历史时期、各个文化领域的研究不计其数，但能够纵观历史、总结其文化特征，同时能兼顾各个微观文化层面和细小文化现象的研究，其实是非常缺乏的。

要清楚地整理出洛阳所涵盖的文化的实质和内涵，在不同的历史阶段有什么特征，中间的联系是什么，在中国历史上以及中华文明发展进程中究竟有什么作用和影响，仍然很难。如何"看"洛阳？必须有一个新的突破点。

鉴于洛阳历史的长期性、复杂性以及曲折性的特点，我们需要一个合适的、能够贯穿4000余年的着眼点。如此长的时间里，洛阳的文化从历史背景到表现形态，再到具体特征，都有了巨大的变化，完全不在同一层面，几乎无法揉搓到一起去。唯一的共通点就是这些文化现象都发生在洛阳这个地方。研究似乎进入一个怪圈：越是努力搜集文献、对比资料，对具体的历史细节和文化现象就越清楚；而越是熟知和掌握这些与洛阳相关的片段，对洛阳文化内涵整体的把握就越模糊。或许这就是前人对洛阳的某个具体文化要素的关注多不胜数，而鲜见总结性结论的缘故。

"文化表象学"与"文化表征"

关于洛阳文化史的研究，笔者最初几年一直在做具体工作，基础材料已经收集得相当丰富，无论是中文还是日文的有用资料都积累得越来越多，却总也找不到那个突破口。相当于珍贵的零珠碎玉已快要集齐，可以贯穿全局的主线却遍寻不得。

这种苦闷一直到遇见文化表象学中"文化表象"这个概念才得以消解。比较中外很多理论和方法，几经考察，终于确定这就是能够穿起洛阳4000余年文化碎片的线索，有了"文化表象"作为一线相承，我们可以更清晰地考察出洛阳文化发展演变的轨迹。

尽管文化表象学在国外已经逐渐发展成为一门相对成熟的学问，但在中国还不太为人所知。而且，中文中"表象"的意思是和"实质""内涵"相对立的表面现象，这会给人造成文化表象是"文化的表面现象"这样的误解。

文化表象的英文为 cultural representations，作为一个专有名词普遍应用于文艺相关理论中，有时会被译为"表征"一词①。东京大学于20世纪80年代开始专门开设文化表象学科，将文化表象定义为人们通过某种形式的感觉或媒介来想象感知自己、他人以及世界的行为而创造和产生的东西。表象的意义是通过文字等媒介呈现或者重新呈现的，文化表象是为了能够自由截取和考察各种文化现象而被广泛应用的概念。

---

① 由于国内这方面研究有限，对 cultural representations 的翻译尚未形成统一学术用语，本书统一使用"文化表象"，但引用内容中会出现"表征"一词。

提倡文化表象学的学者中，影响最大的是英国文化多元主义和文化研究的巨匠斯图亚特·霍尔（Stuart Hall，1931～）。他作为伯明翰学派的第二代领军者，被誉为文化研究之父，他提出的编码解码理论在世界范围内影响深远。受结构主义的影响，霍尔在索绪尔、巴特和福柯研究的基础上，吸取语言学、结构主义和文化人类学等多种理论思想，总结并提出文化是通过表征和意指实践构造出来的表征理论。

霍尔通过《表征——文化表象与意指实践》（*Representation：Cultural Representations and Signifying Practices*）一书对表征运作的理论和过程做了详尽的阐述。他认为文化是通过表征和意指实践构造出来的，提出文化涉及的是"共享的意义"，并提出三个层次：（1）只有在文化和意识形态领域，社会变迁才能变得更加引人瞩目；（2）文化维度绝不是社会的一种次要维度，而是一种本质维度；（3）对任何能够用于重新描述社会主义的语言来说，文化话语在根本上是必需的，新左翼将文化分析和文化政治问题当作政治学的核心问题是正确的。①

国内对于"文化表象"的文化理论也有摸索，王洋在其《伦理结构、尊卑与社会生产》一书中把文化表象作为该书新构建的文化"定义—控制"体系诸概念中的一个，将"文化表象"的概念明确为"主观的文化意识反映于客观的物体、行为上，成为可被人感知的部分"，如艺术、风俗、仪式、代表人物等。

虽然霍尔在文艺理论上具有左派的倾向，文化表征理论在很多方

---

① 《表征——文化表象与意指实践》（〔英〕斯图尔特·霍尔编，徐亮、陆兴华译，商务印书馆，2003）是一部传播学和社会文化理论教科书，作者通过一个文化研究理论的概述和五个专题的文化个案研究，阐述了文化是通过表征和意指实践构造出来的；它所使用的符号具有任意性，因而与外部的物质世界不存在符合的关系；它是一个解释的和意义的世界；表征过程的所有参与方（包括制作方与消费方）都卷入了意义的争夺，但这种争夺是通过话语的方式进行的；意义不可能是纯个人的，而是各方协商和表征运作的结果；意义总是有偏向、有优先方面的。

面也不够完善，但他确立了关注文化问题的方向，强调社会传统和价值观念在历史转型、社会变革中的推动作用。他提出的文化表象在考察错综复杂的历史变革中的文化特征方面具有普遍性，更重要的是为研究洛阳提供了一个新的方法和视角。

关于洛阳的"文化表象"

在没有影像、声音保存方法的古代，历史遗留下来的图画、建筑、艺术品等都是媒介的一种，但毋庸置疑，文字是文化表现和传达最重要的媒介。现代的人们主要通过这些作为媒介的文字还原过去情形，进而了解当时的文化。通过文字描述了解和理解的文化，严格说来并不是真实的历史，只是通过相对严肃的正史还原出来的更接近于"实像"的历史，通过文学作品还原出来的大多是经过作者和读者思维再创造的"虚像"。

洛阳历史久远，文物毁坏严重，今天我们关于洛阳的认知，绝大部分是通过过去的文字记录获得的。也就是说，我们是通过各种文字记载，用自己的理解去感知和构筑洛阳的形象。对洛阳的研究，主要是通过种种史料和文学素材，对呈现在人们面前的洛阳印象进行考察和分析。从这个意义上来说，不论是"实像"还是"虚像"，各个时期洛阳所呈现的种种形象重叠交叉，不同时代最具特征的文化表象是全面了解洛阳文化内涵的最为恰当的突破口。

洛阳这个名称来自洛水之滨、山南水北为阳的传统。对于黄河流域洛阳盆地这片空间，除"洛阳"以外，每个时代的叫法与称谓不尽相同。先秦时期先后出现斟鄩、西亳、郏鄏、周南、新邑、洛邑、王城、成周、河南、洛师、东国、天下之中、土中、地中、东洛、西洛、洛阳等名称；秦汉魏晋南北朝时期出现河洛、雒阳、东京、京洛、洛京、北京、南都、洛中等名称；隋唐宋金时期出现东都、金城、神都、西京、西都、中京等名称。

这些名称各有来源，称谓之间的转换也自有理由。洛阳盆地由东向南以及西方，被称为中岳的嵩山山系铺展开来，中间有洛河和伊河两条大河流过。这两条河在盆地东部汇合后向东北注入黄河。这样的地理条件自古被称为"三川"，所以秦灭东周后在成周城旧址上设洛阳县，洛阳一带被命名为三川郡。这是"洛阳"一词作为行政地名正式出现的最早的记录。

虽然"洛阳"这个名字最早出现的年代没有明确记录，尚不能确定，但一般认为，这个名称至少从公元前350年就开始使用了。例如在众多战国时的史料中，关于纵横家苏秦的记载大多提到他出生于"洛阳"。

"洛阳"一词第一次与国都产生关联是在公元前202年，《史记·高祖本纪》中有"天下大定，高祖都雒阳"。东汉时期，自命火德的汉朝忌讳古体"洛"字的三点水，而改"洛阳"为"雒阳"。三国时期以土德自命的魏又恢复原来的"洛"字。武周时代（690~705）改名"神都"，后又被唐改回"洛阳"。整体看来，洛阳一带的地名有同时存在的称谓，也有特定时期的特定叫法，别称虽然不断出现，但"洛阳"二字使用的时间最长，相对固定，基本贯穿了这座城市的整个历史，始终沿袭未变。因此，本书不再细细区分各个时期对应的不同名称，而是整体统一称作洛阳。

如前文所述，要清楚地整理出洛阳这座城市附带的文化内涵，在不同的历史阶段到底有什么特征，中间的联系是什么，在中国历史上以及中华文明发展进程中究竟有什么作用和影响，实在是个浩大的工程。本书力求通过"一点一轴双线"的方法，既关注不同时期洛阳具体繁杂的微观文化点，又透过表面去寻找这些点之间的内在的相对稳定的联系。

首先，最基本的"一点"就是，本书研究的范围限定在洛阳这一文化空间之内。之所以强调文化空间，是为了区别于地理空间。因为今日洛阳市所辖范围并非本书所指的洛阳。历史上洛阳的名字几经变更，从最初的洛邑、成周、雒阳直到洛阳，所指的地域也有所不同。本书中所说的洛阳从大方位上说是黄河流域的洛阳盆地，所探求的洛阳文化是历史常识以及惯例认同的洛阳这一文化空间所承载的文化。虽然最新的考古工作发现了长江流域更古老的、文明程度完全可以与黄河文明相媲美的遗迹，使得中华文明的发源由一元论开始朝多元论转换，但是由于长江流域发现的以三星堆为代表的文明与现有的中华文明之间存在断层，传承至今的中华文明的源头还是基本上可以归于黄河文明。这也与《史记》所呈现的早期王朝都发源于古中原的历史观是一致的。以洛阳盆地为中心的中原地域，在上古时期就被视为"中华（诸夏、华夏）"，最早的王朝夏王朝的地理空间的中心也位于洛阳盆地内。

其次，"一轴"指的是时间轴。以编年体记录历史是中国人的一大发明，我们已经习惯了按照时间顺序了解历史。文化是抽象的，必然只能通过具体的人物、现象、事件、艺术、物质水平、社会风貌等来反映。考察洛阳4000余年的文化，也只能以时间为轴，将反映文化的枝节中有代表性的部分尽量全面地按时间顺序依次排列。只是，中国的历史多以王朝为单位来区分，文化虽然与政治息息相关，但毕竟是意识形态的东西，长期积累可以实现由量变到质变的飞跃，却很难如政权交替般可以戛然而止。很多政权交替虽然在政治上实现了改朝换代，但在制度上没有大的改变，对文化并不会产生影响。梁启超先生在20世纪初所著《中国史叙论》中曾用"中国之中国"、"亚洲之中国"和"世界之中国"三阶段划分国史。所以，本书以文化洛阳的变迁为主，参考王朝史，将时间大体划为以下几个阶段。

（1）先秦时期；

（2）两汉时期；

（3）魏晋南北朝时期；

（4）隋唐时期；

（5）北宋时期；

（6）南宋至今的时期。

每个阶段尽管时间长度不等，有的数朝并存，有的仅仅一朝，但共通之处是洛阳的文化代表当时的最高水准，而且城市规模、政治地位、经济水平、艺术风尚特别是文化风貌都与前一阶段迥然不同。换言之，在以上划分的每个时期里，洛阳文化的特征与表现在这一阶段相对稳定，可以归于相对独立的一类进行考察和探讨。

最后，"双线"是指中国本土和海外日本这两个视域，在中日两个不同文化视域下分析总结洛阳的文化表象。韩国学者曾经指出："在中国历史上经历了数次辉煌与毁灭的洛阳城，它所承载与代表的文明与理想代代流传至今，不仅留存在中国人心中，也留存在曾经沐浴了它的荣光的世界人们心中。"① 这个"世界人们"当然包括见证、沐浴过洛阳的荣光，并将这种记忆保存至今的日本。日本人长期记述、观察、研究洛阳，使一门具有近代人文学术本质特征的洛阳学初具形态。与中国人的宏观研究相比，日本人更习惯微观的、精细化的研究。中日文化交错糅杂，不少日本学者有广博深厚的中国文化、中国文献学素养，了解日本文化视野中的洛阳，可以在更广阔的世界中定位洛阳的存在。

文化表象并非一成不变，而是随着时代变迁不断变化的，如霍尔

---

① 〔韩〕金大珍：《北魏洛阳城市风貌研究：以〈洛阳伽蓝记〉为中心》，中国社会科学出版社，2016，第 196 页。

在《表征——文化表象与意指实践》中认为的那样，文化本身就是一种表意的实践，它的决定性产品就是意义。语言是在一种文化中表达思想、观念和情感的"媒介"之一；意义得以产生和循环的最具优势的"媒介"就是语言。表征的实践就是把各种概念、观念和情感在一个可被转达和阐释的符号形式中具体化。洛阳文化的意义之所以不同于普通地域的文化，是因为洛阳文化不仅是中华文化的一个组成部分，而且在历史上的多个时期对中华文化产生了重大影响，甚至主导了中华文化的发展。

本书实际上做了两重文化表象的研究。第一重是后一个时代对前一个时代的洛阳或者说洛阳文化的认识，即通过前人留下的文字形成的对洛阳的印象。从中国文字形成之初开始，历史上关于洛阳的记载就频繁出现，为今人提供了丰富的素材和根据，使人们在心中构筑的洛阳印象能接近历史原貌，更客观真实，这是其他城市所不具备的条件。随着时代的叠加，人们对洛阳的认识不断得到修正和补充，结果就是洛阳的形象越来越丰满，越来越具体，同时原本在每个时代非常鲜明的特征却因为被叠加上新的元素而逐渐弱化，甚至丧失。这就是洛阳的文化说起来丰富多样，却难以用简明的语言来总结的原因。

第二重文化表象是，由于洛阳文化表象的形成，"洛阳"这两个字通过多种形式被反复提及，长时间驻留在人们的记忆中，这两个字本身开始具备了意义，开始能够对社会产生影响。意义的产生同样也需要借助文字语言、仪式、图案等媒介。例如东汉时期，由于《两都赋》等文学作品，洛阳被塑造成了礼仪道德的象征。而这个象征又催生了世人崇尚礼仪道德的社会风尚，这就形成一个循环的过程。正如霍尔所说的那样，意义为了在某一文化中有效地循环则必须进入实践领域。意义的产生是通过语言进行的，这是一个双方的、互相影响的过程，表征的功能发挥不是单向的，而更像是"对话"，是互相交流共享的过程，也是一个在循环中相互作用的过程。

　　事实上，洛阳文化的形成和发展，以及洛阳文化与中华文化的关系，都是这样一个循环的过程：通过媒体（古代主要是文字）形成洛阳的文化表象，这个文化表象开始产生意义，继续形成文化表象，继续产生意义。这个循环至今仍在持续，只不过相对于古代长期以来的独领风骚，不得不承认，近代洛阳文化表象的形成远远落后于很多地区和城市，产生的意义和影响力也越来越小了。

　　总之，本书尝试从文化表象的角度，分析中日文化视域中的洛阳。历史上洛阳文化在六个不同时期表现出不同特点，本书尝试通过深度探寻其形成原因以及产生的影响，最后梳理出洛阳文化作为一个不同于普通复合名词的固有名词的含义和核心价值。希望本书能为"洛阳文化"这个概念做出相对明确的定义，从更广阔的角度认识并重新发现洛阳的文化价值。

第2节 天下之中： 先秦时期洛阳的文化表象

公元前221年，秦王朝首次统一中国，确定了专制主义的封建统治，建立了第一个中央集权王朝。秦虽短暂，但通过统一文字与度量衡等实现了领土和文化的双重统一，中国被整合为统一帝国，这为此后长期影响中国的"大一统"思想打下基础。

秦既然具有划时代的意义，那么我们可以以秦为界，看看之前被称为"先秦时期"的时期。广义上的先秦时期指从中国文明首次形成到秦的统一，狭义的先秦史研究的范围主要指夏、商、西周、春秋、战国这几个时期的历史。先秦文化是中华文化的源头，这个时期也被称为中国的青铜时代，洛阳始终位于当时文明的中心区域。

既往的研究涉及先秦时期，必然会提到洛阳被视为天下之中的史实。洛阳成为天下之中的象征，是处于先秦时期的洛阳文化最鲜明的特征，也是当今洛阳文化的基础和底色。以前的研究多是局限于历史，近年来关注这一点的本地学者有所增加，但多数还是从城市文化史的角度，把这一点作为单一的文化现象看待，缺乏广泛深入的论证。本节试图突破单纯一个地区的框架，从中华文化的角度探讨"天下之中"这一定位的原因、含义与影响。

先秦时期的洛阳

在目前发现的长江流域文明被证实能够与现代中华文明关联之前，黄河流域仍被视为中华文明的起源。在有确切文字记载的历史中，中国最早期王朝的活动范围主要集中在中原地区。而所谓中原地区，再限定一点范围的话，就是以洛阳盆地为中心的黄河中下游地区。

洛阳盆地是黄河中游以南、洛水附近的一片区域，处于黄土高原的东南缘，被群山环绕。这些山脉从西向东，分别是崤山、熊耳山、伏牛山、箕山、嵩山。北面黄河的南面还有横贯东西的邙山，但邙山实际海拔只有300多米，只能被称为黄土丘陵。盆地东西狭长，呈椭圆形，内部南北高、中间低，地势自东向西倾斜。中心部位是伊、洛河的冲积平原，南部是万安山低山丘陵和山前洪积冲积坡地，总面积逾1000平方公里。

洛阳盆地内部水系环绕，形成围合水网，大小河流呈扇形均匀辐射，形成多个"河汭"地貌，适合人类居住，容易形成聚落。盆地内部的地区海拔为120~190米，丘陵平均海拔为300米，周围山地海拔为800米左右。重视地理环境、将历史环境复原纳入研究视野的日本学者盐泽裕仁特别关注洛阳盆地的水文现象，他认为洛阳盆地比高相差巨大，如此高的落差导致丘陵地区水质良好，清澈的水可以流入盆地。他还强调，"说黄河文明正是诞生于此地也不为过。黄河文明从字面上给人以黄色大地的感觉，可洛阳这个地方，绿地较多，河流里多见原生石头，水质良好并且地下水丰富，中国三千年王朝史正是从这里展开的"[①]。

洛阳盆地中间有洛河和伊河两条大河流过，这两条河在盆地东部

---

① 盐泽裕仁亲自到洛阳工作、调研数年，出版著作『千年帝都洛陽　その遺跡と人文・自然環境』（雄山阁，2010）。

汇合后流向东北方向，注入黄河，这样的地理条件是前文提到洛阳被称为"三川"的原因。斯波义信认为，以洛阳盆地为中心的中原地域在上古时期就被视为"中华（诸夏、华夏）"，周边为"四夷（蛮夷戎狄）"；传说中的夏王朝的地理空间就位于洛阳盆地内，同时还占据黄河、淮河、长江流域下游的广大土地，而处于中心位置的洛阳盆地相当于中原的核心，成为南船北马交通网络的中心。[①]

　　如图13所示，从夏朝到北宋的三千年间，洛阳的都市位置沿洛河东西变动。隋炀帝新建洛阳城以前，洛阳基本上处于洛河以北，符合传统的"山南水北为阳"之说。自隋唐开始，洛阳城横跨洛河两岸。所以，不能把洛阳作为一成不变的固定地点来看，这也是本书把洛阳定位成洛阳盆地范围内的文化地域概念的缘由所在。

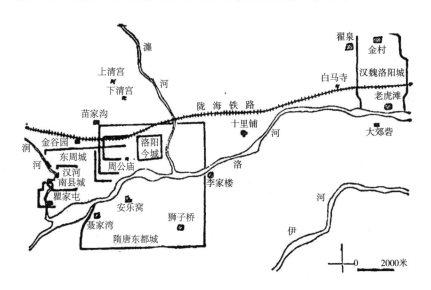

图13　洛阳附近历代都城地势变迁

资料来源：董鉴泓主编《中国城市建设史》，中国建筑工业出版社，2004，第43页。

---

① 斯波義信、浜口允子『中国の歴史と社会』放送大学教育振興会、1998、23頁。

洛邑的营造

西周王朝作为以后历代中国王朝的典范，在很多方面被深入研究，营建洛邑是其中非常重要的一项。古文献《尚书》《逸周书》《史记》等都把营建洛邑当作一件大事详细记录，陕西出土的周代何尊铭文中也具体记载了营建洛邑一事。古文献加上实物，共同印证了周王朝营建洛邑（成周）的事实。

营造洛邑大约距今3000年，具体时间和精确位置尚存争议，如晚清学者皮锡瑞在《今文尚书考证》卷一八中所言，"营洛大事，非一时所能"①。但众多文献记载为我们提供了洛邑从产生构想到选址、具体方位的确定以及验证，直至建设的全过程的记录，这对于古代城市是极其珍贵的资料。我们可以借助资料回顾一下这个过程，从这一点说，洛阳何其幸运！

> 王曰："定天保，依天室，悉求夫恶，贬从殷王受。日夜劳来定我西土，我维显服，及德方明。自洛汭延于伊汭，居易毋固，其有夏之居。我南望三涂，北望岳鄙，顾詹有河，粤詹雒、伊，毋远天室。"营周居于雒邑而后去。纵马于华山之阳，放牛于桃林之虚；偃干戈，振兵释旅：示天下不复用也。……成王在丰，使召公复营洛邑，如武王之意。周公复卜申视，卒营筑，居九鼎焉。曰："此天下之中，四方入贡道里均。"作《召诰》《洛诰》。成王既迁殷遗民，周公以王命告，作《多士》《无佚》。

---

① 关于营建洛邑，学界主要存在两种不同看法：一是周公营建的洛邑具体有两个城，王城和成周城；二是只有一个成周城，洛邑即成周，也叫王城。史善刚、董延寿《周公营建洛邑相关问题考释》（《光明日报》2013年6月1日，第11版）可作参考。

以上是《史记·周本纪》中的文本①。洛邑最特殊之处在于，它不是自然形成的城邑，洛邑的诞生与建造都有国家层面的周密规划和详细记录。周武王规划"营周居于雒邑"，目的是"偃干戈，振兵释旅；示天下不复用也"，也就是结束战争、取得长久的天下和平，而真正将这个构想蓝图付诸实施的是武王之子成王。

由于武王圈定的洛邑是一个相对较大的范围，成王非常慎重地命令周公和召公数次以占卜问天的形式，确定修建新都的准确位置。《尚书》中有多篇关于洛邑位置的记录。"我卜河朔黎水。我乃卜涧水东，瀍水西，惟洛食。我又卜瀍水东，亦惟洛食。"（《尚书·洛诰》）意思是说周公先是占卜了黄河以北的黎水，不吉；然后渡过黄河来到洛邑，占卜了涧水以东、瀍水以西的地方，得到的是吉兆；又占卜了瀍水以东的地方，同样得到了吉兆。

位置确定以后，由周公旦具体着手营建新都。"周公初基，作新大邑于东国洛"（《尚书·康诰》），周公在东方洛阳新建一座大城，"方千七百二十丈，郛方七十里，南系于洛水，北因于郏山，以为天下之大凑"（《逸周书·作雒解》）。新都建成后，不仅有祭祀的太庙，连国家的最高象征九鼎也被移到这里，周随即昭告天下这里是天下之中。

从这些史料的反复强调中，我们可以看出周对营建洛邑极其慎重。从规划到定位，历经两代王和数位高级别的大臣，足见营造洛邑对西周王朝的重要意义。尤其是对位置的确定，可以清晰地感受到周王朝对"中心"的强调，多次占卜实际上都是为了彰显在洛邑筑新都是上天神明的指示而非人力之所为，正好契合"此天下之中，四方入贡道里均"。

对洛邑这个城市的设计，是洛阳成为天下之中象征的原点。中国学界对此已多有论述，日本学界也持同样看法，甚至更强调洛阳的地位。佐原康夫论述《周礼》所记载的理想天子都城与洛阳的关系时

---

① 相关记载在《尚书》《逸周书》里也多有相似度较高的文本，本书较多引用《史记》。

认为，洛阳本身就是古代理想的都城形象，"后世的洛阳把周公的伟业作为原点而不断被回顾。处于各个朝代的洛阳，无论是否成为都城，一直都被认为处在一个特殊的位置"①。冈村秀典也指出："由于洛阳被视为夏王朝的故地所在，周选择此地的意图很可能包含对中国最早的王朝的敬意，以及作为正统继承者的宣言。"② 竹内康浩也认为："成周的建设是超越了偶然的、具有积极主观性的行为。成周的建设以及建成后的维护，明确显示出周对于讨伐殷王朝，由单纯的政治愿望上升到了今后必然要实现的决心。"③

先秦时期洛阳的文化表象——"天下之中"

当人们的视野扩展至无限的宇宙时，"地球是圆的，任何一个点都是世界中心"成为常识，可能很难理解古人对天下之中的执着和热衷。然而，在认知能力极其有限的时代，人类痛感自身力量的弱小，只能把希望与命运都寄托于人力所达不到的神之领域——上天。周构筑都城的指导思想是天子要居于天下中央治理天下，洛邑的选址和兴建是这种筑城思想最成功的体现和实践。洛邑是最早通过"问天"的形式被确认为"土中""天下之中"的地方，本身就带有神秘色彩。这种神秘感被周天子作为实施政治统治的工具而充分利用并大肆渲染，从而起到加强政权权威的作用。

洛邑（成周）这座城市，从选址作为天下的中心到完全符合礼

---

① 佐原康夫「周礼と洛陽」舘野和己編『古代都市とその形制』奈良女子大学 COE プログラム、2007、31 頁。

② 岡村秀典「中国のはじまり—夏殷周三代の洛陽」気賀澤保規編『洛陽学国際シンポジウム報告論文集　東アジアにおける洛陽の位置』汲古書院、2011、60 頁。

③ 竹内康浩「洛陽出土伝世品青銅器研究（一）」『東洋文化研究所紀要』第 138 卷、1999、364 頁。

制的城建，目的是显示政权的正当性和正统性，诞生伊始就被赋予了
政治和文化的双重内涵，成为后世王城的典范。洛阳被认为是"天
下之中"的象征，其形成和巩固主要有以下三个原因。

（一）地理环境居中

《周礼》曰："谓之地中，天地之所合也，四时之所交也，风雨
之所会也，阴阳之所和也。然则百物阜安，乃建王国焉。"先秦时期
的洛阳，地理环境和气候条件的确符合这个标准。

前文已有所提及，洛阳位于四面环山的伊洛河冲积平原，所以会有
周武王"南望三涂，北望岳鄙，顾詹有河，粤詹雒、伊、毋远天室"。洛
阳盆地又称伊洛平原，四面环山形成合围。西南部的秦岭莽莽苍苍，延
伸到洛阳境内后连接伏牛山、熊耳山、外方山，从西、南两面揽住洛阳，
既挡住西北的尘沙，又提供丰富的矿产和森林资源；秦岭的另一条支脉
崤山向东延伸，地表覆盖着厚厚的黄土，为农业生产提供肥沃的耕地。

很多学者探讨洛阳盆地环境时会加上气候的因素，认为此地具有
多重过渡性特征，例如久慈大介的研究结果表明，洛阳位于西面延伸
的黄土高原和东面广阔的冲积平原之间，是东西地理过渡地带；同时
又是以谷子、蜀黍为主要农作物的北方地域，和以稻米为主要农作物
的南方地域生态环境的过渡地带，南北两类作物兼种。所以洛阳是在
交通和气候两重意义上的中间过渡地带。[①]

唐晓峰在探讨国家起源时从历史地理学角度运用"地理机会"
这一说法，认为中国最早的真正意义上的国家应该形成于晋南豫西，
因为这里处在"农猎"或"农畜"的分界线上，这一特殊的人文地
理结构是形成国家的地理条件。

事实上，在河南省的考古工作中，已经发现数处粟米与稻米并存

---

① 稲畑耕一郎「中国古代文明と黄河」『月刊しにか』第 1 期、2001、30 頁。

的遗迹，为这个说法提供有力的证据。在环境方面，当时的洛阳的确是东南西北不同地理、生态环境交会之处，具有过渡性特征的多重边缘效应，具有很强的环境承载力，符合汉代桓宽《盐铁论·轻重》"中国，天地之中，阴阳之际也。日月经其南，斗极出其北，含众和之气，产育庶物"的描述。

因此，通过占卜问天确认洛阳是天下之中的结论，并非毫无根据的无稽之谈。洛邑在盆地内广袤的平原上，地势平坦开阔，交通便利。气候温暖，水系丰富，保证了物产丰茂，能够养活密集的人口。相对封闭的自然环境显然也有利于军事防卫，盆地周围山峦相交处的交通孔道上，历代设有多处关隘要塞，正如清代顾祖禹在《读史方舆纪要》中所言，洛阳"河山拱戴，形势甲于天下"，可以为王朝要地提供必备防御态势。当时洛阳盆地的地理位置及生态环境条件，的确符合那个时代人们对世界的认知，洛阳盆地是早期王朝建国立都的理想境地。

（二）文明程度领先

在周营建洛邑之前，洛阳所在的河洛地区文明已经发展到一定程度。迄今为止的所有资料都表明，河洛地区与三代文明发展密切相关，是中华文明的起源。"帝王始兴，各起河洛"（《易·乾凿度》）；"自洛汭延于伊汭，居阳无固，其有夏之居"（《逸周书·度邑解》）；"昔唐人都河东，殷人都河内，周人都河南，夫三河在天下之中，若鼎足，王者所更居也，建国各数百千岁"（《史记·货殖列传》）；"昔三代之居，皆在河洛之间。故嵩高为中岳，而四岳各如其方，四渎①咸在山东。至秦称帝，都咸阳，则五岳、四渎皆并在东方"（《史记·封禅书》）……如此多的文献证据都指向洛阳，可见洛阳一带在先秦时期处在文明中心地域。

事实上，越来越多的考古成果对以上文献形成有力支撑。其中最

---

① 古代对长江、黄河、淮河、济水的合称。

引人注目的是二里头遗址的发掘。位于洛河以南、距伊河约5公里的地区，发现了总面积约375万平方米、介于河南龙山文化晚期和郑州二里岗早期商文化之间的一种考古学文化——二里头文化。遗址的绝对年代为公元前1900～公元前1620年，遗址内出土了较为先进的青铜生产工具和较高等级的礼器，发现了宫殿、陵寝及雏形文字（或符号），这些都是人类迈入文明历史阶段的标志（图14）。遗址规模宏大，内部设施完备，已经完全具备了都邑的性质。20世纪50年代发现到现在，经过中国社会科学院考古研究所长期的调查与发掘，结合我国"夏商周断代工程"多学科交叉研究，二里头遗址被认为很有可能是夏代都邑，有可能是从夏禹之孙太康到夏代最后的王夏桀时期的都城——斟鄩。二里头遗址考古队队长许宏在《最早的中国》《大都无城》等著作中表示，虽然目前还不能断言二里头遗址属于夏还是商，但可以断定这里是与中国国家起源密切相关的跨时代的发现。

图14　二里头遗址宫殿基址群发掘现场

资料来源：《洛阳晚报》2009年9月4日。

在洛阳盆地东部，继二里头遗址之后，河洛地区又发现一座商代早期城邑遗址，被命名为偃师尸乡沟商城遗址。这座城距洛阳市约 30 公里，南临洛河，北依邙山，西南距二里头遗址约 6 公里，1983 年被中国社会科学院勘探与试掘（图 15）。有国外学者将偃师商城遗址与 19 世纪德国考古学家施里曼在小亚细亚发现的著名的特洛伊古城相提并论，偃师商城遗址被联合国教科文组织列为 1983 年世界十七大发现之一。部分学者认为偃师尸乡沟商代早期都城遗址与文献材料所记西亳的地望近似，有可能是商汤灭夏后在河洛地区建立起来的商都西亳。

图 15　偃师商城遗址考古现场

资料来源：洛阳市委宣传部《洛阳"五大都城遗址"之偃师商城遗址》，新浪城市，http://city.sina.com.cn/2010-04-07/1631.html。

都邑遗址如此集中地出现在洛阳盆地这片不算太大的范围内，既说明了以洛阳为中心的古代中原地区在先秦时期文化几乎一直较为先进，也说明在中华文明的起源中洛阳不可或缺的地位。考古成果用实物证实了众多古文献中关于先秦时期洛阳的记载基本上是可靠的。以李学勤为代表的学者曾指出："历史文献和考古成果的研究分析表明，我们的先人摆脱原始野蛮的状态，真正开始进入文明时期，正是在中原地区",当时西周经营洛邑、迁九鼎入洛,实际上是在进行一种选择,一种向文明中心靠拢、接受更高水准文明的选择。

(三)政治意图的渲染

学界论述关于"中国"与"天下"的文化概念时,大多要追溯到文明初期的先秦时期,这方面的研究对我们分析洛阳成为天地之中的依据也很有益。张其贤以年代区分考察古文献,得出如下结论:西周初期最早的"中国"一词仅仅指地理方位上的中央位置,并没有中央比四周高贵的优越感;春秋以后开始带有"中国" = 周王王畿、"中国" = 诸夏集团等多重意思,以至于逐渐叠加出"中国" = 文明的意思。① 所以,可以认为西周初期的统治者在为新都选址时反复强调"天下之中",并且开始使用"中国"这一新词的行为,从一开始就存在政治意图。

周原本是殷商西边的小国,在击败殷商王朝之前基本上以"西土"自称。周克商之后称"受天命",开始建立王朝实行统治,对自己的称呼也由"西土"变成频繁使用的"中国"一词。这个变化明显意味着扩大领土的政治志向,目的在于强化对中原以及四方的统治。很多学者认为西周经营洛邑是为了建立东方据点,以弥补镐京偏居西隅的不足。无论是出于什么考虑,西周意识到并充分利用了洛阳相对来说位于中央的地理位置优势,这一点是毋庸置疑的。

根据杨宽的考察,成周城的城建与《周礼·考工记》"匠人营国,方九里"一致,利用人工把天然山川连在一起,在较小的城外筑较大的郭,这样的都城建筑结构是肇始于成周的。② 也就是说,成周的面积、结构、建筑式样以及王宫与市场的配置都符合礼制中的都

---

① 张其贤:《"中国"与"天下"的概念探源》,《东吴政治学报》2009 年第 27 期,第 169~256 页。

② 楊寬著、西嶋定生監訳『中国都城の起源と発展』学生社、昭和 62 年、59 頁。

城制度，后世的所谓都城制度很大程度上参照了成周城的模式。

借用占卜的形式反映天意，按照天意认定天下的中心，在那里营造都城，并让这一系列的运作形成文字，甚至铭刻在青铜器上，不断强调"地中""土中""中国"。这一系列操作的政治意图显而易见，就是要传播和普及"在天下中心的是天子，有上天庇护"的思想，给世人灌输自己的政权是符合天道、神圣不可侵犯的观念，以便统治。这种中心的观念影响了中国几千年，后世王朝或多或少都沿用了这种借天立人的政治说法，包括"华夷思想"在内的许多根深蒂固的思想里也有它的影子。

安部健夫长期研究中国人关于天下的观念，他认为西周时出现了人格化的"天"的概念后，"天"与被称作"四方"的西周直辖地区和封建诸侯国合在一起，才萌发了"天下"的概念。[①] "四方"环绕"中央"作为守卫性存在，也可以看作从洛邑（成周）建设而开始的。经过周王朝有意识的强调与渲染，到春秋时期，"中央"在方位上高于"四方"的感觉进一步强化。这一点可以从春秋时期的很多文献的言辞中得到证实。

以《吕氏春秋》中较为典型的一段话为例："古之王者，择天下之中而立国，择国之中而立宫，择宫之中而立庙。"文中连续使用三个"中"，都是中央的意思，强调中心的位置是优于四方的。"中心"与"四方"相比，具有唯一性，是核心性的存在。由此可做延伸性的理解，即"中心"具有更为重要的地位并拥有主导权，而"四方"处于附属地位，只能服从中央。

古文献中类似的表述已经成为一种思维定式，如《荀子·大略篇》说："欲近四旁，莫如中央，故王者必居天下之中。礼也。"说明"中

---

① 安部健夫「中国人の天下観念—政治思想史試論」『元代史の研究』創文社、1972。

央"凌驾于"四方"之上的思想在春秋时期已经固定并普及开来。这种文化现象的形成与西周在天下之中营造洛邑是一脉相承、息息相关的。

从"洛阳"到"中国"，再到"天下"

本章里出现最多的字是"中"。按照《说文解字》的说法，"中"字的本意是被风吹动的旗子，中间的一竖像旗杆一般竖立于正中，上下有旌旗和飘带，其本义就是中心、当中，指一定范围内适中的位置。

目前发现的最早的关于"中国"的文献记录出现在《尚书·周书·梓材》中，文物实证是西周初期的青铜器何尊（公元前 11 世纪后半期）底部的铭文。这篇铭文是西周初期一篇极为重要的历史文献，可与《尚书·召诰》相互印证，用 122 字记叙了武王灭商和武王、成王相继营建成周洛邑等西周初期的重大事件。其中"宅兹中国"一词尤为引人注目。

"国"的本意指城、邦，并非国家，"中国"的原意是"中央之城"或"中央之邦"，即王国都邑及京畿地区。于省吾在《释中国》中指出，"中国这一名称起源于（周）武王时期"，并认为"甲骨文之言四土和四方，均以大邑商为中心言之，西周时代才进一步以中土与四外方国对称"。"宅兹中国"的本意是在中央之地建立都邑，结合上下文可以清楚地了解这里的"中国"指代的是成周洛邑，学界对此基本上已达成共识。①

何尊铭文与众多古文献相互印证，如《逸周书·作雒解》中"乃作大邑成周于土中……为天下之大凑"；《史记·周本纪》中"此天下之中，四方入贡道里均"。《尚书·召诰》《尚书·洛诰》等更是用通篇文字详细记录了洛邑的选址、营建经过。虽然营造洛邑的具体时间尚不能确定，洛邑、成周、王城的关系也有争论，但可以确定，

① 相关研究很多，略举手头资料的几例，如李学勤《成周建设论》（五井直弘编『中国の古代都市』汲古書院，1995）、葛兆光《宅兹中国》（中华书局，2011）、伊藤道治「西周王朝と洛邑」（伊藤氏『中国古代国家の支配構造』中央公論社、1987）等。

在此后相当长一段时间里，"中国""土中""地中""天下之中"等词都用来特指洛阳，这也得到了后世的认同。洪迈在 12 世纪时著《容斋随笔》，于卷五"周世中国地"条目中谈到，成周时代的中国范围最小，当时几乎只有王城洛阳可以叫"中国"。

> 成周之世，中国之地最狭，以今地里考之，吴、越、楚、蜀、闽皆为蛮，淮南为群舒，秦为戎。河北真定、中山之境，乃鲜虞、肥、鼓国。河东之境，有赤狄、甲氏、留吁、铎辰、潞国。洛阳为王城，而有杨拒、泉皋、蛮氏、陆浑、伊雒之戎。京东有莱、牟、介、莒，皆夷也。杞都雍丘，今汴之属邑，亦用夷礼。邾近于鲁，亦曰夷。其中国者，独晋、卫、齐、鲁、宋、郑、陈、许而已，通不过数十州，盖于天下特五分之一耳。

结合洛阳周边的夏代、商代遗址考古成果，许宏在《最早的中国》一书中探讨中国的由来，多次表明西周金文把"最早的中国"指向洛阳盆地。无独有偶，冈村秀典也撰写《中国的起源——夏殷周三代的洛阳》，认为"中国在其国家形成的初期，洛阳正好就处在'中国'的位置"。

西周以后"中国"所指的地理范围，以洛阳地区为中心不断向外扩展，越来越大，到了东周时期，"中国"代表的地理范围扩大为中原地区。胡阿祥认为，到了秦始皇统一全国之时，"中国"基本上可以指代其统治下的全境，这个词的文化性政治性内涵不断扩大和叠加，要究明其含义与来源变得越来越复杂。[①]

---

① 代表性论著有陈登原著《国名疏故》（商务印书馆，1936），顾颉刚、王树民撰《"夏"和"中国"——祖国古代的称号》（《中国历史地理论丛》第 1 辑，1981），于省吾《释中国》（载《中华学术论文集》，中华书局，1981），葛剑雄著《普天之下——统一分裂与中国政治》（吉林教育出版社，1989），胡阿祥《伟哉斯名——"中国"古今称谓研究》（湖北教育出版社，2001）等。

简言之，最初"洛邑"＝"中国"＝"天下之中"，也就是说曾经"中国"和"天下之中"一样，都专指古代洛阳一带区域。但后来"中国"的范围越来越大，天下也不断扩张，说洛阳一带是最早的中国是有根据的。

"天下之中"的确立与影响

最初洛阳究竟是因为地理位置居中才被称为"中国"的，还是因为被叫作"中国"才加强了"天下之中"的印象？两者的因果关系似乎已经很难梳理清楚。但是，要说"中国"一词源自洛阳盆地，应该没有异议。先秦时期，洛阳最鲜明的文化印记就是意味着天下之中，随着人们对此的接受，天下之中这一象征反过来成为洛阳的一个标签。

意味深长的是，被认为是河洛文化滥觞的河图、洛书的结构也是一种中心与四方的关系，包括四方与中心、八方与中心。当"中"的地位不再与"四方"平等时，要超越甚至凌驾于四方之上，需要有与之匹配的实力。实际环境、政治诱导等都是不可或缺的必要条件，最关键的是还要有文化上的优势，这一点恰恰是洛阳具备的。

（一）"天下之中"的文化优势

清人赵翼《廿二史札记》中有"长安地气说"，大意为秦中自古为帝王州，长安一直是中心，唐代达到极盛，直到开元、天宝间，地气自西北转向东北才引发长安的衰落。所谓地气，可以理解为中心，即政治、经济，特别是文化中心。对此，日本历史学家内藤湖南在《地势臆说》中的质疑颇有道理：如果说唐以前的中心都是长安，那洛阳应该放在什么位置呢？

赵氏独论长安，而未说长安之前又有洛，言禹贡九州，其开化之源泉，发自冀豫两州之间，盖资于黄河之利。尧都平阳，舜都蒲坂，禹都安邑，皆冀州之地，殷都亳，豫州地也。避水患迁相迁耿，复归于亳，均未出二州。周虽兴于西酆镐，仍以其为天下之中而营于洛，朝会诸侯，二州所生文物，郁郁乎告大成。①

内藤湖南对长安、洛阳以及后来中国都城变化的思考形成的著名"文化中心移动论"，是内藤史学的支柱理论之一。有人认为这个理论在后来特殊历史背景下，成为日本军国主义发展和侵略中国的推手之一。当时内藤发表《地势臆说》等一系列文章是否含有政治动机，已很难推测。单从历史文化方面说，内藤的反驳有理有据。他把先秦时期的洛阳评价为"盖武力之强在冀州，唐虞夏商，当制南面天下，食货之利在豫州，人文乃在此间酝酿，而洛为二州文物凑合之所在也"，这是符合史实的。在整个先秦时期，洛阳几乎自始至终都在文明程度最高的地域范围内，可以说代表了当时文化的最高水准。

前文引用的《容斋随笔》里关于周时的"中国"论，鲜明地显示出知识分子浓厚的华夷思想。在他们心中，除了最中心的王城（洛阳）以外，都是蛮夷。这种言论虽然略显傲慢，但是反映了知识分子对华夏文明的肯定和对正统文化的崇尚。蛮夷与中国的区别，最初也许只是个地域概念的区别，但从很早的时期开始，就由地域意识传到了文化层面。

《战国策》中有一段对"中国"的描述：

> 臣闻之，中国者，聪明睿知之所居也，万物财用之所聚也，贤圣之所教也，仁义之所施也，诗书礼乐之所用也，异敏技艺之

---

① 内藤湖南1894年在《大阪朝日新闻》发表《地势臆说》，1897年出版《近世文学史论》，提出"文化中心移动说"。

所试也，远方之所观赴也，蛮夷之所义行也。

　　　　　　——《战国策·赵二·武灵王平昼闲居》

　　由这段话可见，在战国时期的世人心目中，居住在中国的人是聪明睿智的；所谓"中国"已超出了具体地域的概念，是具有高度物质文明和精神文明的美好区域。而是否能被称为中国和中国人的标准，与地域、民族、血统的关系不那么密切，文化是否发展到较高的文明程度是能否被认可为中国的关键所在。正如唐代韩愈在《原道》中所言："孔子之作《春秋》也，诸侯用夷礼则夷之，进于中国则中国之。"是否称为"中国"不是一成不变的，只要崇尚华夏文明，采取华夏礼仪的都可以是中国。

（二）"天下之中"与"王道"的相互彰显

　　西周初期开始有了"天下之中"的意识，并由此意识出发营建了洛邑，在洛邑通过王权实施统治。汉代经学家王肃在《尚书正义》卷一五中写道：

　　　　天有其意，天子继天使成，谓之"绍上帝"也。天子设法，其理合于天道，是为"配皇天"也。天子将欲配天，必宜治居土中。故称周公之言其为大邑于土之中。

　　"大邑"即洛阳，"土中"即"天下之中"，"天子设法，其理合于天道"即王道，可见洛邑的营造将这三个原本不同的概念在先秦时期紧密地联系在一起，随着时间相互渗透，相互叠加，在某些场合、某些意思上，甚至可以相互替代，最终起到了相互彰显的作用。

　　岸本美绪在论中国社会历史的展开时谈到，天下中心是具有高度文明的"中国"，周边是尚未沐浴到文明之风的蛮夷。有德之君出现的话，夷狄也会被教化而从属于中国，中国的领域将会无限地扩张开去。这是当时的中国人所持有的世界观。[①] 诚如此言，实行德政以教化天下的思想，实际上是从周开始的，这一点后来成为儒家最重要的思想根源。

洛邑建起之后，虽然把作为国家象征的九鼎也移了过去，但城市的象征意义大于实际功能，正式的都城还是镐京。直到西周末年，镐京因战乱完全被废弃，公元前770年平王才正式迁都洛邑，开始东周王朝。

此时的周王朝对诸侯的支配力大大下降，直辖的范围仅有王畿之内的600余里地，诸侯纷纷称霸，各自割据一方。然而，换个角度思考就会发现，在诸侯林立、王室衰微的状况下，东周政权竟然能持续500余年，其中的缘故也是值得思考的。历史上有名的"楚王问鼎"事件很能反映一些问题。

> 楚子伐陆浑之戎，遂至于雒，观兵于周疆。定王使王孙满劳楚子。楚子问鼎之大小、轻重焉。对曰："在德不在鼎。昔夏之方有德也，远方图物，贡金九牧，铸鼎象物，百物而为之备，使民知神、奸。故民入川泽、山林，不逢不若。螭魅罔两，莫能逢之，用能协于上下，以承天休。桀有昏德，鼎迁于商，载祀六百。商纣暴虐，鼎迁于周。德之休明，虽小，重也。其奸回昏乱，虽大，轻也。天祚明德，有所厎止。成王定鼎于郏鄏，卜世三十，卜年七百，天所命也。周德虽衰，天命未改。鼎之轻重，未可问也。"
>
> ——《左传·宣公三年》

这个关于鼎的问答，《左传》《史记》等多有记载，应该是有事实根据的。时值公元前606年，庄王亲征，讨伐陆浑之戎取得胜利。"三年不鸣，一鸣惊人"、春秋五霸之一的楚庄王很有能力，得胜以

---

① 岸本美緒『中国社会の歴史的展開』放送大学教育振興会、2007、15頁。

后更是士气大涨，在洛水边阅兵。此举分明有取周而代之的意味。楚庄王傲慢地打听象征国家权力、天子地位的鼎的重量，周王派出的使者王孙满的几句话竟然能应付对方公然的挑衅，并让楚庄王退兵，其言辞中必有令人信服之处。

仔细分析，王孙满的话甚至颇为矛盾。前边强调"德"比鼎重要，最后却说"周德虽衰，天命未改。鼎之轻重，未可问也"。那我们禁不住要发问：既然周德已衰，为何天命仍未改呢？

大室干雄在其著作《桃源の夢想—古代中国の反劇場都市》里提到相似的问题。东汉政权在后期也面临同样风雨飘摇的局面，皇权虚弱无力，地方群雄割据，"实际上从汉和帝开始已经衰落的东汉政权为什么能够又维持了一个世纪呢？"大室思考后认为："因为天子是住在洛阳，是都城洛阳守护的天子。"并进一步解释说洛阳这座城市无论从现实的物质上还是从抽象的心理上，都被高大的城墙包围，是一座被维持圣俗的特殊构造守护着的城市。①

洛阳是可以守护天子的都市吗？这样的思考从前人很少涉及的观察角度切从，细细想来有一定道理。楚王问鼎的故事中所谓的"周德虽衰，天命未改"也是因为"天祚明德，有所底止。成王定鼎于郏鄏，卜世三十，卜年七百，天所命也"。因此，大室干雄的所谓"维持圣俗的特殊构造"，我们可以理解为洛阳作为天下之中的光环。

西周统治者在建造洛邑时说的"此天下之中，四方入贡道里均"，相当于给这座城市打上了"天地之中"的烙印，以后无论洛阳的文化形象如何改变，这一层底色很难改变。"天下之中"是一个特殊的位置，具有唯一性，如宋代欧阳修在《正统论》中所论："夫居天下之正，合天下于一，斯正统矣。"即在天下中心统治天下才符合正统，是王道的必要条件。

---

① 大室幹雄『桃源の夢想—古代中国の反劇場都市』三省堂、1984、10－33頁。

这种观念深入人心，不仅正式的国史记录，在下层知识分子的吟诗作文中也有体现。如类似于"大哉天休何穹窿，惟王配天居域中。东西南北乃四裔，盛德可使车书同"（宋王之道《华亭风月堂避暑》）等语句多不胜数。"天子居中国，受天命，治天下"成为中国社会的一个基本思维模式，长久地影响着中国的政治和社会观念。

（三）定都洛阳的惯性

都城的选址对政权来说是最重要的决定之一。在中国的历史上，洛阳能够长期作为国都，既有现实因素，也是文化惯性使然。笔者尽量从传世史料中引用历代王朝对洛阳的评价性语言的原句，综合起来考察当时的统治者对洛阳的认识，汇集成表2。

表2　历代王朝对于洛阳的"天下之中"的主流认识

时期	背景	正史相关记录	出处
汉	汉高祖自洛移都长安	成王即位，周公之属傅相焉，乃营成周都雒，以为此为天下中，诸侯四方纳贡职，道里均矣	《汉书》卷四三《娄敬传》
新	王莽建新，欲迁都洛阳	予以二月建寅之节行巡狩之礼……毕北巡狩之礼，即于土中居雒阳之都焉	《汉书》卷九九《王莽传》
十六国时期	王弥提议迁都洛阳	洛阳天下之中，山河四险之固，城池宫室无假营造，可徙平阳都之	《晋书》卷一〇〇《王弥传》
东晋	桓温提议迁都洛阳	夫先王经始，玄圣宅心，画为九州，制为九服，贵中区而内诸夏，诚以揆度自中	《晋书》卷九八《桓温传》
北魏	孝文帝迁都洛阳	伊洛中区，均天下所据，陛下制御华夏，辑平九服，苍生闻此，应当大庆	《魏书》卷一九中《任城王元澄传》
隋	隋炀帝迁都洛阳	然洛邑自古之都，王畿之内，天地之所合，阴阳之所和	《隋书》卷四《炀帝纪上》
唐	唐太宗修洛阳宫	朕以洛阳土中，朝贡道均，意欲便民，故使营之	《资治通鉴》卷一九三《唐纪》
	唐高宗建东都诏	此都中兹宇宙，通赋贡于四方，交乎风雨，均朝宗于万国	《全唐文》卷一二
武周	武则天在洛修礼制建筑	夏四月，天枢成〔张景岳（1563～1640）注：居阴阳升降之中，是为天枢〕	《新唐书》卷八九《则天武皇后传》

续表

时期	背景	正史相关记录	出处
北宋	范仲淹提议迁都洛阳	洛阳险固,而汴为四战之地,太平宜居汴,即有事必居洛阳	《宋史》卷三一四《范仲淹传》
金	金以洛阳为中都	以河南路转运司为都转运,视中都,增置官吏	《金史》卷一六《宣宗纪》

从表 2 可以发现,先秦以后涉及和讨论定都洛阳之时,对洛阳的评价几乎都要提及"天下之中"这一特质。从汉代到元朝之前的近 1500 年间,洛阳天下之中的地位以及附带而来的王朝正统性,几乎成为各个朝代的通识,因而定都洛阳也成为一种政治习惯。所谓"崤函有帝皇之宅,河洛为王者之里"(左思《三都赋》),即便是在洛阳的文化、政治、经济、交通等现实情况已经不再具有优势时,每次改朝换代,洛阳也必在考虑对象之列。

洛阳成为"天下之中"的另一个附加效应,就是"洛阳"二字本身就代表京、都的意思,这一点在日本体现得最突出。洛阳成了京都的别名,沿用至今,在日本也做了千年的古都,直到明治革新,迁都江户。有诗人大沼枕山作汉诗《东京词》,写道:"东京自此洛阳似,道里均平天地中。"即便是在洛阳离开中国政治中心已久、整个日本意气风发意欲"脱亚入欧"的 19 世纪,日本的知识分子仍然有意识地将日本的国都与洛阳相提并论,可见洛阳作为"天下之中"和"首都"的形象何其深入人心。

1931 年"九一八"事变之后,日本军队于次年 1 月进攻上海,"一·二八"事变爆发。当时的政府领导人蒋介石就曾考虑"迁移政府,与倭长期作战"的问题,认为"政府倘不迁移,则随时遭受威胁,将来必作城下之盟",1932 年 3 月 1 日宣布以西安为西京,洛阳为行都,国民政府暂移洛阳办公,日本报纸马上对此做了报道(图 16)。

李久昌等学者认为,"天下之中"是内容丰富、涵盖了都城选址

图 16　《朝日新闻》报道国民党迁都

资料来源：《杨天石：国民党政府"迁都"之谋划》，搜狐网，https：//www．sohu．com/a/21411042_115368。

中自然和社会等综合因素的我国古代第一个有关都城选址规划的理论。[①] 西周建立洛邑时用"土中""中国"等词大力渲染其天下之中的地位具有强调王权正统的政治意图。当"天下之中"的形象通过政治树立起来以后，反过来，这个光环笼罩着洛阳，又可以为这里的政权提供庇护，形成一个循环的闭环。洛阳、"天下之中"与"王道"这三个概念在功能上得以相互彰显，定都洛阳成为一种惯性。洛阳的"天下之中"的形象在先秦时期最为突出，直接成为洛阳的文化表象。历代王朝屡屡定都洛阳，正是因为洛阳≈天下中心≈符合王道≈正统王朝的意象影响深远，以至于世人不能或不敢轻易打破这个约定俗成的观念。

小　结

先秦时期是中华文明萌芽和起源，中国古代社会发生质变、正式

---

① 李久昌：《"天下之中"与列朝都洛》，《河南社会科学》2007 年第 4 期，第 114 页。

进入文明社会的时期。无论是从历史考古断代的角度，还是从文化发展进程的角度，以洛阳为中心的河洛地区都是中华文明的发端之地。洛邑的建设是洛阳成为天下之中的原点，这成为先秦时期洛阳最鲜明的文化特征。洛阳在地理上是中原的交通要道，文化上也是核心文明所在，加之带有政治意图的渲染，洛阳的"天下之中"印象深入人心，成为这一时期最能体现洛阳内涵的文化表象。

"中"本是一个描述地理位置的词，却逐渐附带上了文化的含义，表现出超越"四方"的优越地位。而"天下之中"也从一个单纯的地理位置描述，开始与现实中洛阳的各种状况互相叠加、互相作用，最终附着上各种复杂的文化含义，比如上天赋予的神圣性、地位的正统性、权力的正当性、文明的先进性等等。这些特性反过来又成为"天下之中"的光环来提升洛阳的文化形象，使之成为中国文化史上一个特别的存在。这十分符合霍尔提出的文化表征理论基础——文化本身就是一种表达意向的实践过程，最关键的部分就是赋予意义，而语言是意义得以产生和循环的最具优势的媒介，文化表象就是把各种概念、观念和情感在一个可被转达和阐释的符号形式中具体化，也就是说洛阳文化表象就是被赋予了意义的文化符号。

中国最早的"天下之中"文化表象产生的意义不断作用于洛阳，帮助洛阳构筑起在世人心目中较为崇高的地位，以至于洛阳屡次被作为国都。现实中首善之地的国都又以政治、经济、文化的优越性反作用于"天下之中"的文化表象，使之更加牢固。长期如此循环互动的结果是"天下之中"的文化表象成为洛阳文化表象中最早也是最为突出的一个，即洛阳文化内涵的基础性元素。即使在先秦之后，"洛阳＝天下之中"的符号感开始呈现弱化的倾向，仍然对其他文化表象的形成与叠加产生相当重要的影响。

第 3 节 礼制之美： 两汉时期洛阳的文化表象

秦统一天下后，造阿房、修帝陵、砌长城、封禅泰山等一系列耗费国力之举动，致使十数年之内天下再次分崩离析。公元前 206 年，汉王朝继秦而兴，前后历 400 余年，是中国第一个强盛的统一王朝，文化、技术、生产力以及国家的疆域都有了进一步发展。原称华夏或诸夏的中原居民，都因汉王朝而得名，被称为"汉人"。"汉"不仅仅是一个王朝的专有名词，"汉字""汉语""汉族"等等，作为象征中国的含义沿用至今。

两汉时期，洛阳在政治、经济、文化方面的中心地位没有改变，孙家洲等在探讨洛阳在战国、秦、汉时期的特殊地位时，得出"不为都畿，亦为重地"[①] 的结论。随着历史的演进，洛阳的文化表象在"天下之中"，即代表王朝正统的基础上又被加入了礼制道德方面的元素。这个过程初起于西周，在此后的几个时代得到积累与完善，最终完成于东汉。与先秦时期"天下之中"文化表象的形成不同，东汉时期洛阳的文化表象的形成过程，除了政治因素以外，文学作品的传播起到极大的推动作用。

---

① 孙家洲、贾希良：《不为都畿亦为重地——论洛阳在战国、秦、西汉时期的特殊地位》，《历史教学》（下半月刊）1995 年第 3 期，第 45～48 页。

两汉时期的洛阳

被刘邦心仪的洛阳城

秦庄襄王元年（公元前 249 年）秦灭东周，在行政区划和国家体制上推行郡县制度，在黄河、洛河、伊河的三川之地设三川郡。其中的成周城设洛阳县治，王城设河南县治，以河南、洛阳十万户封相国吕不韦为文信侯。吕不韦同门客以儒、道、名、法、墨、农、兵、阴阳家思想学说为素材，完成自成一派的"杂"家著作《吕氏春秋》。秦王政亲理政务后，吕被免职，出居封地洛阳，不久被迁往蜀郡，忧惧自杀。《史记·秦始皇本纪》载："十二年，文信侯不韦死，窃葬。"又唐代司马贞的《史记索隐》说："其宾客数千人共葬于洛阳北邙山。"而明清《偃师县志》的各种版本，都称今首阳山镇大冢头村的大冢是吕不韦墓。

无论吕不韦的墓葬究竟具体在洛阳一带的什么位置，他生前在封地上建筑官邸，对城市也多有修葺和扩建，对洛阳的城市建筑是有贡献的。可以推测，秦亡后项羽封的河南王申阳，以及楚汉战争结束刘邦初都洛阳，他们使用的大都是成周城一带吕不韦封地的建筑。

两汉时期基本延续秦的郡县框架，西汉时此地区东部为以洛阳为中心的河南郡，西部属弘农郡；东汉时河南郡改为河南尹，辖区不变。直到清朝的两千多年的历史里，"河南郡"、"河南尹"或者"河南府"都特指以洛阳为中心的地区。

心怀天下的汉高祖刘邦似乎一直对洛阳特别关注。

高帝南过曲逆，上其城，望室屋甚大，曰："壮哉县，吾行天下，独见雒阳与是耳。"顾问御史："曲逆户口几何？"对曰："始秦时三万余户，间者兵数起，多亡匿，今见五千余户。"

——《汉书》卷四〇《陈平传》

刘邦经过曲逆这个地方时，登城眺望，看到宏大壮观的建筑景象时，感慨说："如此壮观啊！我行走天下，唯独见过洛阳是和这里一样的。"眼前的景观能让刘邦立即联想到洛阳，可见洛阳应该给他留下极深刻的印象，或者说洛阳这个地方一直存在于他的潜意识里。

虽然关于此时洛阳的都市面貌，没有留下具体记载，但史书中一些细微枝节可以给人以线索。比如《括地志》引顾野王《舆地志》的说法"（洛阳城）秦时已有南、北宫"，令人联想起后来汉高祖的"置酒雒阳南宫"，引发刘邦著名的关于用人之道的高见。虽然经过多年战乱，此时洛阳已经不再是国都，相当没落，但都市面貌中毕竟还是残留了一定规模的建筑和气势，以至于能让高祖念念不忘。

> 天下大定。高祖都雒阳，诸侯皆臣属。
> ……
> 高祖置酒雒阳南宫。高祖曰："列侯诸将无敢隐朕，皆言其情。吾所以有天下者何？项氏之所以失天下者何？"
> ……
> 高祖欲长都雒阳，齐人刘敬说，乃留侯劝上入都关中，高祖是日驾，入都关中。六月，大赦天下。
> ……
> 利几者，项氏之将。项氏败，利几为陈公，不随项羽，亡降

高祖，高祖侯之颍川。高祖至雒阳，举通侯籍召之，而利几恐，故反。

——《史记·高祖本纪第八》

帝乃西都洛阳。……戊卒娄敬求见，说上曰："陛下取天下与周异，而都雒阳，不便，不如入关，据秦之固。"上以问张良，良因劝上。是日，车驾西都长安。

——《汉书·高帝纪第一下》

由以上可见，汉初定天下前后，洛阳在史籍中出现的频率相当高。刘邦对这个地方给予特别的关注，应该不只是心仪这里的城市景观，军事战略地位和文化根基是他重视洛阳的根本原因。在与项羽争雄的过程中，汉军打下洛阳作为进军关中、灭亡秦国的基地，最终赢得楚汉之争。

刘邦想以洛阳为都并且在这里长期安定下来，对这个城市的偏爱与重视显而易见，但是听到娄敬、张良等人对洛阳和长安的优劣分析，还是清醒地做出移都长安的判断。值得注意的是，在给刘氏子弟和异姓诸侯分封土地时，刘邦还是把洛阳牢牢地掌控在自己手里，并未分封出去。

这种不把洛阳分封给任何人，而是以"直辖"方式控制的做法，似乎成了西汉的一个政治传统。汉武帝宠妃重病垂危时，请求封其子为王，立国于洛阳，武帝答曰：

雒阳有武库敖仓，天下冲厄，汉国之大都也。先帝以来，无子王于雒阳者。去雒阳，余尽可。

——《史记·三王世家》

意思是，哪里都可以给他封地为王，唯独洛阳不行。因为洛阳是天下咽喉，国之大都，自高祖起就有不能在此地封立诸侯的传统。可见在两汉四百余年间，洛阳即便不是首都，也一直有着"国之大都"的特殊地位，是拱卫关中的重要门户和经济要地。

东汉时代的九六城

25 年，刘秀以洛阳为都开始东汉王朝，在北依邙山、南近洛水之地，沿用周王城的旧址营建新城。此后，曹魏在东汉旧都的废墟上重建都城，其规模未超过东汉；西晋时城池的形制和布局亦无太大改变；495 年，北魏自平城迁都于此，仍利用了东汉曹魏的城墙。可见这个洛阳城被沿用了相当长的时间，直至唐初才逐渐废弃。

东汉洛阳城俗称"九六城"，《帝王世纪》记载："城东西六里十一步，南北九里一百步。"《晋元康地道记》也记载："城内南北九里七十步，东西六里十步，为地三百顷一十二亩有三十六步。"因而得名。

城的遗址于 1962 年被探明，位于今洛阳市东约 15 公里处，大致为南北长而东西短的长方形，基本与以上记载相符。西城墙残长约 4200 米，北城墙残长约 3700 米，东城墙残长约 3895 米，与《周礼·考工记》的规格几乎一致。由于几朝沿用，现在的遗迹大多是最后的北魏洛阳城的大城。周长约合 14 公里，东、西、北三面城墙保存较好，共发现十座城门，南面城墙被洛河冲毁无存。初步探明了大城垣墙、门阙、街道和护城河，还查清了宫城范围和部分殿台基址等，在南郊探出了汉魏时期的"三雍"遗址范围和一些殿堂台基（图 17）。这些考古工作的成果为分析两汉魏晋的洛阳文化提供了极可靠的依据①。

---

① 段鹏琦：《汉魏洛阳故城》，文物出版社，2009，第 28～30 页。

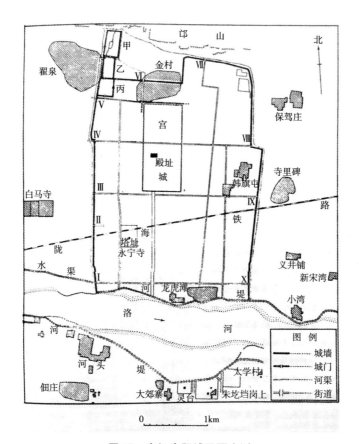

图 17　东汉洛阳城平面实测

资料来源：王贵祥：《古都洛阳》，清华大学出版社，2012，第45页。

都邑赋中的洛阳书写

昔先王之经邑也，掩观九隩，靡地不营。土圭测景，不缩不盈。
总风雨之所交，然后以建王城。审曲面势，溯洛背河，左伊右瀍。
西阻九阿，东门于旋。盟津达其后，太谷通其前。回行道乎伊阙，
邪径捷乎辕辕。大室作镇，揭以熊耳。底柱辍流，镡以大岯。温液
汤泉，黑丹石缁。王鲔岫居，能鳖三趾。宓妃攸馆，神用挺纪。龙

图授羲，龟书畀姒。召伯相宅，卜惟洛食。周公初基，其绳则直。
芟弘魏舒，是廓是极。经途九轨，城隅九雉。度堂以筵，度室以几。
京邑翼翼，四方所视。汉初弗之宅，故宗绪中圮。

——张衡《二京赋·东京赋》

这段文字描述的是我们熟知的天文学家张衡眼中的洛阳。与洛阳
在先秦时期的文化表象相比，洛阳东汉时期的文化表象最大的特点就
是在形成过程中有文学因素强势加入。文字当然一直是文化表象形成
的最大媒介，但是，汉代的文化、文学水平较之先秦时期又达到了一
个新的高度。先秦时期的文字记录相对较少，以记录国家重大事件为
主；汉代则出现了更多的文人群体，文学表现和创作都呈现多元化的
发展趋势。特别是汉赋的盛行成为汉代文学的一大特色，也深刻地影
响到这个时期洛阳文化表象的形成。

（一）汉赋与都邑赋

王国维提出过一个很有影响的说法：

凡一代有一代之文学。楚之骚、汉之赋、六代之骈语、唐之
诗、宋之词、元之曲，皆所谓一代之文学，而后世莫能继焉者也。

——《宋元戏曲史·序》

意思是一种文体的嬗变趋势是始盛终衰，每个时代都有最能代表其
时代精神的文体。汉代大赋属于半文半诗的文体，是两汉四百余年间的
主要文学体裁。汉赋吸收楚辞的形式和特征，摄取先秦散文的文采和气
势，以夸张和铺陈为表现特征，是考察汉代文化现象的重要资料和线索。

赋的开头多有一段交代背景、人物的文字，全文以对话的形式组织
起来，使它带有情节的因素，故国外有的汉学家称汉代大赋为"史诗"。

描写都城的汉赋统称都邑赋或京都赋，是《文选》十五个分类中的第一大类。都邑赋内容多涉及城市的地势环境、宫室建筑、礼仪风俗等诸多方面，犹如一部小型的百科全书，具有极高的文学价值和社会价值。①

"洛阳"是东汉文学集中书写的一个主要形象，汉代都邑赋代表作有班固的《两都赋》、张衡的《二京赋》。除此之外，还有傅毅的《洛都赋》《反都赋》，杜笃的《论都赋》等，虽然流传下来的只是残缺的部分，但仍然有一定价值。都邑赋大多通过城市的对比，表达作者的观点，共通之处是描写洛阳礼制的完善。"礼"包括人的行为准则、道德规范、尊卑秩序以及礼仪规矩等等，与道德、教化的普及密切关联，是有温情的教化而不是武力的强制。一系列都邑赋将东汉时期的洛阳描述为符合礼制王道之城，构建出一个"礼制之美"的文化表象，这也成为以后历代帝王定都洛阳时对王朝的一个自我定位和标榜。

（二）《两都赋》中的洛阳形象

《两都赋》是汉代文学家、史学家班固创作的，体制宏大、语言华丽，有模仿司马相如、扬雄的痕迹，被《文选》置为开卷之首。《两都赋》描写长安和洛阳的形胜、宫殿、园囿、文物、田猎、礼俗、文教等，因其丰富的内容和文化蕴含而获得不朽的价值和生命力。全篇分为《序》《西都赋》《东都赋》三部分，既相互关联又独立成章。登场人物是西都宾客和东都主人，假借宾主的对话，讨论东西二都的优劣。

1. 声明主旨的《序》

自东汉建都洛阳后，一些出身西边的大臣希望仍以长安为首都，上书请求迁都。

在《两都赋·序》中，班固首先谈了自己关于赋这一文体的认

① 陈君：《〈两都赋〉的创作与东汉前期的政治趋向》，《文学评论》2010 年第 2 期，第 114 页。

识和定位。

> 或曰：赋者，古诗之流也。昔成康没而颂声寝，王泽竭而诗
> 不作。……或以抒下情而通讽谕，或以宣上德而尽忠孝，雍容揄
> 扬，著于后嗣，抑亦雅颂之亚也，故孝成之世，论而录之。盖奏
> 御者千有余篇，而后大汉之文章，炳焉与三代同风。

《毛诗·序》中提到，"故诗有六义焉，一曰风，二曰赋，三曰
比，四曰兴，五曰雅，六曰颂"。班固把赋比作古诗之流，和雅、颂
并列，有拔高赋的使命之意。序文中说，失去圣明君王的恩泽，诗的
创作也就没落了，衰亡的古诗，由汉代的赋继承。说明班固认为无论
是讽谏还是颂德，作赋的目的归根结底就是要协助帝王维护统治。

序文中还提到，"乃崇礼官，考文章。内设金马石渠之署，外兴
乐府协律之事……京师修宫室，浚城隍，起苑囿，以备制度"。这一
系列措施都是为复兴礼仪制度所作的准备，叙述了当时东汉政权倡导
推崇礼制的时代背景。

文末"故臣作《两都赋》，以极众人之所眩曜，折以今之法度"，
则是旗帜鲜明地说明《两都赋》的创作目的是通过对西都长安与东
都洛阳的比较宣扬礼制法度，即以简约之德、礼仪之美来否定西都的
奢侈无道，明显流露出重礼崇文的儒家思想。这种思想在序文之后的
两篇正文中更是通过非凡的文采得以充分展现。

2. 起衬托作用的《西都赋》

既然序文中已经阐明作者的本意是弘扬东都洛阳的礼乐制度，
《西都赋》中的描写实际上就是为了起到衬托作用。赋中以主客问答
方式，假托西都宾客向东都主人夸说西都，描述长安有关山之险、宫
苑之大、物产之盛。

地势之险是"防御之阻，则天地之隩区焉"；宫室规模宏大壮观是

"图皇基于亿载，度宏规而大起"；街市繁华热闹是"红尘四合，烟云相连""冠盖如云"。对于皇家园林更是不惜笔墨，着力渲染出雕梁画栋、流光溢彩、聚集天下奇珍异宝的华丽景象。从以下引文可见一斑。

> 树中天之华阙，丰冠山之朱堂。因瑰材而究奇，抗应龙之虹梁。列棼橑以布翼，荷栋桴而高骧。雕玉瑱以居楹，裁金璧以饰珰。发五色之渥彩，光焰朗以景彰。于是左城右平，重轩三阶。闺房周通，门闼洞开。列钟虡于中庭，立金人于端闱。

《西都赋》特别截取皇帝狩猎的场面，以展示天子之威。英武的兵士、威武的布阵，与百兽展开激烈的搏斗。血肉横飞，电闪雷鸣，壮观的场面通过景象、声音、特写镜头等手法，一幕幕生动地展现在读者眼前。最后，狩猎以百兽被擒、兵士取得丰硕战果而告终。

> 尔乃盛娱游之壮观，奋泰武乎上圃。因兹以威戎夸狄，耀威灵而讲武事。命荆州使起鸟、诏梁野而驱兽。毛群内阗，飞羽上覆，接翼侧足，集禁林而屯聚。水衡虞人，修其营表。种别群分，部曲有署。罘网连纮，笼山络野。列卒周匝，星罗云布。于是乘銮舆，备法驾，帅群臣，披飞廉，入苑门。遂绕酆鄗，历上兰。六师发逐，百兽骇殚，震震爚爚，雷奔电激，草木涂地，山渊反覆。……松柏仆，丛林摧。草木无余，禽兽殄夷。

这种长于铺陈、场面宏伟、辞藻雅丽的风格贯彻始终。对于宫殿的配置，室内的陈列，庭中的山石风景、珍贵植物，等等，都事无巨细一一罗列，描写入微。作者用两千多字的文字，为读者描绘出一个宫宇巍峨、庭院奢丽、气势恢宏的帝都画卷。表面上是盛赞长安的都市风貌，实际上由夸张华丽的言辞流露出对其"穷奢而极侈"的否定态度。《西都赋》用近乎炫耀的铺陈手法，把其缺乏法度的印象深刻地输入读者心中，为赞扬东都的简约道德埋下伏线。

3.《东都赋》呈现的制度之美

对于《西都赋》营造出的豪华都城形象，东都主人以"痛乎风俗之移人也"为开篇之语，一句话便否定了《西都赋》。

> 遂超大河，跨北岳，立号高邑，建都河洛。绍百王之荒屯，因造化之荡涤，体元立制，继天而作。系唐统，接汉绪，茂育群生，恢复疆宇，勋兼乎在昔，事勤乎三五。岂特方轨并迹，纷纶后辟，治近古之所务，蹈一圣之险易云尔哉？且夫建武之元，天地革命，四海之内，更造夫妇，肇有父子，君臣初建，人伦实始，斯乃伏牺氏之所以基皇德也。分州土，立市朝，作舟舆，造器械，斯乃轩辕氏之所以开帝功也。龚行天罚，应天顺人，斯乃汤武之所以昭王业也。迁都改邑，有殷宗中兴之则焉。即土之中，有周成隆平之制焉。不阶尺土一人之柄，同符乎高祖。克己复礼，以奉终始，允恭乎孝文。宪章稽古，封岱勒成，仪炳乎世宗。案《六经》而校德，眇古昔而论功，仁圣之事既该，而帝王之道备矣。……然后增周旧，修洛邑，扇巍巍，显翼翼。

《东都赋》开篇用大量笔墨叙述光武帝开创东汉、定都洛阳的作为、功绩和意义，以说明定都洛阳是有历史渊源、符合礼制的。东都主人认为西都宾客只知"矜夸馆室，保界河山"，而忘了光武帝重振汉室的根本，《东都赋》的重点就在于表现东都的礼制教化和道德风貌。

前文提到，赋的目的是讽谏和颂德，这里不乏夸张溢美之词，但也提到了东汉的治国方针和许多具体措施。与《后汉书·礼乐志》《史记》等史料相对照，可以看到这些言辞虽然华丽，但是凡涉及具体事物的部分基本都有据可查，虽有夸大，却非虚词。东汉王朝初期，的确是从上到下试图恢复礼制，社会充满崇儒尚礼的风气。

> 若乃顺时节而搜狩，简车徒以讲武，则必临之以《王制》，考之以《风》《雅》。历《驺虞》，览《驷铁》，嘉《车攻》，采《吉日》，礼官整仪，乘舆乃出。……遂集乎中圃，陈师按屯，骈部曲，列校队，勒三军，誓将帅。然后举烽伐鼓，申令三驱，輶车霆激，骁骑电骛，由基发射，范氏施御，弦不睼禽，辔不诡遇，飞者未及翔，走者未及去。指顾倏忽，获车已实，乐不极盘，杀不尽物，马踠余足，士怒未渫，先驱复路，属车案节。于是荐三牺，效五牲，礼神祇，怀百灵，觐明堂，临辟雍，扬缉熙，宣皇风，登灵台，考休征。

为了与西都皇帝的狩猎场面相对照，《东都赋》也把皇帝狩猎的情形作为一个重点进行了描述。西都的狩猎规模宏大，场面震撼人心，东都的狩猎场面就相形见绌，从气势、规模、壮烈程度到最后取得猎物的丰富程度都比不上西都。但是，东都狩猎之前有仪式，之后祭祀天地，而且猎取有度、适可而止。整个过程表明东都的狩猎不以获取猎物为目的，礼仪周全，是具有顺天应时意义的仪式，间接衬托出西都的实质只是满足皇帝的游乐。西都狩猎之后是"松柏仆，丛林摧。草木无余，禽兽殄夷"的惨相，而东都是"乐不极盘，杀不尽物"的和谐景象。对天与自然的无礼，归根结底是缺乏王德和背离王道。孰高孰低及作者的褒贬之意不言自明。

汉赋有过分堆砌辞藻之嫌，《东都赋》也不例外。如在以下这一大段关于皇家典礼的文字中，对于典礼会场的布置，供奉物品之繁多，演奏乐曲的乐器、曲目、顺序以及诸侯朝见天子之礼等等繁文缛节，都不厌其烦地介绍得非常详细周全。既营造出华丽丰盛、太平昌盛的意象，也表现了作者对这种文化气象的自信和自豪。

遂绥哀牢，开永昌，春王三朝，会同汉京。是日也，天子受四海之图籍，膺万国之贡珍，内抚诸夏，外绥百蛮。尔乃盛礼兴乐，供帐置乎云龙之庭，陈百寮而赞群后，究皇仪而展帝容。……抗五声，极六律，歌九功，舞八佾，《韶》《武》备，泰古毕。四夷间奏，德广所及。

篇幅所限，不能全引。这段描写令人联想起对西都宫闱庭院的描写，笔法相似，形成对比。而关于东都的宫闱，作者避实就虚，只用"宫室光明，阙庭神丽，奢不可逾，简不能侈"一笔带过，可见作者重点在于表现东都的"盛礼兴乐"与简约有德。

《东都赋》全篇围绕礼制展开，作者对礼制道德的推崇也贯彻全篇。班固认为东都崇尚礼制道德，君王的行为是"必临之以《王制》，考之以《风》《雅》"，一切都有法可依；百姓面貌是"嗜欲之源灭，廉耻之心生，莫不优游而自得，玉润而金声"，积极而和谐的氛围；社会现状是"四海之内，学校如林，庠序盈门"，充满文化气息。

文章言语之中处处流露出赞赏之情，最后连用多个排比句，再次用对比手法连续反问，掷地有声，有力地彰显出"子徒习秦阿房之造天，而不知京洛之有制也。识函谷之可关，而不知王者之无外也"这一结论不容置疑。这一段的内容归纳成表3也许更能直观地体现两都的异同。

表3 《两都赋》中长安与洛阳的对比

	西都长安	东都洛阳
地势地利	僻界西戎，险阻四塞，修其防御	处乎土中，平夷洞达，万方辐凑
山川形胜	秦岭、九嵕，泾、渭之川	四渎、五岳，带河溯洛，图书之渊
城市建筑	建章、甘泉，馆御列仙	灵台、明堂，统和天人
自然人文	太液、昆明，鸟兽之囿	辟雍海流，道德之富
世风民俗	游侠逾侈，犯义侵礼	同履法度，翼翼济济
都城气象	秦阿房之造天	京洛之有制
防御王道	函谷之可关	王者之无外

作者借东都主人之口，嘲笑西都宾客只知道学秦始皇大兴土木、追求奢豪，却不知洛阳礼乐制度之美；只知道函谷关险峻可以御敌，却不知古代帝王以天下为一家。再次点明主旨，也照应了篇首的"痛乎风俗之移人也"之句。最终西都宾客心服口服，以承认"小子狂简，不知所裁，既闻正道，请终身而诵之"结尾。东都的礼制道德，超越西都的奢华无度，赢得这场关于都邑之争的胜利，正是《序》所说的"以极众人之所眩曜，折以今之法度"，首尾呼应，结论分明。

两汉时期洛阳的文化表象——礼制之美

D. C. D. Pocok 指出，"研究某个地方赋予人的印象时，文学是重要的线索。因为和性格描写、情节构想一样，作者在描写风景时也要发挥出色的观察力和洞察力"①。《两都赋》虽然只是文学作品，赋这种文体常被人诟病言过其实，但传递出的重视礼制道德的意识，是当时社会环境和人文思想的真实反映。有学者专门撰文考证并肯定《两都赋》的历史价值，《长安志图》的作者李好文，亲自到长安考察史迹之后肯定了《两都赋》中描写的可信度：

> 赋语。文人之词，固多张诞，然身未尝至，目未尝睹，亦未可辄拒而不信，尝读汉人之赋，遂知两京台观之盛，……予至长安，亲见汉宫故址，……由是观之，则数公之言，未遽为张大也。
> ——《长安志图》，《经训堂丛书》本（卷中）

班固比较东西两都的目的是强调东都洛阳的礼乐制度、教化道德，以否定迁都的提案。制度由君王皇帝所定，社会道德的源头是统

---

① 高橋伸夫『文化地理学入門』東洋書林、1995、72 頁。

治阶级实施的制度和教育的普及，这两者都与皇帝的德行和仕官的品行密切相关。所以，也可以说《两都赋》高度赞扬东都洛阳的礼制道德的目的之一是为当时的施政者歌功颂德。

以《两都赋》为首的都邑赋广为传颂，后左思仿照《两都赋》而作《三都赋》，甚至因为传抄太多而留下"洛阳纸贵"的成语。可见这些文章在民间流传极广，社会影响巨大。尽管都邑赋成功地塑造了洛阳"礼制之地"的形象，但文化表象并不是仅靠几篇美文就能够成立的。东汉时期，洛阳"礼制之美"的文化表象有着深刻的现实因素和历史渊源。

（一）东汉统治者的政治主张

"汉朝之前，天与政治的关系是由神权政治向君权政治（天命说）以及道德社会秩序（天人合一说）演变的。执政者开始有了仁德意识，即随着君权的发展，在大地上支配天下的天子的立场也得到强化。"[1] 前文已述，《两都赋》既是为了否定迁都的提案，也是为执政者歌功颂德，提出了一个全新的标准衡量秦与汉（实为西汉与东汉）的优劣。西汉总体来说推崇武治，即以扩大领土、抵御外敌为功绩，东汉则试图通过礼仪教化来文治。班固流露出的"崇文尚德"的意识与东汉的统治思想是一致的。

虽然东汉开创者光武帝刘秀也和汉高祖刘邦一样是马上取得的天下，但刘秀曾经是太学学生，多次表明自己的政治理念是"吾理天下，亦欲以柔道行之"（《后汉书》卷一下）。在位三十四年间一直大兴儒学、推崇气节，并要求皇族研读儒学，修习礼乐。刘秀是出了名的"厌武事，不言军旅"，东汉的基本国策倾向于"偃武修文"。当部下上书请愿，要求抗击匈奴时，他回复如下：

---

[1]　斯波義信、浜口允子『中国の歴史と社会』放送大学教育振興会、1998、24頁。

《黄石公记》曰："柔能制刚，弱能制强。"柔者德也，刚者贼也，弱者仁之助也，强者怨之归也。故曰有德之君，以所乐乐人；无德之君，以所乐乐身。乐人者其乐长，乐身者不久而亡。舍近谋远者，劳而无功；舍远谋近者，逸而有终。

——南朝宋·范晔《后汉书·臧宫列传》

上有所好，下必兴焉，在封建专制社会，统治者的喜好与提倡直接决定了国家的文化氛围和社会风尚。唐代的刘秩在《全唐文·选举论》中说："至于东汉，光武好学，不能施之于政，乃躬自讲经，肃宗以后，时或祖效，尊重儒术。"东汉初期的几代皇帝都"雅好读书"，使众多经师大儒会聚在首都，自上而下，最先在洛阳形成氛围浓厚的儒学环境。

（二）复兴礼乐制度的举措

只有氛围和环境还不足以形成广泛的价值观，以下来分析最为关键的具体制度和举措。《尚书大传》说，周公"卜洛邑，营成周，改正朔，立宗庙，序祭祀，易牺牲，制礼作乐，一统天下，合和四海"。具体说来就是，周武王起意在洛邑建都，经周公等人占卜问天，确定天下之中的位置并建起成周。周公营建这座城市，摄政七年时在洛邑举行定都盛典，会盟诸侯，列九鼎于太庙，周成王祭祖先和上天后，在这里正式册封天下诸侯，并且宣布各种典章制度，即颁行周公所制的周代礼乐制度。

礼乐制度是儒家思想的基础和核心，所以说洛阳这座城市从诞生就与礼乐制度和儒家思想结下不解之缘。有学者经考证认为，光武帝在很大程度上是考虑到洛阳与礼乐制度一脉相承的历史渊源才定都洛阳的，因为刘秀定都后的第一个举措就是多处兴建礼制建筑，让洛阳成为名副其实的礼制之地。具体主要有：

壬子，起高庙，建社稷于洛阳，立郊兆于城南，始正火德，色尚赤。

——《后汉书·光武帝纪第一上》

明堂去平城门二里所，天子出，从平城门，先历明堂，乃至郊祀。

辟雍去明堂三百步，车驾临辟雍，从北门入。

——《汉官六种》

建武五年乃修起太学，稽式古典……中元元年，初建三雍。

——《后汉书·儒林列传序》

高庙是祭祀汉高祖刘邦的宗庙，社稷是供奉土地和五谷之处，郊兆是祭拜天地诸神的祭坛，明堂是"明正教之堂"，辟雍是"行教化、宣德化"的场所。东汉时期还设了灵台，用以观天象变化。这些建筑都是礼乐制度中最重要、最具有象征意义的组成部分。

三国时的王朗说："明堂所以祀上帝，灵台所以观天文，辟雍所以修礼乐，太学所以集儒林，高禖所以祈休祥，又所以察时务，扬教化。"[①]可见，众多礼制建筑的完成，使各种祭祀典礼得以按照旧礼进行，从而让洛阳真正成为具备礼制功能的都市。礼制建筑的完善显示刘秀重新倡导礼制的决心，也是洛阳"礼制之美"文化表象形成的重要标志。

在恢复礼制的同时，东汉的另一个重大举措是兴办太学。太学的始创源于西汉董仲舒"太学者，贤士之所关也，教化之本源也"的谏言。西汉末年，天下散乱，礼乐分崩，典文残落，29 年十月，刘秀戎马未歇便先营太学。他访雅儒，采求经典阙文，四方学士云会京师，于是立五经博士，各以家法教授。

太学在洛阳城南开元门外，南郊是三雍等礼制建筑比较集中的区域。这一带礼制建筑完备，祭祀礼仪规范，加之太学讲堂校舍密集，俨然是全

---

① （清）钱仪吉：《三国会要》卷二七，上海古籍出版社，1991，第 578 页。

国的文化中心。东汉博士须选试而后用，规定选任博士年龄限制在五十岁以上，并且很强调博士的师表风范。在这一点上既与西汉的以名流担任老师的方式不同，又区别于春秋之前以退休官员充任师资的制度。

规范的制度使东汉洛阳城南的太学达到全盛。汉武帝"独尊儒术"的时候，最多也不过"置博士五十人"而已的太学，到东汉质帝年间，儒生曾一度达到三万多人。东汉太学，成为全国最大的人才中心、学术中心、思想中心和在野的政治中心。

学莫盛于东汉，士数万人，嘘枯吹生，自三公九卿皆折节下之，三府辟召常出其口，其取士议政可谓近古。

——苏东坡《南安军学记》

东汉社会重视儒家经典的学风大炙，除了国立最高学府太学以外，地方学校、私人讲学之风也很盛行，"教授门徒常千人"也是常见的事，如《两都赋》所述"四海之内，学校如林，庠序盈门"，教育体系的形成使儒学在洛阳得以发扬光大。官办太学、地方学校与私人讲学相辅相成，经学大师辈出，培养了大批文化士人。

统治阶级对礼制与教化的重视及一系列的举措，使东汉形成崇尚学问、重视道德的世风。"教立于上，俗成于下"，最高统治者重视文德的理念、教育的普及，文人名士聚集，礼乐之风盛行，使都城洛阳成为全国儒学礼乐制度的中心。

"礼制之美"对后世的影响

礼乐制度中的"礼"为天地阴阳之秩序，"乐"为取得和谐，意思是强调道德教化的功效。东汉都城洛阳，作为政治和文化中心，礼制之美的文化表象发挥了典范的作用，使儒学之风从京都扩展到全国。而儒学兴盛，更加巩固了洛阳象征"礼制之美"的地位。二者互为推动，彼此彰显，最终使儒学的价值观和道德规范意识，以洛阳为中心扩散开来，对整个东汉世风的形成起到重要的促进作用。

（一）东汉世风

东汉的士人由于受到儒家正统思想哺育而成长，在感情上以维护巩固这个政权为自己的职责，以尽忠于皇帝、尽忠于社稷为理想品格，这种价值体系净化和拔高了整个社会的风气。汉以后的史学家评价世风之时，常常对于以洛阳为代表的东汉世风给予高度评价。如司马光认为风化之美，东汉为最：

> 教化，国家之急务也，而俗吏慢之；风俗，天下之大事也，而庸君忽之。夫惟明智君子，深识长虑，然后知其为益之大而收功之远也。……自三代既亡，风化之美，未有若东汉之盛者也。
>
> ——《资治通鉴》卷六八

清代史学家赵翼也认为这个时期形成了一种重视名节道德的风俗，在《廿二史札记》专列出一条"东汉尚名节"：

> 驯至东汉，其风益盛。盖当时荐举征辟，必采名誉，故凡可以得名者，必全力赴之，好为苟难，遂成风俗。

并详细列举十余例，评价曰"东汉尚名节"。这里的名节指的应是忠孝仁义、道德礼信等儒家的标准。这种行为不是个别人的，而是作为一种普遍的价值观，在东汉形成了一种风尚。

注重名节道德的世风成为后世知识分子向往的境界，顾炎武在探讨两汉风俗时认为，"汉自孝武表章六经之后，师儒虽盛，而大义未明"，直到"光武有鉴于此，故尊崇节义、敦厉名实"，才使得"风俗为之一变"。①

> 三代以下风俗之美，无尚于东京者。
>
> ——顾炎武《日知录·两汉风俗》
>
> 儒学最盛时代，收孔教之良果。尚气节，崇廉耻，风俗称最美。
>
> ——梁启超《饮冰室合集·论私德》

在东汉后期，政权之所以能够在皇帝年幼、朝政混乱的状况下仍然又持续近百年，与当时士人重礼乐制度、尚道德教化的世风有关。大室干雄在其著作《桃源の夢想—古代中国の反劇場都市》中谈到，从汉和帝开始已经衰落的东汉政权之所以能够又维持了一个多世纪，原因在于这洛阳是被维持圣俗的特殊构造守护着的城市——天子是住在洛阳的，是被都市洛阳守护的。这个所谓的维持圣俗的特殊构造，除了前文所说的"天下之中"的光环以外，另一个便是东汉士人对礼制的尊崇，对名节的看重，也就是顾炎武所论的"所以倾而未颓、决而未溃，皆仁人君子心力之为"。就连"挟天子以令诸侯"的曹操，也只能感叹"若天命在吾，吾为周文王矣"，多次以周公自比，终其一生都顾及名节而未敢越礼称帝。

司马光因此而感慨教化的重要性：

> 是以政治虽浊而风俗不衰，至有触冒斧钺，僵仆于前，而忠义

---

① （清）顾炎武：《日知录》卷十七，崇文书局，2017，第 377 页。

奋发，继起于后，随踵就戮，视死如归。夫岂特数子之贤哉？亦光武、明、章之遗化也。……由是观之，教化安可慢，风俗安可忽哉！

——《资治通鉴》卷六八

（二）王道与霸道的思想冲突

洛阳成为礼制之美的象征，实际上还伴随着两种思想的冲突——王道与霸道之争。洛阳数次经历都城兴废，多次涉及"武"与"德"之辩。

前文详细论证过，洛邑的诞生与王德思想密切相关，先秦时期洛阳的"天下之中"这一文化表象中已经存在关于王德的内涵。东汉时洛阳成为礼制之美的象征之地，既是当时政治环境与社会风气的产物，从某种意义上说也是这种内涵的延伸。

周武王最初要置都于洛阳的初衷，是"营周居于雒邑而后去。纵马于华山之阳，放牛于桃林之虚；偃干戈，振兵释旅：示天下不复用也"。也就是说认为定都洛阳可以让天下都知道：自此太平，再也不需要武力和军队了。周的创建者试图以道德而不是武力征服天下，所以洛邑造好后，周公昭告天下说"王敬作所，不可不敬德"。这相当于为这个城市做了定位，也决定了这个城市的性格，班固所谓的"道德之富"的历史根源是可以追溯到这里的。

"都邑者，政治与文化之标征也"，都城的选择其实反映的是当时国家与王权的性格。汉高祖刘邦虽也中意洛阳，娄敬劝他迁都长安时对洛阳之地的评价是：

周都洛邑，以为此天下中，四方纳贡，职道里均矣。有德则易以王，无德则易以亡。凡居此者，欲务以德致人，不欲险阻。

——《前汉纪·高祖皇帝纪卷第三》

意思是有德之君到这里可以昌盛，无德之君到这里会亡国。这个地方可以用德行吸引人，不能靠天险阻止人。

刘邦不甘心，再次问计于张良。张良比较长安与洛阳，强调长安军事防御条件优越，对洛阳的评价是"此非用武之国"。刘邦虽然心向洛阳却有自知之明，深知自己马上得天下，"德"不足以配洛阳，至此终于下了决心，"遂移都长安"。这次迁都，实际上是一次"武"与"德"的辩论："武"是强制的手段，是霸道；"德"是教化的手段，是王道。对于当权者来说，两者各有利弊，王道与霸道之争一直延续到后世。

西汉刘邦选择把都城从洛阳迁到长安，实际是考虑当时的处境，选择了霸道，即以武力铁腕统治国家的路；而东汉刘秀偃武修文、以柔治国的理念与周武王"偃干戈，振兵释旅"是相通的，所以刘秀又把都城从长安迁到洛阳，是选择了相对来说比较温和的、以文化力量治国的路。所谓的两汉气象不同，实际上从定都初始就已经决定了。

这个被周武王、光武帝选定的洛阳的文化性格，就是"德"，即儒学的礼乐制度。治理天下，相比于军事的武力用兵，他们对文化的教化力量更寄予希望。约400年后北魏孝文帝千里迢迢欲迁都中原，也是出于同样的心境。比较平城（今大同）与洛阳：

> 国家兴自北土，徙居平城，虽富有四海，文轨未一，此间用武之地，非可文治……崤函帝宅，河洛王里，因兹大举，光宅中原。
>
> ——北齐·魏收《魏书·景穆十二王传》

再次提到平城是武力治国不可文治，而洛阳正好相反，乃文治之都，非用武之地。倾慕汉家文化的孝文帝，毅然决然地决意迁都，实际上也是对王朝性格进行了抉择。

如《周礼·天官冢宰》所论，"惟王建国，辨方正位，体国经野"，选取都城是涉及王朝兴衰与皇族命运的大事，实质上历代君王都是根据政权性质而对文治与武功有所取舍的。虽然说"汉家自有制度，本以霸、王道杂之"，但历代政权还是有偏重。譬如两汉之不同，开国皇帝对统治方式的定位也体现在国都的选择上。

小　结

洛阳地势相对平坦，军事防御不如偏居一隅的长安、平城坚固，不适合武力统治天下；但是文治天下时，有利于将文化道德的影响力呈放射状辐射至四面八方。先秦时期，洛阳由于自然环境和地理位置等因素，形成"天下之中"的文化表象。这一文化象征贯穿整个以农业文明为中心的时代，并延续到以陆运为主要交通手段的时代。两汉时期，洛阳仍具有交通中枢和军事要地的地理优势，依然保持了"天下之中"的象征，并在此基础上，又形成了一个更有时代感的、更鲜明的文化表象——礼制之美。

在东汉之初洛阳就被政权有意塑造为礼制之地，复兴礼乐制度的政治措施形成重视文德的社会环境，再加上一系列都邑赋文章将洛阳书写成礼仪丰美、道德殷盛的象征。以《两都赋》为首的京都赋的完成和广泛传唱，强化了洛阳在礼仪、道德、教化方面的印象。东汉时期，洛阳这一文化地域所带有的关于礼制道德的意象，促成了重礼仪、尚名节道德的世风，为后世所向往，同时，延伸出后世政权关于王道与霸道之辩。在历史风土、政治意图以及文学作品渲染的共同作用下，"礼制之美"成为两汉时期洛阳的新一重文化表象。它是在洛阳原有的"天下之中"文化表象的基础上，又发展出来的新元素。

礼制之美这一文化表象作为城市文化性格的一部分，发挥了教化的作用，促使东汉世风得到净化和提升，形成崇尚道德名节的风化之美。同时始终作为倡导儒家的忠孝道德的象征影响着中国知识分子，正是由于这种价值观的存在，之后的中国历史上前仆后继地出现了无数"留取丹心照汗青"的人物。

第 4 节 融合之始： 魏晋南北朝时期洛阳的文化表象

文化是经过漫长时间通过各种现象积累的东西，并不会随着时代而突然发生或戛然而止。文化表象也存在一个从开端到形成，再到最终确立，然后逐渐被更新、代替的过程。关于洛阳的象征，在"天下之中"余韵未散、"礼制之美"影响尚存的情况下，新的文化表象已经开始酝酿了。

魏晋南北朝时期（220～589）夹在汉和隋唐这两个伟大的时代之间，经历了三国鼎立、少数民族入主中原、佛教传来、南北分裂等等重大变革。各种势力割据，近四百年间有三十多个政权频繁交替，是一个被称为黑暗时代的长期分裂、大动荡的时期，同时也是我国中古时期宗教狂热、佛教臻于极盛的时代。

从东汉灭亡到隋朝再度统一中国，跨越近四百年的魏晋南北朝时期是中国历史上最长的分裂时期。其间作为统一王朝存在的仅有西晋的 26 年，政权割据、数个皇帝并存成为常态。从社会秩序和统一王朝的角度来看，这的确是一个混乱的时代。但是，正因为打破了专制，思想和文化也从大一统王朝的桎梏中解放出来，爆发出惊人的力量。作为中华文明重要发源地的洛阳，具有历史和文化的磁场，文化的融合与再生一直没有停息。

洛阳城的几番兴废

城市是人们产生和交换信息的地方，城市的历史几乎等同于人类的文明史。洛阳作为东汉国都，遭受到最严重的战争破坏。但是，破坏得越彻底，重建得就越壮观，洛阳城奇迹般的如同不死鸟一般几度浴火重生。魏晋南北朝时期的历史甚至可以说就是洛阳城几经重建的历史。

（一）东汉灭亡与洛阳城的毁灭

汉章帝时，名士梁鸿东出函谷关，路过京师洛阳时见宫殿之华丽，感人民之疾苦。他触景生情，登北邙山作了在文学史上具有重要意义的《五噫之歌》。

> 陟彼北芒兮，噫！
>
> 顾览帝京兮，噫！
>
> 宫室崔嵬兮，噫！
>
> 人之劬劳兮，噫！
>
> 辽辽未央兮，噫！

——《后汉书·梁鸿列传》

东汉时期洛阳的繁华胜景在班固的《两都赋》中已有充分的具体描写，洛阳在张衡的《二京赋》中被形容为"京邑翼翼，四方所视"。梁鸿作此诗是为了揭示当权者的奢侈和腐败，讽刺政治。然而这座东汉苦心经营、礼制建筑林立的都城，于 165 年被董卓烧成二百里内的一片焦土，几乎全城倾覆。洛阳城的毁灭不仅象征着东汉王朝的崩溃，同时也成为曹操讨伐董卓的最有力的理由，从而开始了三国时代的前奏。

董卓之乱使洛阳这个冠盖络绎、宫殿嵯峨的首善之区变成一片焦土、满地荆棘。待献帝逃出长安又回到洛阳时，展现于眼前的惨相是：

> 宫室烧尽，街陌荒芜，百官披荆棘，依丘墙间。州郡各拥兵自卫，莫有至者。饥穷稍甚，尚书郎以下，自出樵采，或饥死墙壁间。
>
> ——《三国志·魏书·董卓传》

　　曾经有着"天下之中"与"礼制之美"文化表象的洛阳，承载东汉近200年历史的帝都破败至此！鲜明的对比造成强烈的冲击感，引起当时文人的无限感慨。建安十六年（211），曹植同样在邙山上俯视，洛阳城的残破让他心痛不已。

> 步登北芒坂，遥望洛阳山。洛阳何寂寞！宫室尽烧焚。
> 垣墙皆顿擗，荆棘上参天。不见旧耆老，但睹新少年。
> 侧足无行径，荒畴不复田。游子久不归，不识陌与阡。
> 中野何萧条，千里无人烟。念我平常居，气结不能言。
>
> ——《送应氏》

（二）洛阳城与魏晋的兴亡

　　所谓的洛阳文化表象，也可以理解为被赋予的文化含义，即使城市被烧毁了，其文化影响力依然存在。就如同刘邦在意洛阳一样，化为一片焦土的洛阳城也没有被曹操遗忘。这里可以说是曹操霸业的起点，因为城里有他成长时的曹氏旧宅，有他初入仕途时的官署，还有他讨董卓、破袁绍、征吕布、迎汉献帝等等辉煌的过往。曹操在人生的最后阶段，开始着手一件大事。"二十五年春（220）正月至洛阳"（《三国志·魏书·武帝纪》），裴松之注引《世语》："太祖自汉中至洛阳，起建始殿。"

汉中之战损失惨重，不仅大将夏侯渊死于定军山，还导致曹魏得陇望蜀的战略计划挫败。然而曹操撤军回到中原并没有消沉不振，而是为开启一个新的时代做准备。尽管战乱已让洛阳城荒废三十余年，此时满城的废墟瓦砾，残破不堪。一代枭雄曹操却以政治家特有的远见，仍然选择在这里重新营建洛阳城。他从复原洛阳北部尉官署着手，并住在那里，亲自规划新城的建设。正月二十三日，曹操在洛阳病逝，临终前下令修筑宫殿，并命名为建始殿。

这个名字寓意深远，表明意欲在此开创一个新的时代。拥有雄才大略的曹操，没有选择当时的都城许昌，也没有选择交通更为便利的邺城，而是执意要在已经完全失去都市功能的洛阳从头开始，必定是有意图的。只有在文化和意识形态领域，社会变迁才能更加引人瞩目，旧洛阳城的毁坏象征着一个王朝的结束，那么新洛阳城的建立意味着一个新秩序的确立。曹操之所以一定要在洛阳这片土地上重建都城，应该是看到了洛阳所代表的传统意识和价值观念在历史转型、社会变革中的推动作用。

洛阳在先秦时期曾经作为"天下之中"反复出现在历史记录中，具有象征华夏文化正统的特性，历代统治者在选择都城时都会考虑通过文化正统的所在来构建政权的正统性。265 年，司马炎取代曹魏政权而建立晋，仍定都洛阳，基本沿袭魏制。

280 年晋灭吴，全国重归统一。西晋政府重视生产，在全国采取了一系列措施，劝课农桑，兴修水利，逐步使百姓摆脱了战乱之苦。以洛阳为中心，出现了民和俗静、家给人足、牛马遍野、余粮委田的繁荣景象，《晋书·食货志》记载"是时，天下无事，赋税平均，人咸安其业而乐其事"，史称"太康盛世"。

经过魏、晋合计近百年的营造，洛阳昔日旧观多有恢复，城市规模日益扩大，作为都城的繁华再度显现。然而，晋朝由盛转衰的转折点是晋皇室诸王争夺中央朝权的"八王之乱"。这围绕皇位继承展开的皇族内部纠纷导致社会经济严重破坏，西晋统治集团的力量消耗殆尽，最终使少数民族进入中原。

永嘉五年（311），洛阳被攻破，怀帝被俘，太子、宗室、官兵、百姓三万余人被杀，宫殿陵墓又一次被焚毁殆尽。魏晋在废墟上营造起来的洛阳城再遭涂炭，令史家刘知几在《史通·邑里》中感叹："异哉，晋氏之有天下也！自雒阳荡覆，衣冠南渡，江左侨立州县，不存桑梓。"洛阳的失陷标志着中原再次陷入动荡，中原进入少数民族政权频繁交替的十六国时期。

西晋统治者带着部分士族大臣从京师洛阳南渡，在建康（今南京）定都，建立了东晋政权，大量中原人士为避战乱从中原迁往长江中下游。历史将这一人口大移动称为"衣冠南渡"，"衣冠"象征的是文明。这一时期江南的政治经济、农业水利、文化艺术等几乎所有领域都得到飞跃性进步，客观上促进了长江中下游经济的发展。自此，中国古代经济中心迁往南方，为以后中国长期存在的南北对峙打下物质和文化基础。

（三）北朝的统一与洛阳城的再建

西晋时期北边众多游牧民族内迁，趁"八王之乱"国力衰弱之际，陆续各自建立国家。"五胡乱华"主要指的是匈奴、鲜卑、羯、羌、氐五个胡人的游牧部落联盟进入中原。北方各族（包括汉人）在华北地区建立数十个强弱不等、大小各异的国家，与南方汉人政权长期对峙，该时期总称十六国时期。

有长江作天然屏障的江南政权，一方面逐渐适应并享受新的环境和生活，另一方面依然存在要赶走异族、收复北方领土的观念。这一时期，承载着强烈汉族文化意识的魏晋故都洛阳，屡屡成为各方关注的焦点，寄托着江南人士对故土的乡愁和收复失地的希望。从东晋的谢玄、刘裕到南朝宋的到彦之，再到梁的陈庆之等武将，都曾经短暂收复过洛阳。

连年的战乱使洛阳已近废墟，事实上已经丧失了都城的功能，但每次被收复都能引起迁都的议论。特别是东晋的桓温，十余次上表要求进军黄河，还都洛阳，留下有名的《请还都洛阳疏》。对此，孙绰作《谏移都洛阳疏》，哀帝司马丕作《答桓温请还都洛阳诏》，显示东晋朝廷面对故都洛阳的矛盾心情。

桓温攻下洛阳后，做的第一件事就是拜谒先皇陵墓，把遭破坏的陵寝修缮完好。在他看来，洛阳是国家的象征，放弃洛阳不管，就相当于"废神州于龙漠，令五尺之童掩口而叹息"（《晋书·桓温列传》）。然而形势所迫，偏安江南的政权始终没有能力收回故土。

最终统一华北的是鲜卑族的北魏，待北魏的天下稍安，高祖孝文帝拓跋宏立即再次将目光锁定已千疮百孔的洛阳，太和十七年（493）开始筹划迁都。

> 庚午，幸洛阳，周巡故宫基趾。帝顾谓侍臣曰："晋德不修，早倾宗祀，荒毁至此，用伤朕怀。"遂咏《黍离》之诗，为之流涕。
> ……
> 仍定迁都之计。冬十月戊寅朔，幸金墉城。诏征司空穆亮与尚书李冲、将作大匠董爵经始洛京。
>
> ——《魏书·高祖纪第七下》

493 年孝文帝不顾很多人的反对，强行迁都洛阳，并执行了一系列汉化政策。北魏宣武帝于 501 年，以 5 万余人大举扩建洛阳城，在旧城内修筑 323 个里坊，并在城周围造东西 20 里、南北 15 里的外郭，使其成为当时世界上最大的都城。一直持续到 534 年北魏灭亡，这期间洛阳的城市面貌有《洛阳伽蓝记》为证，达到前所未有的辉煌程度（图 18）。各种文化元素激烈碰撞融合产生了无与伦比的效应，形成这一时期洛阳的文化表象——融合之始。

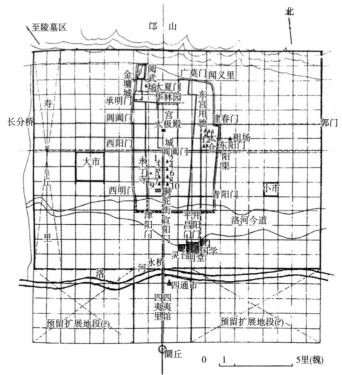

1.右卫府　2.左卫府　3.太卫府　4.司徒府　5.将作曹　6.国子学　7.九级府　8.宗正寺
9.太社　10.太庙　11.籍田署、典农署、句盾署、司农寺　12.太仓署、导官署

图 18　北魏洛阳城复原

资料来源：王贵祥《古都洛阳》，清华大学出版社，2012，第 55 页。

思想的融合（以魏晋时期为主）

所谓"天下大势，合久必分、分久必合"，历史总是处于循环之中。统一的国家和政权常常会从政权利益出发，通过有意的弹压或倡导控制世人的思想。而在不够强大的王朝，君主因为政权不稳，没有能力完全控制思想。原来秩序体系的崩溃会把思想从专制里解放出来，迸发出新的文化。

刘勰在《文心雕龙》卷十八中记录魏晋时期思想碰撞的盛况是："迄至正始，务欲守文，何晏之徒，始盛玄论。于是聃周当路，与尼父争途矣。"自正始初期何晏等人，论述老庄玄学的风气开始盛行。在当时都城洛阳，老庄思想和传统的儒家思想激烈交锋，思想的交融产生了玄学，成为这个时代的一大特点。

（一）儒学思想由盛转衰

众所周知，儒学兴起于西汉的"罢黜百家，独尊儒术"，在东汉达到极盛，以至于东汉时代的洛阳形成"礼制之美"的文化表象。儒学是汉朝的国教，儒家的礼仪制度和价值观念从皇室贵族的上层阶级渗透到士族乡绅，再影响普通民众，在中国得到全面确立。直至现在，儒学仍是对中国人影响最大的传统思想。

随着东汉末年世风的转变，特别是国家秩序的崩溃，当时有识之士对儒学思想进行反思。在儒家思想中，孝道占有重要地位，东汉崇礼尚儒的世风，使人尤其重孝，"举孝廉"成了人们出仕入官的重要途径，而厚葬又是获得"孝"之名的重要手段，所以世人以厚葬为德，薄终为鄙，社会上争相购置土地，炫耀厚葬以争名。思想家王符著《潜夫论》，对当时都城洛阳的浮奢之风提出尖锐的批判。

> 王者以四海为一家，以兆民为通计。一夫不耕，天下必受其饥者；一妇不织，天下必受其寒者。今举世舍农桑，趋商贾，牛马车舆，填塞道路，游手为功，充盈都邑，治本者少，浮食者众。商邑翼翼，四方是极。今察洛阳，浮末者什于农夫，虚伪游手者什于浮末。
>
> ——《潜夫论》卷三《浮侈第十二》

人口大量聚集，土地多被用于殡葬，农田荒废，工商业发达，贵族中间竞相比奢。洛阳这座有强烈礼制道德印象的城市，曾有的简约有道在汉末时消失殆尽，逐渐兴起浮华奢靡之风，引起《潜夫论》的强烈谴责。书中还具体写到，汉末洛阳的贵族葬礼必用豪华的棺木，为一人之棺要费千万人之劳力；务实劳作的人大减，京城集中了大量流于浮华的人；洛阳甚至出现了以杀人为生意的现象。礼制道德的象征之地尚混乱如此，全国的状况可想而知，足见随着汉王朝的衰弱，儒学由盛转衰，已到了礼崩乐坏的地步。

　　举秀才，不知书。察孝廉，父别居。

　　寒素清白浊如泥，高第良将怯如鸡。

　　　　　　　　——《抱朴子外篇·审举第十五》

这首桓、灵二帝时期的童谣更是直白到了夸张的程度。东汉后期的皇帝年幼无知，朝政被外戚和宦官干涉，政治的持续混乱导致党锢之祸，社会动荡引起黄巾军起义，终于导致了王朝的灭亡。冈崎文夫认为，作为东汉文化根基的儒学思想被家族私欲所代替，造成了社会的混乱，豪族的奢侈及肆意妄为到了极点，使东汉盛时的儒学主义全面崩塌。[①] 这样的社会状况引起人们对儒家思想的失望，甚至开始质疑和反思礼乐制度的虚伪烦琐。

三国时期，社会长期动荡。各方势力为了在不安定的局势中胜出，争相寻求优秀人才。曹操三次颁布《求贤令》，提出唯才是举、任人唯贤的用人标准。虽然以往的帝王也下过求贤的诏令，但大都强调的是先德而后才。像曹操这样明确表达对"不仁不孝而有治国用兵之术"的人也求之若渴，要求"各举所知，勿有所遗"的做法是

---

① 　冈崎文夫『魏晋南北朝通史』弘文堂书房、昭和18年、436页。

前所未有的。这种唯才是举的宣言，实质上是公开打破了固有传统，把"德行""名节""门第"等选才标准一扫而光。在意识形态上一直居于支配地位的儒家思想已经名存实亡，时代开始从重"德"的虚名向"务实"转化，这给此后的魏晋文明造成很大影响，魏晋玄学和魏晋风度得以形成的社会背景逐渐具备。

（二）魏晋玄学的产生

儒学思想的衰退在魏晋年间表现得更加明显，人们崇尚贵生、避世，提倡自然无为的老庄思想开始深入人心。汤用彤在《魏晋玄学论稿》中说："汉魏之际，中华学术大变。然经术之变为玄谈，非若风雨之骤至，乃渐靡使之然。"建安名士们从两汉烦琐的经学中解放出来，在原来儒学的思想基础上加入崇尚老庄的哲学，形成一种特定的哲学思潮。

魏晋时期战乱频仍，政局多变，造成人心不稳，名士难以自保，常怀危机感。以儒学为核心的纲常名教，由于社会震荡以及门阀士族统治集团自身的腐败，并不能解决实际的政治社会问题。承袭东汉清议的风气，文化中心洛阳形成清谈之风，在何晏、王弼周围聚集的士人就一些哲学问题问难析理，反复辩论，形成最初的玄学，如《日知录》所论："一时名士风流，盛于洛下，乃其弃经典而尚老、庄，蔑礼法而崇放达。"

魏晋的文化阶层，思想极为混杂，他们从小受到的多是正统儒学教育，却有反儒家传统的精神，推崇黄老的"因循"原则，同时受老庄思想影响，崇尚放达。清谈是玄学发展的独特方式，研究幽深玄远问题的魏晋名士间的风潮。钱穆认为，"过分重视名教，其弊为空洞，为虚伪，于是有两派的反动产生。一是因尚交游，重品藻，反动而为循名责实，归于申韩；二是因尚名节，务虚伪，反动而为自然率直，归于庄老。这两个趋势，早起于汉末"[①]。

---

① 钱穆：《国史大纲》，商务印书馆，2013，第222页。

　　玄学在汉代儒学衰落的基础上由道家思想、黄老之学演变发展而来，是汉末魏初的清谈直接演化的产物。"玄"出自"玄之又玄，众妙之门"，《老子》、《庄子》和《易经》被称为"三玄"。玄学为弥补儒学之不足而产生，以立言玄妙、行事雅远为尚，与两汉经学的烦琐、三纲五常的陈腐形成鲜明对比。

　　另一方面，由于儒学理论的价值体系根深蒂固，玄学从诞生起就没有脱离过"自然（老庄的道和无）"与"名教（封建等级制度、礼乐教化）"的辩论，如当时的学者葛洪在《抱朴子》中说："道者，儒之本也；儒者，道之末也。"魏晋名士，一面谈自然，一面还尊名教。以何晏、王弼为代表人物的早期玄学家提出了名教出于自然的主张，将儒家的名教同道家的"自然"巧妙地结合起来。以汤用彤为代表的学者认为，魏晋玄学是一种"玄远之学"，主要表现为用道家的贵无理论来重释儒家经典，"与其时遗世的人生态度有关；与学理上日渐重形而上学有关；与政治上主无为有关"①，这是中国哲学史上第一次企图把儒、道两大家结合起来的极有意义的哲学尝试。

　　大一统政权的崩坏造成士人的心态逐渐与政权相远离、追求精神自由的趋势。根据魏晋玄学不同阶段对儒家名教的态度，一般分为正始、竹林、元康三个时期。其中稽康、阮籍等为代表的名士在竹林时期，为了表明对司马氏篡政的不满，抵制其名教之治，出现"非汤武而薄周孔，越名教而任自然"的观点，激烈地批判名节礼法的束缚。总的来说，玄学的出现彻底推翻了儒学思想的主导地位，大大提高了老庄思想的地位，扩大了老庄思想的受众范围，儒道两种思想开始在平等地位上互相影响、融会贯通，为此后接受佛教思想打下基础。

---

① 汤用彤：《汤用彤全集》第 4 卷，河北人民出版社，2000，第 317~318 页。

玄学不仅作为学术思想在魏晋时期形成并盛行开来，还影响了社会风气和世人的生活态度。玄学的盛行开启清谈之风，致使空虚颓废的消极思想成为社会主流。知识分子放浪形骸，官僚士人也空谈务虚，虚无的思想和怪诞的行为加剧了政治与社会的混乱，客观上给少数民族入主中原提供了机会，难怪顾炎武发出"以至于国亡于上、教沦于下。羌戎互僭，君臣屡易。非林下诸贤之咎而谁咎哉"① 的感叹。

但从另一个角度来说，由于魏晋玄风的影响，人们的思想和天性得到解放，对自然的爱好崇尚使得世人的人生态度较以往的时代更为开阔通透。如冈崎文夫指出的那样，"单从思想角度来看，中国人重新理解和明确了世间那超越世俗的神圣的一面，这对于（中国人）精神文化方面的贡献也绝对不可小觑"②。

特别值得一提的是，以竹林名士为首的反对虚伪礼教、任情任性的行为轶事被《世说新语》等记载，在社会上广泛流传，对这个时代的世风造成深远影响。魏晋南北朝时期的很多人把追求思想上的超脱和形迹上的放达作为所追求的人生境界。玄学这种思潮，以及所倡导的人生态度，促使形成这个时代特有的"魏晋风流（度）"。

对魏晋风流的论述有很多，冯友兰在《论风流》中认为"是真名士自风流"，将构成风流的条件总结为"玄心、洞见、妙赏、深情"；而袁行霈将此定义为一种人格美。

> 所谓"魏晋风流"，是在魏晋这个特定时期形成的人物审美的范畴。它伴随着魏晋玄学而兴起，与玄学所倡导的玄远精神相表里，是精神上臻于玄远之境。简而言之，就是魏晋时期士人追

---

① （清）顾炎武：《日知录》，崇文书局，2017，第 70 页。
② 冈崎文夫『魏晋南北朝通史』弘文堂書房、昭和 18 年、534 頁。

求的一种具有魅力和影响力的人格美。①

如何看待名教与自然的关系是贯穿玄学的主题。名教与自然之争，不仅局限于儒、道之争，也扩大到"礼"与"情"，即社会秩序与个人自由之争。洛阳在魏晋之前，一直是儒学基础最好、礼教氛围最为浓厚的地方，此前时期的两个文化表象，无论是"天下之中"还是"礼制之美"，都是最为正统的儒家精神的体现。在政局多变的魏晋时代，作为政治斗争最激烈、王权专制最残酷的都城，洛阳又是最能感受到人生变化无常、时事险恶的地方。最核心的地方才容易产生最深刻的反思和思考，所以玄学诞生在这里是不足为奇的。

魏晋玄学的发源，很大程度上源于洛阳的儒学环境基础以及汉末留下的清议之风；魏晋风度的形成，也离不开精英荟萃的都城政治和人文环境。可以说洛阳这片土地的文化渊源和环境成就了魏晋玄学，其本身就是儒、道两大思想冲突、排斥与调和的结果。而玄学现象再次丰富了洛阳文化表象的内涵，使融合共生成为洛阳文化乃至整个时期的主流和基本特征。

民族的融合（以十六国南北朝时期为主）

魏晋南北朝时期的政权错综复杂，严格说来，西晋与南北朝之间的304～439年是被称为"十六国"的时期。一方面，西北的少数民族大举进入中原地区，引起黄河流域的大混乱；另一方面，中原士族百姓为避战乱大量进入江南地区。波及范围从北亚地区到华北，再到江南，在全

---

① 袁行霈：《陶渊明与魏晋风流》，载成功大学中文系编《魏晋南北朝文学与思想学术研讨会论文集》，文史哲出版社，1991，第572～573页。

国范围内形成大移动。民族大移动也是这个时期的特征之一，移动的焦点就是以洛阳为中心的、被称为黄河文明摇篮的华北平原。

这次民族大移动造成的影响极其深远，川本芳昭认为汉王朝灭亡以后，各种势力的激烈冲突造成的民族移动现象是魏晋南北朝时期中国社会最显著的特征，并由此引发了东亚各民族的种种变动，这种变动几乎涵盖了所有领域、所有民族。具体包括北方民族被同化成汉族，同时，汉民族的南移也造成了江南社会的剧变。不仅是江南世居民众的汉化，移居江南后同江南世居民众接触的汉民族社会也产生了不小的变化。几乎与之在同一时期的西方的民族大移动直接影响到欧洲世界的形成，而北方民族的移动也造成中国政治文化方面发生质变，影响到隋唐帝国的制度、文化以及东亚世界的国际关系。

（一）洛阳争夺战

随着西晋王朝的灭亡，中原地带完全陷入少数民族的控制中，各族势力纷纷建立政权，史称十六国时期，一般从西晋灭亡开始算起，一直延续到北魏灭北凉。所谓的"五胡乱华"以匈奴、鲜卑、羯、羌、氐五族为首。羌、氐是西藏方面的民族，鲜卑、匈奴是蒙古方面的游牧民族，羯据说是匈奴的亚种。西晋的灭亡以洛阳失陷、天子被俘为标志；鲜卑北魏建立后的第一大变革是迁都洛阳。可见十六国时期的洛阳一直是局势的焦点。

"胡"的说法来源于"华夷思想"。率先进入农业文明的华夏族，由于文明发达程度高于其他族群而产生了一种优越感，从而萌发了"华夷"分野的观念。经过汉代，早期华夏族与部分夷狄蛮戎等民族融合为汉族，认为自己生息繁衍的地区是世界的中心，自称为"中国"，称周边游牧民族为胡。"华夷思想"是伴随着"天下之中""中国"的观念产生的，并不仅仅是民族和地域的区别，更是一种文化上的区分。

实际上，自汉朝以来就有胡人不断向中原内地迁徙。西晋末期，胡人盘踞中原形成势力，纷纷建立政权。永嘉以后，洛阳一带成为各个政权间争斗的主战场。虽然经过前赵刘曜的掠夺焚毁，洛阳已经完全失去了首都的功能，但是由于其象征意义，仍然成为各方势力争夺的对象。胡族与汉族之间存在复杂的意识和感情：一方面，汉族因文化上的优越感而对胡族有蔑视感，同时又因为战败亡国而有耻辱和恐惧感；另一方面，胡族对汉族有军事上的优越感、文化上的劣等感，并因以前曾被汉族压迫、排斥而怀有强烈的反抗心理。在这种复杂的意识形态下，洛阳是前朝旧都，同时兼有"天下之中"和"礼制之美"重要意义的地方，占领洛阳对于胡、汉两方来说都格外有意义。

东晋要收复洛阳，因为那里是有着祖坟宗庙的国都；胡族政权要占领洛阳，即使城中资源早已被掠夺殆尽，也可以利用洛阳曾经的文化表象作为政治资本炫耀；另外，因为其地理位置有利于军事设置，胡族之间也互相争夺洛阳。

我们应该注意得到洛阳对于胡族的意义。例如，氏族前秦君主苻坚在灭前燕、攻取洛阳以后，开始自称"中国"。建元十九年（383）正月，前秦进军西域，苻坚对主将嘱托道：

> 西戎荒俗，非礼义之邦。羁縻之道，服而赦之，示以中国之威，导以王化之法，勿极武穷兵，过深残掠。
>
> ——《晋书·载记第十四·苻坚下》

这话意味深长，完全以"中国"自居，要以礼仪王德去教化偏远地区的蛮夷，俨然正统儒家思想治国的方式。说明少数民族政权通过占据中原，特别是占领洛阳，在名义上有了继承正统王权的优势和依据，心理上便有了理直气壮自称"中国"的自信。同时，也有因为夺取洛阳而盲目自信的例子。还是前秦君主苻坚，因为取得了洛阳而自信心大涨，产生了统一天下的豪情，非要讨伐东晋。这种不顾实际情况的贸然出击，最终失败并导致亡国，令人唏嘘。

总之，由于各方对洛阳志在必得的政治目的过于明显，攻防战反复的结果是洛阳一带的受害情况最为惨烈。史书中留下"中原士族十不存一""北地沧凉，衣冠南迁，胡狄遍地，汉家子弟几欲被数屠殆尽"的记载。

（二）北魏的洛阳迁都

少数民族政权长期盘踞中原，匈奴、鲜卑、氐、羌、羯等少数民族与汉族之间、少数民族之间互相接触，在冲突与抗争中，互相碰撞，互相影响。这些所谓的胡族，在武力上是胜利者，但在文化上被汉族同化。他们在中原生活已近百年，生活方式基本由游牧转向农耕，读汉书，习汉礼，同汉族人民在生产和生活方式上日益接近，互相之间的差异越来越小。

五胡的首领多倾慕中原文化，重用汉人，委以国政。如匈奴人刘渊，幼习儒学，又久居洛阳，接触诸王、名士，他声称继承汉祚，立汉高祖以下三祖五宗神主祀之；十四岁就在洛阳"倚啸上东门"的羯族人石勒，立太学，实行九品官人法，招贤纳士；氐族人苻坚推行儒家文化，继承传统制度，奉行仁德之政。这些重视汉文化的措施恢复和发展了生产，少数民族政权开始逐渐为中原人所承认和接受。

自从进入中原以来，各民族频繁接触，不管是否自觉，随之而来的民族融合已成为时代的大趋势。在这种历史环境中，鲜卑族的拓跋氏终于在439年统一华北，建立北魏，中国正式进入南北朝对峙的阶段。

北魏统一中原时，已经出现了民族融合的趋势。鲜卑族拓跋部原先的经济文化和政治制度都较为落后，用落后的制度统治黄河流域，导致了尖锐的民族矛盾。要稳固统治就必须顺应民族融合的潮流进行社会改革，北魏孝文帝拓跋宏进行均田制、三长制等一系列改革，极大地促进了北魏经济社会的发展，也把北方的民族融合推向高潮。

493 年孝文帝把首都从平城迁往洛阳，是一系列改革中最具有象征意义的行为。迁都洛阳的诏书中说："崤函帝宅，河洛王里，因兹大举，光宅中原。"表明看重的就是这里曾经的地位和文化象征。

推崇汉文化的孝文帝的政治理想不仅是做"夷狄"的君王，还要做"中国"的君王。象征"天下之中"与"礼制之美"的洛阳是中国最正统的象征，也就是说，洛阳的这些曾经的文化表象促使孝文帝力排众议，坚决把国都从"胡"色彩更浓的平城迁往具有最正统的"汉"色彩的洛阳，无比坚定地向世间宣布他要带领子民完全融入汉族的决心。

陈寅恪认为北魏孝文帝迁都洛阳，推行汉化，在与南朝争取文化正统地位方面做得相当成功。迁都促成鲜卑人的一次大规模南迁，之后北魏又实行了进一步改革，包括：在朝廷中必须使用汉语，禁用鲜卑语；官员及家属必须穿戴汉族服饰；将鲜卑族的姓氏改为汉族姓氏；鼓励鲜卑贵族与汉族贵族联姻；采用汉族的官制、律令；实行礼治，学习汉族的礼法，尊崇孔子，提倡尊老、养老，以孝治国。

孝文帝对鲜卑旧俗的改革彻底到几近无情的地步。不仅命令全族舍弃旧姓，还带头给自己改名"元宏"，让移居洛阳的鲜卑贵族统统以洛阳为原籍，去世后不准回葬，必须埋在洛阳周边。孝文帝以近乎决绝的姿态想要割断与"胡"的所有联系，通过完全以洛阳为故乡的行为，表明进入正统"中国"的决心。

这些汉化措施大大加速了民族融合，使北魏这个原本的北方少数民族政权，衍生出正宗汉王朝的风貌。经过三十年，向中原迁移的北魏鲜卑民族基本完成了全盘汉化的过程，而以"中国"正统自居了。至此，黄河流域的众多民族在共同的经济基础和思想基础上，互相影响，逐渐融合成一个新民族，为中国带来新的气象，洛阳成为民族大融合中的标志性存在。

（三）从乐府诗考察民族融合的实态

少数民族与汉民族的接触、斗争、互相妥协的过程，同时也是融合的过程。十六国的各个政权一直都有不同程度的民族融合政策，孝文帝时达到顶点。其结果就是少数民族特征逐渐弱化甚至消失，有些民族完全融入汉族社会中去了。融合共生是这个时代文化的最大特征，其具体实态也反映在当时的文学作品中。

《隋书·文学列传》序中说："自汉、魏以来，迄乎晋、宋，其体屡变，前哲论之详矣。暨永明、天监之际，太和、天保之间，洛阳、江左，文雅尤盛。"南北朝时期（420～589）最主要的文学体裁是乐府诗。乐府是汉代设立的管理音乐的官署，专门采集各地歌谣，整理、制定乐谱以供宫廷礼乐用，后变为能够配乐歌唱的诗体的名称。魏晋南北朝时期留下了大量反映社会现实和人民生活习俗的民歌，成为考察这个时期文化表象的极好线索。

宋人郭茂倩将乐府诗歌汇集到一起，编成《乐府诗集》，并且将南北朝民歌呈现的不同情调与风格总结为"艳曲兴于南朝，胡音生于北俗"。意思是南朝民歌清丽缠绵，较多反映男女爱情，描写富贵闲愁生活；北朝民歌粗犷豪放，较多记录社会生活状态。八木章好也指出："东晋以来，南方诸城流行总称为'吴歌''西曲'的民歌，几乎都是恋歌，北方民歌多质朴雄浑，与此形成对照。"①

南北两方长期处于对峙状态，在政治、经济、文化以及民族风尚、自然环境等方面又存在明显的差异，各自体现出不同的社会风貌。南朝文化人以贵族世家为主，风格偏向华丽纤巧，文学代表是骈文，讲究格律、辞藻；北朝文化人以汉化胡人和受胡风影响的汉人为主，风格偏向豪放粗犷，出现了《齐民要术》《水经注》之类的务实

---

① 八木章好『中国古典文学二十講』白帝社、2003、51 頁。

性著作。这个时代南北两朝虽然各行其政，文化方面还是存在交流的，乐府诗成为当时中国广泛流传的文学形式。其中有名的《敕勒歌》《木兰诗》等，都生动地再现了北朝特有的风景和庶民生活。

1. 胡族的思维方式及生活习惯的汉化

源于北朝民歌的叙事长诗《木兰诗》，代表北朝民歌文学的最高成就。一般认为其时代背景是北魏与柔然的战争，讲的是木兰女扮男装、代父从军，并且建功立业的故事。从《木兰诗》的叙事中可以清楚地考察到汉族与北方民族风俗习惯交织的生活情境。

> 唧唧复唧唧，木兰当户织。
>
> 不闻机杼声，惟闻女叹息。
>
> ……
>
> 昨夜见军帖，可汗大点兵，
>
> 军书十二卷，卷卷有爷名。
>
> 阿爷无大儿，木兰无长兄，
>
> 愿为市鞍马，从此替爷征。

虽然作者不明，具体成诗时间也待考，但是文中的"可汗"这一称呼以及"兵户制度"明显是北魏社会的特征。"可汗"的称呼始自拓跋鲜卑，后用于古代游牧民族的君主。世袭军人的家庭与普通户籍不同，有服兵役的义务，所以叫作"兵户"或"军户"。兵户制度起源于曹操，后南朝北朝都有继承。南朝重文轻武，导致兵户制度没落，而北朝鲜卑有尚武的风气，兵户的地位较高，这一制度保持了相当长的时间。

> 旦辞爷娘去，暮宿黄河边，
>
> 不闻爷娘唤女声，但闻黄河流水鸣溅溅。

旦辞黄河去，暮至黑山头，

不闻爷娘唤女声，但闻燕山胡骑鸣啾啾。

从诗的内容可知，木兰一家居住在黄河以南，平时过着安定的农耕生活，只有在战争时临时出征。这令人联想到孝文帝的一系列改革中，有把大量居住在北国边境的军户迁到中原的措施。中原是黄河流域的经济、文化中心，十六国时期因战争破坏严重，但北魏中期以后逐渐得到恢复和发展。大量的少数民族定居中原，融入了汉民族的农耕文明，并且开始安居乐业。各民族杂居在以洛阳为中心的河洛地区，生活方式以及价值观都趋向统一，为隋唐的统一盛世创造了条件。

归来见天子，天子坐明堂。

策勋十二转，赏赐百千强。

可汗问所欲，木兰不用尚书郎。

可汗又称大汗，最早或出现于3世纪的鲜卑部落，是北亚游牧民族对首领的尊称，而"天子"本是汉族古来对帝王的称呼。《木兰诗》中对君主的称谓，时而"可汗"，时而"天子"，多次混用，体现了当时特殊的时代背景。具有"华夷思想"的中原汉人原本不可能称少数民族首领为天子，但正如马克思指出的那样，"借更改名称以改变事物，乃是人类天赋的诡辩法，当实际的利益十分冲动时，就寻找一个缝隙以便在传统的范围以内打破传统"[1]。事实上，迁都洛阳以后的孝文帝，复兴礼乐制度，常常以天子自称。

朕修百官，兴礼乐，其志固欲移风易俗。朕为天子，何必居

---

[1] 马克思：《马克思恩格斯全集》第45卷，人民出版社，1985，第467页。

中原！正欲卿等子孙渐染美俗，闻见广博。

——《资治通鉴》卷一三九

这段言论显示孝文帝担心族人见识狭隘，解释迁都洛阳的原因是让子孙后代受中原文明之熏陶。他的种种作为表现出超越北魏、统一全中国的远大政治理想。在北朝民间传唱的歌谣中，将"可汗"与"天子"随意混用，表明当时社会在心理上普遍已经模糊了民族的差异，逐渐开始接受少数民族首领为最高统治者了。

此外，天子坐在明堂里，册封花木兰的官职是尚书，也是不应忽视的细节。明堂是礼乐制度中最重要的象征性建筑，《尚书》本是中国最早的史书、儒家五经之一，后来成为中国固有的官名。所以，这里传递出来的信息是，当时的最高统治者除了时不时被称为"可汗"以外，典礼仪式、官员制度等国家的运营都采取的是汉族原先的制度。《木兰诗》中的文本细节透露出的正是汉化政策促使民族融合的结果。

最后，木兰回到故乡以后，"当窗理云鬓，对镜帖花黄"，又恢复了少女的打扮。花黄是古代汉族女子的一种面部装饰物，当时流行的一种容妆，是把金黄色的纸剪成星、月、花、鸟等形状贴在额上，或在额上涂一点儿黄的颜色。同时期的南朝也有费昶《咏照镜》"留心散广黛，轻手约花黄"的诗文。出身于兵户家庭的花木兰，虽然不是汉族，但是在容妆上是汉族少女的装扮，说明很多风俗习惯、日常用品已经不分民族和南北地域，在下层百姓生活中广泛地普及开来。

2. 胡汉文化的结合

民族融合伴随着频繁的战乱以及各族间残酷的斗争，过程是痛苦的，但又是不可避免的时代趋势，它推动了历史的进步。包括《木兰诗》在内，北朝乐府民歌大多保存于"鼓角横吹曲"的曲目中。

> 横吹曲，其始亦谓之鼓吹，马上奏之，盖军中之乐也。北狄诸国，皆马上作乐，故自汉已来，北狄乐总归鼓吹署。其后分为二部，有箫笳者为鼓吹，用之朝会、道路，亦以给赐。汉武帝时，南越七郡，皆给鼓吹是也。有鼓角者为横吹，用之军中，马上所奏者是也。

——《乐府诗集》卷二一

横吹曲是古代西北民族军队应用的音乐，雄伟悲壮。其中的鼓角横吹曲是长期以来从北入南的乐歌，后来逐渐被南朝梁代乐府官署所采用和演唱，可见横吹曲这种原本属于胡族的音乐形式很早就已经被中原文化所吸收。

描写游牧生活的千古名作《敕勒歌》，质朴地再现了草原风光，让人真切感受到歌者即目所见的自然景物。明代胡应麟在《诗薮》中评价此歌"成于信口，咸谓宿根，不知此歌之妙，正在不能文者以无意发之，所以浑朴莽苍，……使当时文士为之，便欲雕缋满眼"。也就是说，正因为这是文化水平、文学修养都不够高的少数民族所作，才有朴素的魅力。但究竟是哪个民族的作品，描写的是哪里的风光，学界至今没有定论。

《乐府广题》中有"其歌本鲜卑语，易为齐言，故其句长短不齐"的记载，《中国文学发展史》等多将其作为鲜卑族的民间歌词。也有人根据"回鹘，其先匈奴也，俗多乘高轮车，元魏时亦号高车部，或曰敕勒"[1]，认为《敕勒歌》是蒙古族民歌，小川环树则考证其"六、八、六、七"结构方式与突厥民歌的形式非常相似。

---

[1] （唐）欧阳修：《新唐书》卷二一七《回鹘列传》，中华书局，1975，第6111页。

虽然尚不能确认原作的民族和语言，但目前流传的汉译本无疑是少数民族文化被汉化后的杰作。《敕勒歌》的产生及演变过程很可能涉及几个少数民族之间语言文化上的相互影响，因此可以说《敕勒歌》是汉族文化与少数民族文化的结合体，因为民族文化融合才得以流传下来。

曾经是华夏文明最先进代表的河洛地区，在魏晋南北朝时期却成为战乱不断、民族冲突最激烈的地区。中原一带的人民，不管是汉族还是胡族，都因战争而体会到了人性之惨淡、命运之无常。因而多民族文化结合的表达生命、生活情感的作品不断出现。如《折杨柳歌辞》，从歌词中可以推断也是少数民族原作的汉译民歌。

> 遥看孟津河，杨柳郁婆娑。
> 我是虏家儿，不解汉儿歌。
>
> ——《折杨柳歌辞》其四

《折杨柳歌辞》共有内容连贯的 5 首诗歌，记述了征人出征的场景和感慨。作者已不可考，推测为北方少数民族，或为鲜卑，或为其他。根据"虏家儿"这个带贬义性质的用词推测，这是原用北族语言创作、经过汉译的作品。孟津在洛阳以北，古时黄河的孟津段被称为孟津河。这里的歌者，解释自己因为不是汉族而不能理解汉族的诗歌。但是"杨柳郁婆娑"之中"郁婆娑"三字分明是难度较高的词，在这里竟用得十分传神。当时"断诸北语"等极端汉化措施的实行，最终导致处于支配地位的鲜卑族自身的文化严重退化，消失殆尽。这是造成很多少数民族的乐府诗歌原作不传、仅存汉译的重要原因。如果这是胡人的原作，说明通过汉化政策，洛阳周边部分胡人的文化水平已经相当高。即使是汉译诗作，也明确反映出当时南北民族融合与文化交流的信息。

3. 汉族生活方式的胡化现象

在民族融合的过程中，由于汉文化的先进性，五胡的首领多倾慕中原文化，重用汉人，因此主流是少数民族被汉化、融入汉民族中。文化的交流和影响是双向的，汉文化受胡文化的影响而产生变化的现象也广泛出现。随后的唐诗中有"城头山鸡鸣角角，洛阳家家学胡乐"（王建《凉州行》）、"自从胡骑起烟尘，毛毳腥膻满咸洛。女为胡妇学胡妆，伎进胡音务胡乐"（元稹《法曲》）等，体现的汉人胡化现象实际上是源于这个时期。

汉人与胡人最大的不同是崇文与尚武的区别。游牧民族以畜牧为业，善于骑射，他们不分男女，都从幼年开始驯马骑射的训练，锻炼出了雄健强悍的体魄和粗犷豪迈的个性。而传统意义上的汉族女子，是在绣楼里做女红的文弱形象，事实上同时期的南朝妇女仍是如此。魏晋南北朝后期，原本尚文的汉民族长时间受少数民族尚武风气的影响，为了在乱世中生存和自我保护，也开始习武。

> 李波小妹字雍容，
> 褰裙逐马如卷蓬，左射右射必叠双。
> 妇女尚如此，男子那可逢。
>
> ——《魏书·李安世传》

关于李安世的记载反映的是汉族人士对鲜卑政权的抗争。当时流行的《李波小妹歌》塑造了善骑射、会武艺的汉族女子形象。但是，值得注意的是，木兰虽然居住在中原，但其出身是游牧民族的可能性极大。而李波小妹李雍容却是真正出身于汉族世家，她的哥哥李波是广平豪族，所以说李雍容是贵族小姐，在传统意义上本应该是在绣楼里做女红的文弱形象。

李波势力强大，在北魏献文帝年间与政府对抗，屡破官军，各地流民争相投奔。出身于广平宗族世家的贵族女子李雍容，她的服饰、行为和气度体现出如同花木兰一般的武艺高强、英姿飒爽。这是传统汉族妇女所不具备的精神风貌。说明在汉族与少数民族的杂居生存与发展中，游牧民族的种种文化也不断渗透进来。汉族人从具体的生活形态到抽象的精神层面，生活习惯、着装举止、艺术审美等方面都发生了很大变化。无论是否主动和情愿，事实上汉文化受到了大量少数民族文化影响，导致人们的思维方式和生活习惯由"华夷之分"向"美美与共"的和谐共生进化。

宗教的融合（以北朝为中心）

东晋灭亡以后，华北地区被数个游牧民族割据。过去以放牧、狩猎为主的少数民族进入中原，起初无疑对农耕文明的汉民族造成极大破坏，阻碍了社会的发展。可是这种史无前例的民族大融合也给中国和汉族加入了新生力量，激发出中华民族的活力，推动了文化的发展，形成了迎接新的宗教的准备。

武内义雄在研究中国思想史时非常关注魏晋南北朝时期的宗教情况。他认为："中国中世哲学的特征就是，儒释道三教在保持互相交涉的同时不断变化。"并把这个时代命名为"三教交涉"的时代。在这一点上，与钱穆在《中国文化史导论》中的认识不谋而合。本节重点考察以洛阳为中心的宗教的融合。

（一）三教与洛阳

洛阳长期作为古代中国文化的中心，地位特殊，与儒释道三教都有密切的关系。前文在论述洛阳在先秦时期"天下之中"文化表象的形成时，已经充分介绍了洛阳城市的形成与周公营洛、制礼作乐的渊源。特别是西汉罢黜百家、独尊儒术以来，儒学是中国思想的主流，东汉时洛阳也作为儒学研究的中心，通过都邑赋等文学作品的宣传，成为象征"礼制之美"的首善之区。

洛阳与道学的渊源也非常深。道，原指老子创立的有关道的学说，它包括哲学的道家思想和宗教学的道教。老子所写的《道德经》是关于"道"的经典著作，是道家哲学思想的重要来源。

> 周守藏室之史也。孔子适周，将问礼于老子。……老子修道德，其学以自隐无名为务，居周久之，见周之衰，乃遂去。至关，关令尹喜曰："子将隐矣，强为我著书！"于是老子乃著书上下篇，言道德之意五千余言而去，莫知其所终。
>
> ——《史记》卷六三《老子韩非列传》

根据这一段记载，一般认为，老子是东周掌管典籍的官吏，长时间居住在东周王城洛阳，还发生过孔子入周问礼的事。老子在周衰之际离开洛阳城，在城外函谷关写下《道德经》。若以此说为根据的话，洛阳同样是道家的起源之地。

另外，人们在论及中华文化的起源和代表性文化符号时，常常会提到河图洛书。洛阳地区神秘的河图洛书之说也被看作《周易》的起源，与道家思想和道教都有关联。

> 是故天生神物，圣人则之；天地变化，圣人故之；天垂象见吉凶，圣人象之；河出《图》，洛出《书》，圣人则之。
>
> ——《易·系辞上》

河图洛书的原始形态、源流与嬗变以及与八卦周易的关系众说纷纭、多有争论，古代河图、洛书作为帝王接受天命的符瑞，常常被利用为政权正统的理论根据。据日本学者安居香山等统计，河图类纬书有 43 种，洛书类纬书有 18 种。其内容多是利用谶纬迷信思想迎合政局更替。洛阳地区的河图洛书被古人加以神化，导致谶纬之风盛行，为以后民间道教的盛行做了铺垫。

洛阳与佛教的渊源更是有历史依据的。《后汉书·西域传》记载："世传明帝梦见金人，长大，顶有光明，以问群臣。或曰：'西方有神，名曰佛，其形长丈六尺而黄金色。'帝于是遣使天竺问佛道法，遂于中国图画形像焉。"梁僧慧皎（497～554）所撰《高僧传》则有更加具体的描述：

> 摄摩腾，本中天竺人，……明皇帝夜梦金人飞空而至，乃大集群臣以占所梦，通人傅毅奉答："臣闻西域有神，其名曰'佛'，陛下所梦，将必是乎。"帝以为然，即遣郎中蔡愔、博士弟子秦景等，使往天竺，寻访佛法。愔等于彼遇见摩腾，乃要还汉地。腾誓志弘通，不惮疲苦，冒涉流沙，至乎雒邑。明帝甚加赏接，于城西门外立精舍以处之，汉地有沙门之始也。

佛教是否是永平十年（67）首次进入中国，学界还略有争议，但这一年正式由官方引佛教入中国，并且在今洛阳以东约 12 公里处建立精舍给僧侣居住是不争的事实。至今仍立于洛阳城东的白马寺作为佛教传入中国而创立的第一所佛寺，其本身就具有里程碑式的意义，有中国佛教的"祖庭"和"释源"之称。

洛阳在很长一段时间里一直是佛教研究和传播的中心。嘉平二年（250），印度律学沙门昙摩迦罗到洛阳译经，在白马寺设戒坛，朱士行首先登坛受戒，成为中国历史上第一位汉族僧人。朱士行也是第一位西行取经求法的僧人，他历经艰难前往西域求取《大品般若经》的梵文原本，于太康三年（282）将该经送回洛阳，译成《放光般若经》流传于世。诚如汤用彤所言："洛中自汉以来，已被佛化。"即使在 534 年迁都邺城，洛阳城残破之后还有"余寺四百二十一所"，仍然可比"南朝四百八十寺，多少楼台烟雨中"的景象。

洛阳与儒释道三教的关联如此密切，凤凰卫视制作的《纵横中国·洛阳篇》中说："除了洛阳，如果还有另外一个城市同时拥有三符（河图、洛书、八卦）、三代（夏、商、周的都城）、三教（儒、释、道）、三学（经学、玄学、理学），则洛阳把圣城的称号拱手相让，如果没有，则洛阳却之不恭。"

（二）从《洛阳伽蓝记》看三教的融合

北朝文学作品的代表常常有"三书""双璧"等提法，虽然内容或有异同，但《洛阳伽蓝记》代表了北朝文学的最高成就，绝对不可或缺。该书"假佛寺之名，志帝京之事"，再现了北魏都城洛阳四十年间的政治大事和南北朝间的交往、皇室诸王的人物性格、北魏全盛时期的市井繁华，还包括民间习俗和传说轶闻等，内容相当丰富，被称为"地学之真和史学之善的结合之中，又融进了文学之美"①。全书共五卷，按地域把洛阳分为城内、城东、城南、城西、城北五个区域，条理井然、经纬分明地记述城内外的七十多座佛寺（图 19）。

1. 杨衒之与《洛阳伽蓝记》

日本学者入矢义高把《洛阳伽蓝记》全文译成日文，认为这部书是一幅"精致而又壮观的巨幅画卷"，其以北魏佛教的盛衰为线索，以几十座寺庙为纲领，从寺院的建立写起，从方位、风格到相关人事、传说等，在对诸多佛寺规模临摹和始末兴废的勾勒中，反映了北魏洛阳广阔的政治经济背景和社会风俗人情。

《洛阳伽蓝记》是杨衒之仅存的一部作品。虽然作者相关资料不

---

① 吴先宁：《北朝文学研究》，文津出版社，1993，第 130 页。

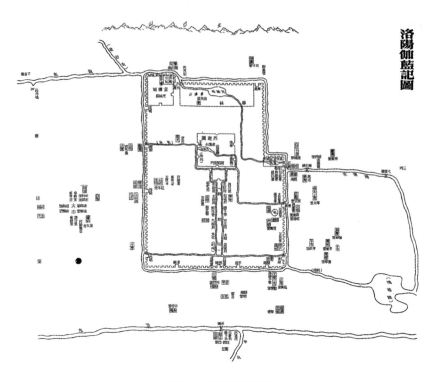

图 19　洛阳伽蓝记图

资料来源：范祥雍《洛阳伽蓝记校注》附《洛阳伽蓝记图》。

多，甚至连名字的写法也有所争议，但关于创作动机，他本人说得很
明确：

  暨永熙（532~534）多难，皇舆迁邺，诸寺僧尼亦与时徒。
至武定五年（547），岁在丁卯，余因行役，重览洛阳。城郭崩
毁，宫室倾覆，寺观灰烬，庙塔丘墟，墙被蒿艾，巷罗荆棘。野
兽穴于荒阶，山鸟巢于庭树。游儿牧竖，踯躅于九逵；农夫耕稼
（老），艺黍于双阙（阙）。《麦秀》之感，非独殷墟；《黍离》之
悲，信哉周室，京城表里，凡有一千余寺。今日寮廓，钟声罕
闻。恐后世无传，故撰斯记。

魏宣武帝于501年扩建洛阳城，在旧城内修筑323个里坊，并在城周围造东西20里、南北15里的外郭，使其成为当时世界上最大的都城。从洛阳城最盛时的"招提栉比，宝塔骈罗，争写天上之姿，竞摹山中之影。金刹与灵台比高，讲殿共阿房等壮"到547年"城郭崩毁，宫室倾覆，寺观灰烬"，这本书记叙和反映的正是这一时期洛阳的变迁以及更早的汉魏晋文化的传承。杨衒之"恐后世无传，故撰斯记"，为后世留下了考察这一时期的最佳资料。

杨衒之是有着卓越见识的知识分子，他真正的目的不是排佛，而是反对权贵和僧侣假借佛教的特权损人利己、侵害国家。虽然他看似是北魏反对佛教最激烈的人，数次上书排佛，但他反对佛教是出于为国计民生着想，为庶民利益代言，因此将杨衒之归入排斥佛教的一派是不合理的。《广弘明集》把他列入《高识传》："杨衒之，北平人，元魏末为秘书监。见寺宇壮丽，损费金碧，王公相竞，侵渔百姓，乃撰《洛阳伽蓝记》；言不恤众庶也。"

2.《洛阳伽蓝记》中宗教的交融

佛教早在东汉自洛阳而始进入中国，在北魏时期达到极盛，"京师东西二十里，南北十五里，户十万九千余"，而"寺有一千三百六十七所"。这样算来，平均每八十户人家就有一座属于自己的寺庙！北魏洛阳城既是当时全国佛寺最多的城市，也是中古时期世界上规模最大的城市。通过持续不断的民族、思想、宗教的融合，此时的佛教已大量加入中国的元素，与印度的佛教大有不同了。

北魏佛教最盛时，治下共有寺院三万多座，僧尼达到二百万人，其中一千三百六十七座在洛阳。伽蓝一词来自古印度语，意为僧侣住的庭园。寺是中国固有的汉字，原意是古代官署，《汉书·元帝纪》有"城郭官寺"，颜师古注曰："凡府廷所在，皆谓之寺。"顾炎武《日知录》卷二八中提到"寺，自秦以宦者任外廷之职，而官舍能谓之寺"。

寺作为佛教僧侣的房舍，起源于白马寺。《广韵》记载："寺，汉西域白马驮经来，初止于鸿胪寺，遂取寺名，创置白马寺。"可见佛教自传入中国便被赋予了浓厚的中国色彩，到《洛阳伽蓝记》中，除书名为伽蓝外，几乎全篇用"寺"代替了"伽蓝"。

沙门（Sramana）一词来自梵语的音译，意为勤息、息心、净志，是对非婆罗门教的宗教教派和思想流派的总称。而在《洛阳伽蓝记》里，这个词已经演变成为出家的佛教徒的总称，并且该书把外国僧侣称为"胡沙门"。如：

> 菩提寺，西域胡人所立也。
>
> ——卷三《城南·菩提寺》
>
> 法云寺，西域乌场国胡沙门僧昙摩罗所立也。………佛殿僧房，皆为胡饰，丹素炫彩，金玉垂辉……京师沙门好胡法者，皆就摩罗受持之。
>
> ——卷四《城西·法云寺》

这些文字颇有几点值得注意。"西域乌场国"在《魏书·西域传》中也写作"西域乌长国"，当属今巴基斯坦北部的一个地区。西域的国家被称为胡，说明当时的人们对于区别于汉族的传统意义上少数民族的"胡"并不十分在意了。对"汉"的理解从心理范围到实际国境上，得到双重扩大。北魏的统治者作为鲜卑族原本是乱华的五胡之一，在迁都洛阳之后的汉化政策下，已经彻底汉化，从上到下都以中原人士自居。正如陈寅恪所指出的那样，"变胡语、胡姓与胡名为汉语、汉姓与汉名，进入了汉化的实质性问题，鲜卑贵族变为文化士族的道路打通了"[1]。

---

① 万绳楠整理《陈寅恪魏晋南北朝史讲演录》，贵州人民出版社，2007，第220页。

以洛阳为都、已经完全汉化的北魏，反而生造"胡沙门"一词来称呼西域国家的僧人，似乎完全忘了最高统治者也曾经是"胡"的身份。"佛殿僧房，皆为胡饰"的说法也很有趣，佛教本身就是西域传来之物，胡饰应该是其本来的面貌，《洛阳伽蓝记》却将法云寺特别提出来，说明其他的众多寺院在外观等形式上也被中国化了。如同佛教寺院的名称从古印度外来语的"伽蓝"过渡到中国式的"寺"一样，北魏时期佛教的兴盛伴随着各种中国元素的大量加入，人们已经逐渐习惯用中国人熟知的语言替代晦涩的梵语来表现佛教的相关事物。

寺院的中国化，从佛塔上更能清晰地体现出来。在印度，佛塔亦称浮屠，为供奉舍利、佛经等法物而建，是伽蓝的中心所在。印度佛塔由底座、覆钵、箱体和相轮组成，而对比《洛阳伽蓝记》佛塔，会发现此时中国的佛塔无论是外观还是功用，都已完全脱离了原型。

《洛阳伽蓝记》中出现的浮屠很多，以至于被形容为"招提栉比，宝塔骈罗"。但是通过其描述可以发现此时的浮屠已经相当中国化了。以所载的永宁寺为例：

> 中有九层浮图一所，架木为之，举高九十丈。有刹，复高十丈；合去地一千尺。去京师百里，已遥见之。……浮图有九级，角角皆悬金铎，合上下有一百二十铎。浮图有四面，面有三户六窗，户皆朱漆。扉上各有五行金钉，合有五千四百枚。复有金环铺首，殚土木之工，穷造形之巧。佛事精妙，不可思议。绣柱金铺，骇人心目。至于高风永夜，宝铎和鸣，铿锵之声，闻及十余里。
>
> ——卷一《城内·永宁寺》

永宁寺遗址于 1963 年由中国科学院考古研究所勘察，1979 ~ 1981 年发掘。据实地钻探，浮屠在寺之正中，今残存土台基全高约 8

米，塔基平面正方有三层。底层东西101米，南北98米，高2.1米；中层50米见方，高3.6米；顶层约10米见方，高2.2米。佛殿在塔后。塔基处出土大量不同规格的佛、菩萨、弟子残像，以及各类供养人残像和其他雕塑残像（图20、21）。① 北魏洛阳城的浮屠，一、三、五、七、九级不等，实际浮屠的层级成为修建者特权身份的一种象征，以上提到的永宁寺是皇家佛寺，所以浮屠是等级最高的九层②。儒教等级森严的阶级性依然是不可跨越的深刻存在，在礼佛的过程中也显示得一览无余，甚至通过礼佛更加剧了等级的分化。

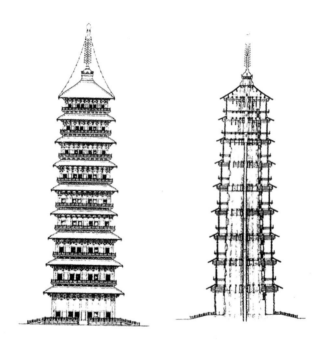

图20　永宁寺塔复原

资料来源：《北魏洛阳永宁寺塔复原探讨》，《文物》1998年第5期。

---

①　段鹏琦：《汉魏洛阳故城》，文物出版社，2009，第112页。
②　张鹤泉、赵延旭《北魏洛阳寺院园林营建考》（《史学集刊》2014年第5期）有详细考察。

图 21　永宁寺遗址出土塑像

资料来源：笔者摄于洛阳博物馆。

特别值得一提的是，永宁寺塔造好以后，从"装饰毕功，明帝与太后共登之。视宫内如掌中，临京师若家庭"的记录可见，此时建佛塔的目的之一是供人登高远眺，这是印度浮屠所不具备的功能。北魏时期在洛阳大量建造的佛塔越来越脱离浮屠原本的形式，开始具备中国式楼阁的特点。

在统治者的倡导下，佛教信仰在北魏由上至下迅速兴起，王公贵族间以舍宅成寺为风潮。大量寺院的前身是民宅，甚至是王侯府邸，如"追光寺，侍中尚书令东平王略之宅也"，"大觉寺，广平王怀舍宅也"等。还有建中寺、景宁寺、宣忠寺等，都是"前堂为佛殿、后堂为讲堂"的形式。这些寺院名为佛寺，里面却是中国式庭园，假山、水池、亭台楼阁，充满世俗感，完全背离了伽蓝本应建于远离尘世、偏僻之地的本意。

> 崇门丰室，洞户连房；飞馆生风，重楼起雾；高台芳树（榭），
> 家家而筑；花林曲池，园园而有。莫不桃李夏绿，竹柏冬青。
>
> ——卷四《城西·法云寺》

很多寺院是为纪念祖先亲人而建的，从富贵人家到平民百姓，书中多有记载。比如，孝文帝为纪念祖母建报德寺，胡太后为母亲建永宁寺，此类例子比比皆是。这样的行为表面上是崇佛，其实质却是儒家孝道的体现。祀祖是儒教的祭祀仪式之一，崇尚祖先、孝敬父母是以孝为代表的儒教人伦价值观的核心。而佛者，觉也，佛教信仰的重要基础之一就是理解宇宙生命循环，参透生死，看空尘缘。以佛教的形式纪念祖先、为亲人祈福实际上是违背了佛教基本教义的。为亲人舍宅成寺的行为能够大行其道，说明北魏时期佛教的盛行并未从根本上动摇儒教的基础。尽管《梁书·儒林传》说"魏、晋浮荡，儒教沦歇，风节罔树"，但人们的思想根源与佛教的看空世相相反，仍然重视血缘衍生出的家族亲情关系，是具有儒教特色的思维方式。

不仅是洛阳城内，城西南的伊阙也成为北魏各个阶级竞相开窟造像之处。上至皇帝将相，下至平民百姓，或于事先预求利益，或于事后还愿，纷纷开窟造龛。龙门石窟现存丰富的造像题记充分说明，当时人们造佛像，拜菩萨，以祈求福报，明显糅合了本土道教的神仙方士的信仰。可见当时世人对佛教的理解并未跳出道教的窠臼，底层人士甚至把太上老君和菩萨放在一起拜。日本学者服部克彦详细考察了《洛阳伽蓝记》记载的华林蓬莱山与城南的景明寺，推测世宗俱有佛教与道教的双重信仰①。

---

① 服部克彦在『北魏洛陽の社会と文化』（ミネルヴァ書房、1965）、『続北魏洛陽の社会と文化』（ミネルヴァ書房、1968）中有系统论述。

全国上下的礼佛，穷土木之功用于造像立寺，根源在于探究佛理精义的人较少，大部分人的目的只是在于建功德、求福报。

3. 佛教与民俗的交融

由于大部分人对佛教的理解类似于传统道教中对神仙的崇拜，因此人们在礼佛过程中的行动显得更愚昧、更狂热。北魏洛阳城中的佛寺中，有很多别具特色的活动。例如景乐寺：

> 至于大斋，常设女乐。歌声绕梁，舞袖徐转，丝管寥亮，谐妙入神。以是尼寺，丈夫不得入。得往观者，以为至天堂。
>
> ——卷一《城内·景乐寺》

景乐寺是不允许男人入内的尼寺，里面却是歌舞升平的景象。为弘扬佛法而集结做法事的活动，几乎完全脱离了本身的形式，成了歌舞娱乐活动。

各个寺院的法事活动层出不穷，一个比一个排场大，一个比一个热闹。四月四日长秋寺的法会，吞刀吐火，奇伎异服，分明是赶集聚会的感觉。辟邪是中国传统道教神话的东西，佛像竟然需要辟邪狮子导引。看热闹的人太多，以至于出现挤死人的现象。

> 四月四日此像常出，辟邪师子导引其前。吞刀吐火，腾骧一面；彩幢上索，诡谲不常。奇伎异服，冠于都市。像停之处，观者如堵，迭相践跃，常有死人。
>
> ——卷一《城内·长秋寺》

四月七日景明寺的法会则是京师诸像的大游行。在闾阖宫前受皇帝散花，说明当时的佛教是依附皇权存在的，形式是完全借助了传统的祭祖、祭神等求丰年、求平安的活动，由族长等有威望的人出面组织祈天赐福。

> 时世好崇福，四月七日，京师诸像皆来此寺。尚书祠曹录像凡有一千余躯。至八日，以次入宣阳门，向阊阖宫前受皇帝散花。于时金花映日，宝盖浮云，幡幢若林，香烟似雾。梵乐法音，聒动天地。百戏腾骧，所在骈比。名僧德众，负锡为群；信徒法侣，持花成薮。车骑填咽，繁衍相倾。时有西域胡沙门见此，唱言佛国。
>
> ——卷三《城南·景明寺》

从这些记录可见，虽然宝盖浮云、梵乐法音的盛况让西域僧人都惊叹地称当时的洛阳为佛国，但佛教并未能替代儒、道，真正占领中国人的思想，那时的人们大都沉浸于异国伎乐奇术的排场和热闹中。可能长久的乱世和苦难让人们需要精神寄托，与其深入思考佛教的哲学精义，不如暂时享受表面的喧哗气派，单纯地相信佛祖能够保佑相信它的人。归根结底，《洛阳伽蓝记》里记载的种种现象和宗教状况，其本质是儒教的人生观、佛教的外壳和道教的表现方式，被称为"佛国"的北魏洛阳城实际上是儒、释、道三教混合呈现的舞台。

魏晋南北朝时期洛阳的文化表象——融合之始

冈崎文夫在《魏晋南北朝通史》中以"秦汉帝国以汉族为国民中心的帝国色彩浓重，隋唐帝国主要是法制统治下蛮汉两族共通的天下，而横贯其间的就是魏晋南北朝时期"这段话作为卷首语。魏晋南北朝时期（220~589）夹在汉和隋唐两个伟大时代之间，在以大一统为主线的中国王朝史中容易被看作衰弱期。但是，向往自由的精神力量一旦从统一国家的桎梏中解脱出来，往往会呈现复杂的文化现象，引发思想的飞跃。钱穆以新民族的加入与新宗教的兴起为由，认为这一时期承续春秋时期，为实现中国史上第二次民族融合和国家形成做出贡献，是中国文明史及精神思想史上的转换期，"从纯粹文化史的角度来说，魏晋南北朝时期的文化依然充满活力地向前发展，丝毫没有衰势"①。

这个时代动荡的世相与绚烂的文化交织辉映，在中国人的思想史上第一次体现了自由的精神，被众多学者大家称为"觉醒的时代"。如铃木虎雄、鲁迅有关于文学觉醒的论著，宗白华、李泽厚等有关于美学觉醒的论著。

觉醒是一种质变飞跃，说明量变已经积累到了一定程度，具有划时代的意义。能够促使种种量变发生的正是一个个由小到大的文化冲击与变化，在魏晋南北朝漫长的时期中，这些丰富繁杂的文化现象酝酿到一定程度，并且遇到特定的契机，最终在诸多方面达到了精神觉醒的临界点。

无独有偶，中国历史上另一个具有这样特点的时期是春秋战国时期（东周），同样是诸侯纷争、政权动荡但文化、思想精彩纷呈的时代。春秋战国时期主要是理性的探求，诸子百家的思想创造出几个重要的思想体系，决定了以后中国思想史进程的方向。魏晋南北朝时期则多是感性的探求，产生新的价值观、世界观，被称为魏晋风流。这两个时期作为中国文明史及精神思想史上的转换期，都有重要意义。

如果从内面关注这两个时期的联系和因果关系的话，会发现这两个历史上罕见的大分裂时期，也是文化高度发展的时期，都是以洛阳为都城的。这一点是不应当被忽略的。换言之，洛阳非用武之地，其城市性格与华夏文化一脉相承，都是"武力虽或不逮，而文教足使心折"，国运衰退之际反而"因吸收异族灌输文化之力"而

---

① 钱穆：《中国文化史导论》，商务印书馆，1993，第138页。

有新兴之势①。

在前文中，已经讨论过到两汉为止的洛阳的城市文化特征，即已分别形成了"天下之中"和"礼制之美"的文化表象。在魏晋南北朝这个战乱的时期，洛阳一直处在时代旋涡的中心位置，是各种冲突的最前沿。新民族的加入与新宗教的兴起，经过激烈的文化冲突，使"融合之始"成为呈现在洛阳的最有特征的文化表象。融合共生也是时代的风向标，反映中华文化的动向与思想史的变迁。

魏晋南北朝时期几乎所有的文化现象都可以用"在融合中共生"来概括。对于这一点，中日先贤已多有关注，柳诒徵用了"新陈代谢、相磨相镜"来形容，武内义雄研究中国思想史时认为："中国中世哲学的特征是儒释道三教在保持交涉中不断变化。"并把这一时代称为"三教交涉的时代"。

"融合之始"的影响

《洛阳伽蓝记》中对当时社会现状的记录充分反映了儒、释、道三教的融合，在洛阳出土的大量碑文、墓志铭等石刻文物，也在不断证实这一点。清朝汪汲在《事物原会·墓志铭》中认为墓志铭作为一种文体始于南朝，川本芳昭则推测墓志铭的定型化与北魏孝文帝朝的时代风潮有关。虽然关于墓志铭习俗的起源尚未有明确的考证，但石刻的墓志铭记载关于死者的生平大事、官职贡献等经历，目的是为死者颂德和留名。铭文多为社会公认的德高望重者所作，很多北魏时期的墓志铭因为书写的字体而成为书法名帖广为流传，是反映当时社会价值观和时代风气的绝佳参照物。

现藏洛阳古代艺术馆的《元瑛墓志》，又名《长乐公主元瑛墓

---

① 柳诒徵：《中国文化史》，中华书局，2015，第601～602页。

志》《高猛妻元瑛墓志》，刊刻于北魏孝昌二年（526），1948 年出土于洛北邙山。

> 神情恬畅，志识高远。六行允备，四德无违。……加以披图问史，好学罔倦。该柱下之妙说，核七篇之幽旨。驰法轮于金陌，开灵光于宝树。绵罗风靡，斧柯川流。所著词诔，有闻于世。

元瑛（489～525）是孝文帝元宏幼女，封长乐公主，三十七岁卒于洛阳寿安里。此墓志对人物赞许有加，体现了对死者的敬畏和重视，这种态度是儒家基本思想的反映。细考其文字，会发现不少意味深长之处。例如志文中的"六行允备，四德无违"，指的应该是"孝、友、睦、姻、任、恤"之六行和"妇德、妇容、妇言、妇工"之四德，是在强调儒家传统伦理标准中妇女的善行。老子被称为"周柱下史"，《庄子》的核心为内七篇，所以"该柱下之妙说，核七篇之幽旨"的意思是指精通道家老庄学说，"驰法轮于金陌，开灵光于宝树"则是虔诚的佛教信徒的标准行为。另外，"所著词诔，有闻于世"说明元瑛还作文章诗词，甚至还可能曾经著书立说流传于世。

借助陆扬提出的从墓志的史料分析走向墓志的史学分析，"南北朝时期是中国历史上政权变迁最为迅疾，相互关系最为复杂的时期，所以处理这一段的墓志特别需要有将政治史、制度史和民族史结合起来观察的能力"[①]。我们应该特别关注到元瑛的尊贵身份，她是魏孝文帝之女、高猛之妻，还是宣武帝元恪同母妹妹。墓志中强调用儒教的伦理标准来标榜、评价鲜卑贵族妇女的德行，将学问和对佛道信仰

---

① 陆扬：《从墓志的史料分析走向墓志的史学分析——以〈新出魏晋南北朝墓志疏证〉为中心》，《中华文史论丛》第 84 辑，2006，第 95～127 页。

作为志主的个人成就，从侧面证明了北朝人士汉化程度之深。同时，志文中的人物评价，儒、释、道都有涉及，可见当时儒、释、道的理念和行为常常并行，已经开始非常自然地体现在世人的日常生活中，成为这个时期文化大融合的有力印证。

小　结

魏晋南北朝分裂的表面之下，在思想、民族、宗教等几乎所有领域都暗藏激烈的文化冲突和不断的融合。近400年间，融合是与变动同时存在的、贯穿整个时代的大趋势。洛阳作为这个大融合时代的中心，最先产生了融合共生的效应。洛阳城中由清谈产生的玄学，是儒学与老庄思想的会合；北魏迁都洛阳使民族融合达到高潮；再接着便是佛学借助儒、道学说终于在民众之中盛行开来。

但是，需要强调的是，尽管佛教在这个时代以中国传统的儒教和道教为媒介，逐渐被中国人所理解，在形式上达到全盛，但诚如钱穆所论，"佛教的全盛也未尝动摇中国传统的家庭观念"。即佛教表面上兴盛，并没有完全占据中国人的思想，中国人的儒家社会价值观的根本地位并未动摇，很多对佛教的理解还借助了道教思想对生命的态度。

魏晋初始儒家与道家思想的融合，迸发出玄学的惊鸿一瞥，最能体现"魏晋风流"。随之而来的十六国时期在汉族与不断流入的少数民族冲突中被迫形成了民族移动与文化共生。南北朝时期佛教的传播促使儒、释、道三教既有竞争的一面，也有融会贯通的一面。总之，儒、释、道在这个时期完成了最大的融合，共同影响了中国人的精神进程。"汇而观其通"，从文化方面来说，融合共生是这个时期最大的特征，"融合之始"也是此间洛阳的文化表象，引领中华文明进入新境界，开启随后的隋唐盛世。

第 5 节　归心之地：隋唐时期洛阳的文化表象

　　始于魏晋南北朝时期的思想、民族、宗教等种种元素的融合交汇，赋予了中国文化新生，经过漫长分裂时期，中国终于又迎来了强盛的统一王朝。大定元年（581），北周静帝禅让帝位，杨坚建立隋朝，改元开皇，618 年唐取代隋。唐王朝基本延续隋制，所以史学家常把"隋唐"作为一个时代并称。宫崎市定指出这个时代"律令、佛教、儒教以及作为使用文字的汉字成为通用元素，形成了东亚文化圈"。隋唐三百多年间，政治、军事、文化、经济、科技都得到前所未有的发展，让中国具有世界帝国的特征，中华文明迎来一个绽放绚烂光彩的全盛时期。

　　按照王国维提出的"一代有一代之文学"，隋唐文化的代表形式无疑是诗歌。这个时代几乎没有与诗歌绝缘的文化人，他们习惯用诗这一简练的语言形式来反映生活。吉川幸次郎在论述中国文学史时认为，从初唐到盛唐，是自由运用诗语的黄金时代，是跨时代的崭新出发点；而到宋朝时，诗的时代已去，开始变成散文时代，诗也呈现散文化倾向。[1]

　　隋唐时代疆域空前辽阔，人的活动空间也大幅扩大，对世界的认识有了飞跃性提高。平冈武夫在《唐代的诗篇》中考察到，清初刊

---

① 吉川幸次郎『中国詩史』筑摩書房、1967、17 頁。

行的《全唐诗》900 卷中收录的作品（含五代）有 49403 首，作者总数是 2873 人。如此庞大的作品数量，内容涉及唐代的政治社会、民俗习惯、历史人情、都市乡村、自然风景等等，几乎涵盖了社会生活的所有领域。

在中国历史上，诗歌与历史之间一直有着密切的关系，有以诗观史的传统。松浦友久在《中国诗的性格》一文中说："中国的文学史上，特别突出地存在两个'shi'的世界，即平声的'诗'和上声的'史'这两个世界。被五万首全唐诗所象征的对诗歌的爱好，以及被庞大的二十四史所象征的对历史的关注，这一点不单对文学史，对把握波澜壮阔的中国文明的现状也极其重要。"[1]

诗是这个时代的文化结晶，既反映现实，也具有社会、历史属性。洛阳作为大唐的陪都，城市的命运与唐王朝的历史变迁密切相关，和洛阳相关的文化人物与作品都代表了当时文化的最高水平。隋唐时期洛阳的文化表象，不应该仅仅被当作这个都市文化史的一部分，而是可以作为中华文明进程中的重要一环来思考。唐诗是考察这个时期文化现象和文化进程的最佳素材，本节通过对诗的研究来把握隋唐时期洛阳的文化表象。

隋唐洛阳城

隋唐时期，洛阳基本上被定位为陪都而存在。隋朝统一天下后，第二代皇帝隋炀帝（605～616 年在位）为加强对关东地区（山海关以东）的控制，决心复兴因战争而荒废的古都洛阳，把洛阳建成东都，以提高帝国接受四方贡赋税收的效率。这座新建的城被称为隋唐洛阳城，城的方位布局、形状等历史文献多有详细记载。

---

① 松浦友久『詩語の諸像』研文出版、1981、3 頁。

隋文帝开皇九年（589）重新统一中国，定都大兴城。605 年隋炀帝即位，鉴于大兴城位置偏西，又水陆交通不便，在巡幸洛阳时下诏：

> 洛邑自古之都，王畿之内，天地之所合，阴阳之所和。控以三河，固以四塞，水陆通，贡赋等。……今可于伊、洛营建东京，便即设官分职，以为民极也。
>
> ——《隋书·炀帝纪上》

隋于大业元年（605）开始营建洛阳城作为东京，设计者是曾设计大兴城的宇文恺。新都的建筑规模比大兴城略小，宫城、皇城的位置选择在郭城西北地势高亢的地方，在安全防御方面远胜于大兴城。形制与平面布局仍由宫城、皇城和郭城组成，同样采取整齐的里坊制度。

新城位于汉、魏洛阳城西约 10 公里处，北依邙山，南对龙门，东逾瀍河，西临涧水，洛水贯穿其间。据《隋书·食货志》记载："始建东都，以尚书令杨素为营作大监，每月役丁二百万人。"

《大业杂记》中记载："初卫尉刘权、秘书丞韦万顷总监筑宫城，一时布兵夫，周匝四面，有七十万人。城周匝两重，延袤三十余里，高四十六尺。六十日成。其内诸殿基及诸墙院，又役十余万人。直东都土工监常役八十万人，其木工、瓦工、金工、石工又役十余万人。"

尽管工程浩大，但隋炀帝驱使大量人力，仅用了十个月就建起了新城。由于地形关系，洛水由西向东穿城而过，采取了东西完全对称的格局，宇文恺"揣帝心在宏侈，于是东京制度穷极壮丽"。

隋炀帝对东都十分满意，作有"洛阳城边朝日晖，天渊池前春燕归"（《四时白纻歌·东宫春》）等多首体现洛阳风貌的诗。李吉甫在《元和郡县图志·河南道》中对新城的评价是："北据邙山，南直伊阙之口，洛水贯都，有河汉之象。"这座城后来也被用作唐的东都，一直沿用至北宋末年。

现在的隋唐洛阳城遗址基本已经勘察清楚，隋唐洛阳城的宫城、皇城在郭城的西北角，宫城在皇城之北，宫城北面有曜仪城、圆璧城前后重叠，又有东、西隔城分列左右。皇城东面有东城，其北有含嘉仓。郭城东北部及洛水南岸部分为里坊区。城内街道横竖相交，形成棋盘式的布局。其中最著名的是定鼎门大街，又称天门街、天津街或天街，是南北主干道，现存长约 3 公里，宽 90～121 米，路土厚达 0.6 米。城内街道组成里坊总数为 109 坊，城内傍临河渠的位置还有三市，比大兴城更多地考虑了工商业的繁荣。①

在修城的同时，605 年隋炀帝在洛阳城西 9 公里处，"发河南诸郡男女百余万，开通济渠，自西苑引谷水、洛水达于河，自板渚引河通于淮"，动员 100 万人开始修建长达 1000 多公里的大运河。

608 年，隋炀帝又沿洛阳东北方向开凿永济渠，沟通沁河、淇水、卫河，通航至天津。610 年开凿江南运河，使得镇江至绍兴段通航，至此，总长 2700 公里的中国隋唐大运河全线贯通。大运河连接华北与江南，沟通黄河、淮河、长江、钱塘江、海河五大水系，是中国古代最早的南北交通大动脉，洛阳也因此成为全国水陆交通的中心。虽然隋朝完成统一之后只延续了三十多年，但东都洛阳的营建、大运河的开凿，以及科举制度等都由隋而起，影响深远。

唐代洛阳的城市规制与隋没有太大变化，"东都"之称在唐初一度被废除，唐太宗贞观六年（632）改称"洛阳宫"。高宗显庆二年（657）又恢复东都称号。之后又经历了武则天时代改名"神都"、安

---

① 陈良伟、石自社：《隋唐洛阳城城垣 1995～1997 年发掘简报》，《考古》2003 年第 3 期，第 239～247 页。

禄山时代大燕国国都等一系列变更，始终与长安并列为隋唐时期的文化中心。

唐诗中的洛阳形象

研究文化风土的植木久行说："文学的风土，归根结底，是文学内核的各种形式构成的一种环境。"隋唐时期文化人眼中的洛阳是什么形象，如何被他们吟诵，可以从当时的作品中寻求答案。迄今为止，围绕唐代洛阳的文学风土、名人与洛阳的关联等，已经有相当多的研究了。但是关于这个时代洛阳整体的文化形象，即文化表象的研究似乎尚且不多。本节拟以唐诗中塑造的洛阳形象为着眼点，考察隋唐时期洛阳的文化表象。

（一）关于洛阳诗词作品的数量

研究唐诗作品，900 卷的《全唐诗》可以说是汇总唐代诗歌的总集。利用全唐诗库电子检索系统①，可以非常方便地查阅诗歌并进行统计。以地名为关键词检索，结果显示，诗的题目或内容中有"长安"一词出现的有 694 首；有"洛阳"一词的有 456 首。按照古代的习惯，洛阳多被称为"洛"，以单独一个"洛"字检索的话，相关诗篇的数量大幅增加，达到 1215 首。即使排除个别"洛"字不指洛阳的情况，这个数字仍然是惊人的。比如同样是古都或名城，"金陵"出现在 114 首诗中，"成都"出现在 41 首诗中，"扬州"出现在 116 首诗中。从结果来看，洛阳在唐诗中出现的频率远远超过其他的地名，甚至超过了长安。说明这个地方在唐代有特殊的地位，总是被文人特别关注，符合当时洛阳的政治、文化地位。

①　检索利用的是由郑州大学开发的全唐诗库电子检索系统 http：//www3.zzu.edu.cn/qts/。

如果跳出唐代的局限，从中国历史各个时代的诗文整体来调查地名的出现频率，也会看到同样的现象。笔者利用收藏有从古代到清末13168 位作者的 292625 首诗词的诗词总汇软件做了调查，调查结果是："长安"出现的次数是 3046 次，"洛"出现的次数是 3233 次，是排名第三的金陵 1229 次的将近 3 倍。（图 22）

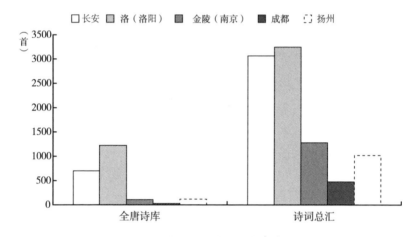

图 22　出现地名的诗词数量统计

资料来源：笔者统计并制作。

诗是一种个体视角多向性的叙事，既有写实性的记述，也有抒情性的感怀。洛阳频繁在大量诗作中出现，说明这个城市在相当长的时间里与各个时代的文化现象或元素有千丝万缕的联系，长期在文化阶层心中占据重要地位。这些诗文作者的阅历、年龄、阶级、生活背景各异，他们的诗文是带着不同感情，从不同立场、众多角度对城市的观察。所以，从这些描写和表现洛阳的诗文中提取，可以最大限度地还原当时洛阳在世人心目中的形象。

当然，用都市名称作关键词检索得出的数字只能作为概数，不能作为精密的数据。因为作为一种文学体裁的诗词，根据文体或意境的需要，常常会出现用特定表现来指代某地的情况。曾用名（古称）、具体地名或特定场所，甚至相关的人名典故都可以用于指代某地。比如虽然"长安"一词并未直接出现，但"曲江""五陵""灞桥"之类，毫无疑问是指代长安；而有"成周""金谷""天津"之类的字眼的则是关于洛阳的诗作。要完全搞清楚古诗词中涉及各个地方诗作的数量，需要浩大而翔实的统计工作。

因此，即使以上数据不够精确，也完全可以作为一种判断依据，认为洛阳这个城市在中国整个历史上是被文人特别关注并有意识融入文学创作的。洛阳在唐诗中的大量出现，意味着这个名称在那个时代曾经成为文人诗意和心灵的栖居地，当时世人对这座城市特有的心态属于文化认同（cultural identity）的一种。

（二）唐诗中的洛阳形象："王权帝都"

在关于洛阳的诗文中，"天""皇""帝""京""王""都""宫"等文字出现频率极高，而且常常集中出现。篇幅有限，仅略举几例。

> 步登北邙坂，踟蹰聊写望。
>
> 宛洛盛皇居，规模穷大壮。
>
> 三河分设险，两崤资巨防。
>
> 飞观紫烟中，层台碧云上。
>
> 青槐夹驰道，迢迢修且旷。
>
> 左右多第宅，参差居将相。
>
> ——郑世翼《登北邙还望京洛》
>
> 洛城三五夜，天子万年春。
>
> 彩仗移双阙，琼筵会九宾。
>
> 舞成苍颉字，灯作法王轮。
>
> 不觉东方日，遥垂御藻新。
>
> ——孙逖《正月十五日夜应制》

洛阳花柳此时浓，山水楼台映几重。

群公拂雾朝翔凤，天子乘春幸凿龙。

——宋之问《龙门应制》

南渡洛阳津，西望十二楼。

明堂坐天子，月朔朝诸侯。

——王昌龄《放歌行》

三年一上计，万国趋河洛。

——张九龄《奉和圣制送十道采访使及朝集使》

洛城本天邑，洛水即天池。

——储光羲《送恂上人还吴》

这些诗文多为应制之作，即宫廷宴席或正式场合中，受命作成。应制诗的特点是语言典雅华丽，虽然从思想和文学角度来说价值有限，却具有社会价值，从中可以窥探到当时的国家制度、节日习俗、典礼仪式等盛大场面。

纵观整个唐代的历史，长安作为一贯的政治中枢，一直是象征王权的都市。洛阳作为陪都也有宫苑等壮观的建筑，还有祭祀场所等与政治中枢密切相关的礼制象征，自然让人联想起那个时代的最高权力统治者——皇帝和最高权力王权。气贺泽保规曾说："历史上的长安和洛阳如同车之两轮，互不可缺。"① 所以，以应制诗为代表，唐诗中出现的洛阳书写大多强调洛阳是天子之居，常常同长安一样成为帝都王权的象征。

但实际上，洛阳的政治地位可以与长安相匹敌只限于初唐时期，盛唐以后，特别是中、晚唐时期，洛阳几乎完全失去了政治功能。可是尽管如此，中晚唐时期的诗文中，洛阳仍然体现出作为帝都王权的

---

① 氣賀澤保規『絢爛たる世界帝国 隋唐時代』講談社、2005、204 頁。

象征意象。例如：

> 洛阳天子县，金谷石崇乡。
>
> ——张继《洛阳作》
>
> 高台造云端，遐瞰周四垠。
> 雄都定鼎地，势据万国尊。
>
> ——韦应物《登高望洛城作》
>
> 洛阳宫阙当中州，城上峨峨十二楼。
>
> ——张籍《洛阳行》
>
> 平时东幸洛阳城，天乐宫中夜彻明。
>
> ——张祜《李谟笛》

　　这些诗作都成于中晚唐，仍显现出洛阳与天子密切相关的王权帝都意象。这个意象可以从历史和政治形势两方面来看。洛阳作为周、东汉、魏晋、北魏等历代王朝的旧都，帝都的印象由来已久。初唐的武则天时代，洛阳的政治地位曾凌驾于长安之上，帝都印象也理所当然地得到了巩固。到了中晚唐，洛阳的帝都印象已与实际情况不符，仅仅是一种延续从前思维的惯性，可看作追忆中的帝都。

（三）唐诗中的洛阳形象："繁华都市"

　　唐代的经济情况，如史学家宫崎市定所论述，"与西亚兴起的帝国之间贸易发达，从西亚经陆路，通过直达长安、洛阳的大运河交通路线到达扬州，由此经海路的泉州、广州，从南海、印度洋到西亚的波斯湾，完成世界的循环交通路线"[1]，交通网络的形成让中国迎来了贸易兴盛，诞生了不少繁华都市。洛阳作为重要的经济中心之一，

---

[1]　宫崎市定『大唐帝国』中央公論社、昭和 63 年、378 頁。

成为外国商人频繁往来、商铺酒楼云集的繁华之地，这一意象也反映在唐诗中。

> 天津桥下阳春水，天津桥上繁华子。
> 马声回合青云外，人影动摇绿波里。
>
> ——刘希夷《公子行》

天津桥是隋炀帝迁都洛阳后，在洛河上建起的一座大桥，是东都标志性的名胜。皇居被当作传说中天帝的住所，洛河被比喻成银河，这座桥作为渡过银河的地方而被命名为天津桥。《唐两京城坊考》说："唐人由西京至东京，皆由天津桥。"初唐到盛唐时期，皇帝每次临幸东都时，住在洛阳的文武百官都要在这座桥边列队迎接。刘希夷的这首诗里没有直接表现天津桥的热闹，而是着意于空气中嘈杂的人声、马鸣以及水波中斑驳交错的倒影。桥下是缓缓流淌的一川春水，桥上是往来交错的公子王孙，骏马嘶鸣之声在青云之间回荡，杂乱的人影倒映于绿波之上，随风晃动。

豪放的李白最喜热闹，在洛阳遇到了包括杜甫在内的众多好友，洛阳的繁华也反复出现在他的诗文中。例如，"天津三月时，千门桃与李"（《古风》）中，阳春三月的天津桥畔，鳞次栉比的宅院里繁花如锦；"白玉谁家郎，回车渡天津。看花东陌上，惊动洛阳人"（《洛阳陌》）中，洛阳陌上乘车赏花的公子，风度翩翩惊艳了众人……特别是在有名的"忆昔洛阳董糟丘，为余天津桥南造酒楼。黄金白璧买歌笑，一醉累月轻王侯"（《忆旧游，寄谯郡元参军》）中，诗人追忆了昔日放浪于洛阳的年少轻狂，这首诗对于考察他的生涯和思想有重要价值。

庄严的帝都形象毕竟高高在上，游离于大众之外。而以下诗文中的洛阳，人来人往的繁华市井，饮酒赏花的热闹喧哗，生活气息扑面而来。除了战乱时期之外，这个繁华都市的意象基本贯穿了整个唐朝。

> 当春天地争奢华，洛阳园苑尤纷挐。
> 谁将平地万堆雪，剪刻作此连天花。
>
> ——韩愈《李花二首》
>
> 洛阳春霁绝尘埃，嵩少烟岚画障开。
> 草色花光惹襟袖，箫声歌响隔楼台。
>
> ——罗邺《洛阳春望》

《史记·货殖列传》中说洛阳人善商贾，战国时期有名的商人白圭就是洛阳出身，他出色的经营生意的能力，应该与洛阳及其周边地区的经济活动有关。汉武帝时期财政贸易理论家桑弘羊也是"洛阳商人之子"，他提倡的政策深深影响了当时中国的经济和社会。所以，这种时常被文人厌恶的现实名利之风，实际上在洛阳是由来已久的。特别是隋炀帝在洛阳首先开始科举制度，大批青年才俊聚集于此，寄望通过科举考试获得功名，使城市风气更有重视功名利禄的倾向。

繁华都市，时常充斥着喧嚣，既有耽于安逸享乐的放纵，也有趋炎附势的媚俗。所以，杜甫会有"二年客东都，所历厌机巧"（《赠李白》）的抱怨，李白偶尔也会说"长剑复归来，相逢洛阳陌。陌上何喧喧，都令心意烦"（《闻丹丘子于城北营石门幽居中有高凤遗迹仆离群远怀亦有栖遁之志因叙旧以寄之》）。

> 水南冠盖地，城东桃李园。
>
> ——白居易《洛阳春赠刘李二宾客》
>
> 古来利与名，俱在洛阳城。

九陌鼓初起，万车轮已行。

——于武陵《过洛阳城》

洛阳今古足繁华，最恨乔家似石家。

——雍陶《洛中感事》

由以上可见，尽管洛阳城在安史之乱中受到破坏，复兴之后的洛阳城仍然聚集着追求名利的各色人等，在中唐、晚唐的诗文作品中继承了热闹喧嚣、重视名利的都市性格，继续承载着繁华都市的意象。

（四）唐诗中的洛阳形象："思乡情怀"

实现了统一之后，中国的版图迅速扩大，文化人也有了更多的机会走向广阔的天地。或因科考而进京，或因出仕而到各地赴任，或因从军、获罪流放等而到偏远之地，总之，离开故乡、四处移动的情况较之以往的任何时代都大为增多。随之而来的是，访问古今名胜、拜会远方好友等也成为社会风尚。因此，吟咏送别之情、抒发旅途感慨的诗作特别多。唐诗鉴赏、选集等常单列出"送别""留别""行旅""旅情""望乡"等项目，虽然分类名称有所不同，但流露出来的情绪都可以归结为思乡情怀。

乡愁，是在异国他乡怀念故乡的感情。从广义上来说，除了怀念真正的故乡以外，还可以指怀念、留恋过往事物和境遇的心情。对故乡、长期居住的环境、远方的家人、过去的老友、故国，甚至对旧时代的怀念，都算是乡愁。从这个意义上说，乡愁可以说是唐代诗歌最大的主题。

思乡情怀与身份认同密切相关，也可以理解为文化认同的一个表现，归结为对"自我归属感"的依恋。关于洛阳的唐诗，涉及乡愁的非常多，众多名作形成洛阳的乡愁意象。这种意象甚至传播到周边国家和地区，日本《朝日新闻》出版的丝路纪行系列杂志，曾经出版一期名为《乡愁之都——洛阳》的特辑。

构筑起洛阳的思乡情怀的诗作，大体上可以分为在洛阳怀念家乡和在他乡怀念洛阳两大类。

1. 起于洛阳的乡愁

伴随着科举制度逐渐成为改变社会阶层的决定性因素，唐代成为中国史上在政治经济、生活方式、社会思想等各个方面都产生了巨大变革的时期。唐初，为了鼓励人们参加科考，高祖武德五年（622）十二月敕："吏部省试其下第人各赐绢五匹，充归粮，各勤修业。"即对于落第者也提供绢五匹作为奖励和回家路费。

在此类措施的鼓舞下，大量学子怀着个人梦想和家族的期待，背井离乡来到长安、洛阳。当时的东西两京常常聚集着大量进京参加科考的年轻人和各级官僚。其中既有像王维、白居易那样少年得志、顺利出仕者，也有像杜甫、贾岛那样屡试不中、仕途坎坷者，他们大都远离故土乡亲，常把思乡的感慨抒发于诗文之中。

洛阳城里见秋风，欲作家书意万重。

复恐匆匆说不尽，行人临发又开封。

——张籍《秋思》

作者是因为科考还是做官而远离家乡已不可考，他在洛阳的住所中看到城中秋风吹过，感知秋意而生出思乡之情。给家人写信，思绪万千，纸短情长，想说的话写也写不完。在送信之人马上就要出发之际，又担心有所遗漏而重新开封检查。文中并未直接提及思乡之情，只白描了从"见秋风"、"欲作家书"到"又开封"的一系列动作，深情于浅淡。宋代王安石认为这首《秋思》是乡愁题材中的佳作，自然流露于细微之处的情感最能触动人的心弦，特别推崇"行人临发又开封"一句，赞其对生活细节的描写是"看似寻常最奇崛，成如容易却艰辛"。

在唐诗中,洛阳的风景似乎也有魔力,无论是明媚还是沉郁,都能勾引出人的思乡之情。一个春风沉醉的夜晚,喧闹了一天的洛阳城渐渐归于平静,不知何处隐约传来笛声,乘着春风,弥漫在城中的每个角落。这不期而至的笛声吹奏的是古来表现离愁别绪的折杨柳①,传入李白耳中,诞生出一首名作。

> 谁家玉笛暗飞声,散入春风满洛城。
> 此夜曲中闻折柳,何人不起故园情。
>
> ——李白《春夜洛城闻笛》

2. 对于洛阳的乡愁

秋天与洛阳的组合常常被赋予乡愁的印象,往前可以追溯到魏晋时期。《晋书·张翰传》中记载苏州人张翰在洛阳做官,"因见秋风起,乃思吴中菰菜、莼羹、鲈鱼脍,曰:'人生贵得适忘,何能羁宦数千里以要名爵乎?'遂命驾而归"。

由此看来,秋风、洛阳、乡愁,已经成为文学作品中的传统被延续下来,一再呈现在作品中。

> 客心争日月,来往预期程。
> 秋风不相待,先至洛阳城。
>
> ——张说《蜀道后期》

---

① 乐府"鼓角横吹曲"调名,内容多写离情别绪。胡仔《苕溪渔隐丛话后集》卷四:"《乐府杂录》云:'笛者,羌乐也。古典有《折杨柳》《落梅花》。故谪仙《春夜洛城闻笛》……'太康末,京洛为《折杨柳》之歌,其曲始有兵革苦辛之辞。"

此诗载于《全唐诗》卷八九，张说原籍范阳，世居河东，后徙家洛阳。诗人在校书郎任内因公出使西川，公务繁忙，却归乡心切，特意把来往的行程都预先规划好，打算力争按时回洛。然而人算不如天算，尽管客游在外的诗人好像在同时间赛跑般尽量行事迅速，可是秋风却不肯稍等，仍旧赶在诗人之前先到洛阳城去了。

这首诗与张说的另一首《被使在蜀》对照来看会更有意思，因为那首诗中有云"即今三伏尽，尚自在临邛。归途千里外，秋月定相逢"。可见诗人与洛阳的家人有秋季回家团聚的约定在先。然而，秋风应时令而起，自己却身不由己，不能按时赶回。所以他才以埋怨的口吻责备秋风无情，含蓄地表达了思念亲人、期盼早日回家的感情。

王昌龄是被后人誉为"七绝圣手"的边塞诗人，虽然他的出身不详，但他长期旅居洛阳，以此为家，留下一首千古佳作。

> 寒雨连江夜入吴，平明送客楚山孤。
>
> 洛阳亲友如相问，一片冰心在玉壶。
>
> ——王昌龄《芙蓉楼送辛渐二首》之一

这首诗是在丹阳（今江苏镇江）的芙蓉楼送友人北上洛阳时的作品。当时王昌龄是贬谪之身，在江宁（今南京）任县丞。诗中前一天夜晚和即将分手的早晨，这两个时间点被连绵的秋雨连接起来，有意无意地照应了诗人一夜未眠的离情别绪。苍茫的江雨，孤寂的楚山，都渲染出黯淡萧瑟的气氛。与友人饯别时，正是基于与洛阳好友亲朋之间真正的了解和信任，诗人以冰心玉壶的晶莹剔透比喻自己的光明磊落。告慰友人的同时，也寄托自己的深情，这种笔法被《唐人万首绝句选》赞为"俱情极深，味极永，调极高，悠然不尽，使人无限留连"。

另一首影响极广的思乡之作是当时任洛阳尉的王湾写的。诗人舟行于吴、楚之间的一江春水之上，远观海日东升，向着青山之外的客路方向驶去。一路上恰逢北归的大雁掠过，令人联想起飞鸿传书的故事，不禁自问自答："给家人的信现在到哪里了？回归的雁群已到洛阳附近了吧。"

> 客路青山外，行舟绿水前。
> 潮平两岸阔，风正一帆悬。
> 海日生残夜，江春入旧年。
> 乡书何处达？归雁洛阳边。
>
> ——王湾《次北固山下》

这首诗气势开阔，如画的风景中笼罩着一层淡淡的乡愁。《唐诗从绳》评价其为"奇秀不可言"，并特别指出，"五六以残夜反拖早字，以旧年反拖新字，名正言反挑法"，"'何处达'，首无处达也。洛阳正在邳雁边，乡书即从何处达？保见思乡之情，顺看即不然。此唐人句调，粗心人未易识也"。难怪时任宰相的张说对此诗爱不释手，亲自书写"海日生残夜，江春入旧年"一句悬挂于宰相政事堂上。

隋唐时期洛阳文化表象——"归心之地"

洛阳这个文化空间似乎天然具有磁场效应，让人产生乡愁。德国哲学家海德格尔在《荷尔德林诗的阐释》中提出著名的"诗人的天职是返乡，唯通过返乡，故乡才作为达乎本源的切近国度而得到准备"，又说"故乡最本己的东西已然是一种天命遣送的命运（das Geschick einer Schickung），或者像我们时下所说的，就是历史"。虽然喜欢字源学的海德格尔喜欢运用比较晦涩的语言，但这种解释对于理解洛阳的文化表象很有益处。

洛阳这个文化空间仿佛天然具有磁场效应，容易让人产生乡愁。

值得深思的是，不仅是出身于洛阳的人，在洛阳长期居住过的、短暂停留过的，甚至根本没有来过洛阳的人，都会对这个地方产生怀念、留恋、憧憬、向往之情，从而留下大量诗作。

> 杨柳阴阴细雨晴，残花落尽见流莺。
> 春风一夜吹乡梦，又逐春风到洛城。
>
> ——武元衡《春兴》
>
> 才兼文武播雄名，遗爱芳尘满洛城。
>
> ——刘禹锡《酬令狐相公见寄》
>
> 马上逢寒食，愁中属暮春。
> 可怜江浦望，不见洛阳人。
>
> ——宋之问《途中寒食题黄梅临江驿寄崔融》
>
> 搔首向南荒，拭泪看北斗。
> 何年赦书来，重饮洛阳酒。
>
> ——沈佺期《初达驩州》
>
> 回首思洛阳，喟然悲贞艰。
> 旧林日夜远，孤云何时还。
>
> ——卢僎《初出京邑有怀旧林》
>
> 明月隐高树，长河没晓天。
> 悠悠洛阳道，此会在何年。
>
> ——陈子昂《春夜别友人》
>
> 谁知春色朝朝好，二月飞花满江草。
> 一见湖边杨柳风，遥忆青青洛阳道。
>
> ——孙逖《山阴县西楼》
>
> 塞迥山河净，天长云树微。
> 方同菊花节，相待洛阳扉。
>
> ——王维《送崔兴宗》

柳絮飞时别洛阳，梅花发后在三湘。

世情已逐浮云散，离恨空随江水长。

——贾至《巴陵夜别王八员外》

云散天高秋月明，东家少女解秦筝。

醉来忘却巴陵道，梦中疑是洛阳城。

——储光羲《新丰主人》

天涯望不尽，日暮愁独去。……

遥与洛阳人，相逢梦中路。

——刘长卿《夕次檐石湖梦洛阳亲故》

篇幅所限，在抒发对洛阳怀乡之情的诗作中，以上所列仅为诗海中的小小一粟。诗人的身份、境遇、创作背景和动机各不相同，不必一一详解，诗中情感却都是丰盈真挚、沁人心脾。他们所怀之乡，并非简单意义上的生长的故土，这种怀乡之情是一种精神的扎根，诗意的栖居。洛阳承载着文化留存，是文化士人可以寄托心灵的地方，特别是在家国动荡、文化根基风雨飘摇之际，"诗人的天职是返乡"的情感变得尤为强烈，与出身无关。对于文化士人来说，想象中的"洛阳"带着文化的乡愁，是可以治愈他们空虚、失落与幻灭的良药。

对于李白的名作《春夜洛城闻笛》，松浦友久特别指出："春夜—洛阳城—玉笛—春风，这样连续而华丽的意象，与折杨柳—离别—乡愁这样持久而悲切的意象相融合，更渲染了各自原有的意味，加深了层次。这种境况下，'洛阳'这个地名带有独特的含义，此中韵味，无论是长安、金陵还是成都，都无法替代，对这首诗整体所起到的作用值得注意。"[1]

松浦列举的这几个地方，都是历史名城，论政治地位、繁荣程

---

[1] 松浦友久『唐詩の旅—黄河編』社会思想社、1980、117頁。

度、自然美景，似乎并不逊色于洛阳。所谓的"'洛阳'这个地名带有独特含义"，究竟是什么呢？虽然他在著作中并没有深入解释，但笔者认为就是洛阳的文化乡愁。这种文化乡愁是随着洛阳历史的累积而孕育出的特质，在唐朝时因局势之变而愈加鲜明，从而成为洛阳在这个时代特有的文化表象。

因主张文明冲突论而有名的美国当代政治学家亨廷顿曾指出，不同民族的人们常以对他们来说最有意义的事物来回答"我们是谁"，即用"祖先、宗教、语言、历史、价值、习俗和体制来界定自己"，并且认为"文化认同对于大多数人来说是最有意义的东西"。文化认同作为一种社会心理，是民族认同、国家认同的最深层的基础，是人们在一个共同体中长期生活所形成的，其核心是对基本价值的认同，也是个体对于所属文化的内心的归属感。洛阳的文化乡愁，正是建立在这种文化认同的基础上。

以"长安不见使人愁"的名句为代表，长安也是能够引起人们文化乡愁的地方。早期历史中，洛阳与长安两座城市，先后为周、汉古都，作为汉文化的中心，如同双子星般交相辉映，具有相似的、能够引起文化认同的要素。然而，虽然"大唐长安"已经成为当代中国人追忆盛世繁华的一个固定符号，但是，如果纵观整个唐代，要说在当时最能代表汉文化、最能强烈勾起华夏士人文化认同感的地方，洛阳还是更胜一筹。

原因有二，且与洛阳经历过的特有的历史大变革密切相关，一是永嘉之乱的五胡乱华，一是安史之乱后的唐朝由盛转衰。这也符合海德格尔所论的"故乡最本己、最隐秘的地方在于历史"。

安史之乱随后详述，这里先说永嘉之乱对形成洛阳文化乡愁的影响。西晋末年，"八王之乱"引发少数民族进入中原大地，永嘉元年（307）九月，司马睿偕王导渡江至建邺，后称晋元帝，建立东晋王朝。晋室政治中心，自此南移江东，国都洛阳的贵族阶层和众多文化精英不得不跟随朝廷由中原迁往江南，史称"衣冠南渡"。

去国离家对知识分子造成的心灵创伤是难以言喻的，南朝宋刘义庆在《世说新语》中记录了很多南渡士人怀念中原的逸事。太子洗马①卫玠渡江之时，面容憔悴，神情凄惨。远离熟悉的家园，茫茫大江引起他的家国之忧、身世之感，只能对左右叹息说："只要还有点感情，谁又能排遣得了这种忧伤？"

> 卫洗马初欲渡江，形神惨悴，语左右云："见此芒芒，不觉百端交集。苟未免有情，亦复谁能遣此！"
>
> ——《世说新语·言语》

这种伤怀与洛阳紧紧缠绕在一起，挥之不去，成为洛阳文化特质的一部分。即使是江南富饶的新都金陵更便于居住，终究不能完全抚慰文人们故土丧失、民族受辱之痛。被少数民族占领的故都洛阳，不仅在政治意图上是必须被夺回的战略目标，也是南朝文士共同怀乡的对象。著名的"新亭对泣"正是由此而生。

> 过江诸人，每至美日，辄相邀新亭，藉卉饮宴。周侯中坐而叹曰："风景不殊，正自有山河之异！"皆相视流泪。唯王丞相愀然变色曰："当共勠力王室，克复神州，何至作楚囚相对！"
>
> ——《世说新语·言语》

新亭位于金陵郊外，与当年在洛阳时一样，天气晴好的日子里官宦文人会相约来此饮酒作乐。晚唐诗人许浑在《金陵怀古》中也有

---

① 辅佐太子、教太子政事的官职，官居三品。

"惟有青山似洛中"一句,可见金陵风景应该有与洛阳相似之处①。然而风景不殊,河山有异,金陵终究不是洛阳,无论何时何地,"洛阳"二字如同一根无形的刺扎在南渡士人的心头,随时提醒着他们家国遗恨与民族屈辱。享受眼前的安逸与怀念故国故都形成矛盾,新亭坠泪掺杂着南渡士人对现实的无奈和惭愧,也滴落在此后数百年间的文人志士的心头上。

历史反复重演,洛阳的宿命似乎就是引发人们的家国之伤。唐代洛阳人独孤及听说京师沦陷,作"莫作新亭泣,徒使夷吾嗤"(《癸卯岁赴南丰道中闻京师失守寄权士繇韩幼深》)。宋代杜旟在金陵感慨"斜日荒烟,神州何在?欲堕新亭泪"(《酹江月·石头城》);陆游光复河山的壮志不酬,只能叹息"不望夷吾在江左,新亭对泣亦无人"(《追感往事》);文及翁悲愤及时行乐的人们忘了这滴泪:"渡江来、百年歌舞,百年醉醉。回首洛阳花世界,烟渺黍离之地。更不复、新亭堕泪。"(《贺新郎·西湖》)

被寄予了故国乡愁的洛阳,在此后也因为一直被文人墨客的文学作品渲染,家国之思的象征意义越发强烈。晋的南迁到隋的统一,江南诗人辈出,尽管大多数是从未到过洛阳的,却不妨碍他们在诗作中反复吟咏洛阳。日本研究者橘英范以《六朝诗中吟咏的洛阳》为题进行考察,发现《乐府诗集》中明确以《洛阳道》为题的诗作有18首,这些作品中呈现的洛阳形象大都是"俊男美女在春光明媚的大道上邂逅的繁华都市"②,比如"洛阳佳丽所,大道满春光"(南朝梁简文帝《洛阳道》)。这个意象当然不是真实的洛阳,是诗人们对洛阳风景加入滤镜的追忆,或者是在前人描述的基础上进

---

① 唐克扬《洛阳:别处青山》(《十城画记》,商务印书馆,2017)中也针对这句诗对洛阳和南京做了很有见地的比较。
② 橘英範「六朝詩に詠じられた洛陽」佐川英治編集『洛陽の歴史と文学』、岡山大学文学部プロジェクト研究報告書10、2008、31-62頁。

行的艺术加工。文化人士有意无意地凭借想象对这座城市进行美化加工，寄予美好想象，说明洛阳从整个时代追忆的对象逐渐演变成一种承载乡愁和理想的符号，这种意象一直延续至隋唐时期。

长久以来洛阳之所以被怀念和向往，很大程度上是因为洛阳的失陷常常伴随着亡国之痛与文化之殇。尽管王朝更替，由华夏文化发展而来的汉文化一直在中国占主导地位。汉末战乱，天下三分，最终魏晋被认定为正统主流，永嘉之乱导致五胡入华，以洛阳城的失陷为标志，少数民族政权首次完全取代华夏汉族的正统地位，成为中原地区（当时的中国）的主人。这对于长期以来一直怀有华夷意识的汉人（这里指因为对汉文化的认同而形成的群体）来说，文化优越感被击碎的震惊不亚于家国被毁灭带来的冲击。之后的北魏，借洛阳的地望强调自己的汉化程度和正统性，致力于与江左南朝争夺华夏正朔代表。在长期南北对峙中，地处中原、河洛地区核心位置的洛阳始终是"汉""胡"之争中"汉"的最前沿、最正统的代表。在强调汉族与少数民族的区别方面，洛阳代表正统华夏的象征意义是大于地处西北的长安的。

"文化乡愁"的确立

洛阳与长安，作为两汉国都和隋唐两京，都是正统汉文化的象征，也被当时士人看作国家的象征。唐睿宗文明元年（684），临朝称制的武则天改东都洛阳为"神都"，借助洛阳展开她的政治蓝图。牛致功认为，武则天改东都为神都无疑是为了抬高洛阳的地位，使之凌驾于长安之上，宫名太初，也是一切从头开始的意思。[①] 这个"太初"与曹操的"建始"如出一辙，耐人寻味。

---

① 牛致功：《武则天与洛阳》，《唐代史学与墓志研究》，三秦出版社，2006。

　　武则天于垂拱四年（688）在洛阳加尊号"圣母神皇"，载初元年（690）又改唐为周，迁徙关内十余万户于洛阳安置，以神都洛阳为首都，在城中轴线上建起南北纵贯的七个建筑，分别对应天上的七个星座，寓意为"天人合一"，这些建筑依次为：天阙（伊阙）、天街、天门（应天门）、天津（天津桥）、天枢、天宫、天堂。威严有序，气势磅礴，神都时代是隋唐洛阳城最为辉煌的时期。可惜755年爆发的安史之乱让洛阳城再次陷入战火，这次动乱是唐由盛到衰的转折点，也使洛阳的文化乡愁愈发浓烈。

（一）安史之乱——强化唐代洛阳文化认同的历史转折点

　　安史之乱的爆发令人猝不及防，如同《长恨歌》中所写的，"渔阳鼙鼓动地来，惊破霓裳羽衣曲。九重城阙烟尘生，千乘万骑西南行"。被玄宗倚为"安边长城"的安禄山毫无征兆地在范阳起兵，以讨杨国忠、清君侧为名，与平卢节度使史思明发动叛乱，挟三镇兵力，直指东都洛阳。

　　叛兵来势凶猛，仅不到两个月时间，在举国上下还没有搞清楚状况的情况下，东都就已沦陷，大大挫伤唐王朝的国威，引起政治、社会的巨大震动。756年正月，安禄山一攻破洛阳，就自称大燕皇帝，建元圣武，并随之攻下首都长安，唐王朝陷入灭亡的危机。直到762年失陷的长安、洛阳两都得以光复，这场危机才算解除。这场动乱给当时的唐朝和国民带来巨大的创伤和灾难，也导致了当时士人对洛阳认识的转变，产生强烈的文化乡愁。

　　将近十年的战乱，严重损毁了洛阳城，也颠覆了大唐的繁华盛世。很多亲历这场灾难的诗人用诗叙述和记录当时的惨状："洛阳昔陷没，胡马犯潼关。天子初愁思，都人惨别颜"（杜甫《洛阳》），"俯视洛阳川，茫茫走胡兵。流血涂野草，豺狼尽冠缨"（李白《古风》第十九首）。当年李白作品中"千门桃与李""看花东陌上"

"黄金白璧买歌笑，一醉累月轻王侯"的那个诗酒风流的繁华都市不再，而今"胡兵"残暴横行，洛水都被鲜血染红了。今昔对比，让人无限悲愤。

> 洛阳宫中花柳春，洛阳道上无行人。
> 皮裘毡帐不相识，万户千门闲春色。
> 春色深，春色深，君王一去何时寻。
> 春雨洒，春雨洒，周南一望堪泪下。
> 蓬莱殿中寝胡人，鸂鶒楼前放胡马。
> 闻君欲行西入秦，君行不用过天津。
> 天津桥上多胡尘，洛阳道上愁杀人。
>
> ——冯著《洛阳道》

当时的官宦士人大多长期往来于长安、洛阳之间，很多人在两京都有房产。例如生于735～740年的中唐诗人冯著，其好友韦应物在《赠冯著》中写道："契阔仕两京，念子亦飘蓬。"证明他有可能曾长期居住于当时的洛阳城内。这首《洛阳道》虽然不像李白那样用词激烈，没有出现"流血""豺狼"之类的字眼，但处处都是鲜明对比，体现了强烈的汉文化意识和民族感情。繁花似锦的洛阳宫与寂静无人的洛阳道，"皮裘毡帐"与"万户千门"，一去不归的君王与泪如雨下的庶民，蓬莱殿、鸂鶒楼与胡人、胡马，一组组形成强烈对比的画面，如同无声的控诉，最后汇合成一句既像规谏旁人，又像劝慰自我的感叹："千万不要过天津桥！因为那被蛮夷玷污的景象会让我等洛阳道上的往来行人痛彻心扉！"

洛阳，曾经的天下之中，曾经的礼仪道德之地，曾经南朝人士心心念念的故国、北朝人士标榜自豪的正统，竟然被胡族占据并成了所谓"大燕皇帝"的王权所在，这对于习惯以"华夏正统"为荣的文化士人来说是最难以接受的事实。原本并未将洛阳当作故乡的人，也把洛阳的沦陷视为文化故乡的丧失，通过大量诗作表达深深的怀念。

在此选取与洛阳关联最深，同时又是代表唐代诗人最高水平的杜甫和李白为例，从其作品中追踪洛阳的文化意义以及诗人意识的变化过程。

1. 杜甫的洛阳

一般认为诗圣杜甫诞生于洛阳以东巩县（今巩义市）的笔架山脚下。因为巩县在洛阳东大门虎牢关以内，历史上一直隶属洛阳，所以杜甫的很多生平介绍，会直接把他的出身说成是洛阳。后人一提起杜甫，常将其诗作与忧国怀乡联系起来，可是，仔细分析杜甫各个时期的作品就会注意到，杜甫对洛阳的认识，其实是经历了一个从抵触到接受，再到强烈思念的过程。

> 往昔十四五，出游翰墨场。
>
> 斯文崔魏徒，以我似班扬。
>
> 七龄思即壮，开口咏凤凰。
>
> 九龄书大字，有作成一囊。
>
> 性豪业嗜酒，嫉恶怀刚肠。
>
> 脱略小时辈，结交皆老苍。
>
> 饮酣视八极，俗物都茫茫。
>
> ——杜甫《壮游》

杜甫四岁时生母早丧，父亲又远在兖州做官，被寄养在洛阳仁风里的姑母家。他七岁开始写诗，十四五岁时在东京洛阳一带已颇有文名，受到当时郑州刺史崔尚和豫州刺史魏启心的称赞。少年时代的杜甫留下很多富有生活气息的诗篇，但是很少把"洛阳"二字写入诗里。也许是因为洛阳城就是少年杜甫的世界，城中风景也好，周围事物也好，一切都是日常生活中理所当然的存在，并不会特意强调吧。

青年杜甫的诗作中，开始有了很多反映洛阳生活、景物等的诗，如游伊阙龙门夜里留宿，写下"阴壑生虚籁，月林散清影。天阙象纬逼，云卧衣裳冷"（《游龙门奉先寺》）等，却并没有流露出过多的感情。相反，习惯了熟悉的风景，他更向往外面的广阔世界，开始漫游吴越。二十四岁回洛阳参加乡贡进士考试，却没有中第。这对杜甫的打击相当大，为了一扫落第的尴尬与愤懑，他又开始游历今江苏、浙江、山东、河北等地，三十岁才又回到洛阳结婚定居。

三十三岁在洛阳得遇李白，杜甫在《赠李白》的开篇第一句就是"二年客东都，所历厌机巧"。"二年"应该是指婚后居住洛阳期间，一个"客"显示此时的他认为自己高洁的性情不适合洛阳大都市的浮华势利。杜甫的爷爷杜审言多次任洛阳丞，立志通过少年苦学施展远大抱负的杜甫刚正质朴，不喜金钱名利和尔虞我诈，因而不愿承认这里是故乡，认为自己只是以客人的身份临时住在这里。杜甫有家教渊源却仕途坎坷，因为怀才不遇而对浮华的洛阳持有不屑，甚至厌恶的态度，一直想逃离这个地方。

然而，当安史之乱猝然发生，让杜甫有家不能回时，他才开始认真地隔空追忆当年，洛阳在杜诗中的形象也发生了变化。因为战乱而回不去的故宅，已经空了三年，"常在羁旅中"的诗人开始怀念与亲友嬉闹的时光，意识到现在的自己走到哪里都是客，当时的那个自己才是真正的主人。

> 客子念故宅，三年门巷空。怅望但烽火，戎车满关东。
> 生涯能几何，常在羁旅中。昔在洛阳时，亲友相追攀。
> 送客东郊道，遂游宿南山。烟尘阻长河，树羽成皋间。
> 回首载酒地，岂无一日还。丈夫贵壮健，惨戚非朱颜。
>
> ——杜甫《遣兴五首》

诗人回忆着当年载诗载酒的洛阳，安慰自己说："怎么可能没有回家的那一天！"值得注意的是，青年时代曾经对洛阳持有的否定情绪，在安史之乱以后的诗作中一次也没有出现，全部变成了殷切的怀念。诗中的洛阳不再是令人生厌的喧闹浮华之所，而是亲朋相伴、充满美好回忆之处。最早在日本完成杜甫诗歌全译的铃木虎雄，特别关注到《遣兴五首》，指出："此为驱赶孤寂而作的诗，因而——想起洛阳的兄弟、故宅、旧交等等。"①

经过安史之乱，洛阳在杜甫诗篇中完成了从繁华名利场到温情家园的角色转变。此后，杜甫始终将洛阳作为故乡来怀念，再也没有了"客"的感觉。相反，洛阳以外的所有地方都成了客居之地。辗转多处，四海为家，诗人的内心始终是朝向洛阳的，而且随着年龄的增长越来越强烈。

担任华州参军期间，杜甫曾经回到洛阳一次，这也是他最后一次回家。此时的洛阳一带虽然从叛军手中夺回，但是经过战乱，已变得面目全非。诗人盼望回归故土，但当时洛阳周边战事不断、局势混乱，杜甫只能无奈地感慨："乱后谁归得？他乡胜故乡。"（《得舍弟消息》）759 年，四十八岁的杜甫被迫辞官带全家离开洛阳去寻找可以安居之所，这次离开，他便再也没有机会踏上这片土地。

> 剑外忽传收蓟北，初闻涕泪满衣裳。
>
> 却看妻子愁何在，漫卷诗书喜欲狂。
>
> 白日放歌须纵酒，青春作伴好还乡。
>
> 即从巴峡穿巫峡，便下襄阳向洛阳。
>
> ——杜甫《闻官军收河南河北》

宝应元年（762）冬，唐军在洛阳附近的横水打了一个大胜仗，

---

① 鈴木虎雄『杜少陵詩集　第一卷』国民文庫刊行会、1928、599 頁。

收复了洛阳和郑、汴等州。次年，史思明的儿子史朝义兵败自缢，其部将相继投降。正流寓梓州的五十二岁的杜甫听到这个消息的时候已是 763 年春。他惊喜欲狂，以饱含激情的笔墨，写下了这篇脍炙人口的名作，并自注："余田园在东京。"

众所周知，杜诗风格以沉郁为主，这一篇的欢喜之情却喷薄而出，被后代诗论家赞为"老杜生平第一首快诗"。仇兆鳌在《杜诗详注》中引王嗣奭的话说："此诗句句有喜跃意，一气流注，而曲折尽情，绝无妆点，愈朴愈真，他人决不能道。"

杜甫回乡心切，一听到官军收复洛阳的消息，就在想象中穿越半个中国奔向洛阳了。然而无情的现实却是，从蜀到洛路途遥远，加之贼寇横行，安史之乱被平定之后的洛阳仍然大小战乱不止，杜甫根本没有办法带领一家返回。

不能回家的杜甫唯有将思乡之情寄予笔端，借诗抒情。无论身在秦州、梓州还是成都、阆州，杜甫始终是心向故乡，思乡成为杜诗的一大主题，以至于后人作杜诗注释总结为"辄动乡关之思，所谓'成都万事好，不如归吾庐'也"。

> 信美无与适，侧身望川梁。鸟雀夜各归，中原杳茫茫。
>
> ——杜甫《成都府》
>
> 故乡有弟妹，流落随丘墟。成都万事好，岂若归吾庐。
>
> ——杜甫《五盘》
>
> 戍鼓断人行，边秋一雁声。露从今夜白，月是故乡明。
> 有弟皆分散，无家问死生。寄书长不达，况乃未休兵。
>
> ——杜甫《月夜忆舍弟》
>
> 洛城一别四千里，胡骑长驱五六年。……
> 思家步月清宵立，忆弟看云白日眠。
>
> ——杜甫《恨别》

冬至至后日初长，远在剑南思洛阳。

青袍白马有何意，金谷铜驼非故乡。

——杜甫《至后》

　　清人沈德潜评论杜诗中"有不言神伤之妙"。文学中的"妙"在现实中却很可能是深入骨髓的"痛"，直到五十九岁去世，杜甫也没有机会回到洛阳的家。764 年，当时吐蕃犯境，陇右失守，杜甫自梓州重到阆州。漂泊天涯、归乡无望的诗人，面对日暮时分的滔滔江水，悲从中来，作《天边行》：

天边老人归未得，日暮东临大江哭。

陇右河源不种田，胡骑羌兵入巴蜀。

洪涛滔天风拔木，前飞秃鹜后鸿鹄。

九度附书向洛阳，十年骨肉无消息。

——杜甫《天边行》

　　大历二年（767），得知友人孟仓曹将赴洛阳，杜甫连写多首诗相送，如《送孟十二仓曹赴东京选》《凭孟仓曹将书觅土娄旧庄》等，还委托孟仓曹访问自己在东京的旧宅。

平居丧乱后，不到洛阳岑。为历云山问，无辞荆棘深。

北风黄叶下，南浦白头吟。十载江湖客，茫茫迟暮心。

——杜甫《凭孟仓曹将书觅土娄旧庄》

　　以上，杜甫少年、青壮年、老年时期对洛阳的情感认知，经历了"无感—鄙视—强烈怀念"的过程。曾经厌恶这里的名利场，不愿以此为家而渴望离开。可是，当洛阳沦陷、真的回不去的时候才深切感受到洛阳对于自己的"家"的意义，把对家乡的魂萦梦系都写进诗里，"洛城一别四千里""九度附书向洛阳""思家步月清宵立""远在剑南思洛阳"，可惜最终仍是"天边老人归未得，日暮东临大江哭"。杜甫寄予洛阳"家"的情感，悲凉沉郁，令人寻味不尽。对洛阳的书写成为杜诗中的一种执念。770年病逝于岳阳附近的杜甫，临终嘱咐要入葬杜氏祖茔，直到813年孙子嗣业历尽千辛万苦才将其遗骸背回洛阳，与奶奶杨氏合葬于首阳山下。

2. 李白的洛阳

关于李白的出身一直存在争议，没有定论。李白一生活动范围极广，与洛阳的渊源有明确记载。李白曾多次居留于洛阳，并留下相当多的关于洛阳的作品。李白作品中的洛阳，以安史之乱为界，分成两个迥然不同的形象。安史之乱爆发之前，洛阳在李白的诗歌中是一个诗酒繁华、充满友情之地。

李白最初来到洛阳时，正值唐朝的全盛期，也是洛阳的鼎盛时期。他似乎也很享受这种繁华，会在三月的天津桥上观赏桃李，在春风荡漾的夜晚听笛声，在秋日的夜晚宿龙门香山寺作诗，等等，不亦乐乎。

洛阳之所以在李白的一生中占有重要地位，原因之一就是这里是最能见证李白与"海内贤豪青云客"聚散的地方。天宝三年（744），四十四岁的李白第一次与三十三岁的杜甫相会于东京，这次相会被闻一多称为"因为我们四千年的历史里，除了孔子见老子，没有比这两人的会面，更重大，更神圣，更可纪念的了"①。除杜甫以外，高适、元演、崔成甫、岑参、元丹丘等多位生平至交，都在洛阳及周边一带与李白结识或交往。他们把酒逍遥、携手同游，这种自在的相处令诗人无限怀念。

仆在雁门关，君为峨眉客。

---

① 闻一多：《唐诗杂论》，古籍出版社，1956，第47页。

心悬万里外，影滞两乡隔。

长剑复归来，相逢洛阳陌。

　　——李白《闻丹丘子于城北营石门幽居中有高凤遗迹
　　　　　仆离群远怀亦有栖遁之志因叙旧以寄之》

忆昔洛阳董糟丘，为余天津桥南造酒楼。

黄金白璧买歌笑，一醉累月轻王侯。

海内贤豪青云客，就中与君心莫逆。

迴山转海不作难，倾情倒意无所惜。

我向淮南攀桂枝，君留洛北愁梦思。

不忍别，还相随。

　　　　　　　——李白《忆旧游寄谯郡元参军》

　　在洛阳长大的杜甫，由于深受儒教家风的影响，忧国忧民意识深重，对于虚伪浮华的都市生活持反对和厌恶的态度，以至于在一个时期内耻于将洛阳视为故乡。而长期处于羁旅之中的李白，豪爽狂放，很享受在洛阳的诗酒生活。对道教显示浓厚兴趣的李白，暂居洛阳期间，多次出入嵩山访道问友，与朋友意气相投。

　　对于李白来说，安史之乱前的长安意味着入世的王权和仕途，而洛阳更像一个远离政治旋涡的出世的所在，可以与好友谈诗论道、纵情山水。大部分人对李白的印象如同吉川幸次郎所说的，"李白与杜甫的诗相反，忙着歌颂人间的快乐"。但这样的判断，一定是忽略了李白安史之乱后的作品。

　　时时憧憬得道升仙的李白，洒脱不羁的表象之下，其实是强烈的侠义之情和爱国之心。李白将其五十九首诗自命为《古风》时，就已经显示出其欲一扫当时世上安逸沉滞，重振建安雄风之意，如小川环树所指出的那样，"他把这个责任加在自己身上，具有强烈的使命感"。李白晚年的诗作中，难得再见到早期的飘逸洒脱，取而代之的是对现实的沉重描写和悲愤之情。诗人经历了怎样的心路历程才导致这样的变化还有待深究，但"洛阳"无疑是一个带有重要线索的关键词。

755年，五十五岁的李白听到洛阳陷落的消息应该是无比震惊的。战乱期间，洛阳作为各方势力武力夺取的目标，经历了数次激烈的争夺战，直到李白临终前一个月，还被史思明之子占据着。自安史之乱开始，这个城市在李白心中的形象产生了剧烈转变，从充满友情的繁华享乐之地变成了他要捍卫的"国"的象征。

洛阳在失陷的几年当中，频频出现在李白的诗作中。胡人军队横行霸道的肆虐，离乱中庶民的悲惨生活，以及诗人对此的愤懑，都被鲜明地记录下来。李白的晚年辗转凄苦，但他不再安逸地寻仙问道，而是为收复失地奔波呼号，长安和洛阳始终是他最大的牵挂。

> 双鹅飞洛阳，五马渡江徼。
>
> 何意上东门，胡雏更长啸。
>
> 中原走豺虎，烈火焚宗庙。
>
> 太白昼经天，颓阳掩余照。
>
> 王城皆荡覆，世路成奔峭。
>
> 四海望长安，颦眉寡西笑。
>
> ——李白《经乱后将避地剡中留赠崔宣城》

此诗作于天宝十五载（756）春，是洛阳刚被安禄山所占之际。开篇四句就集中用了三个典故写安史之乱的征兆，而每个典故都与洛阳相关。"双鹅飞洛阳"一句源于《晋书·五行志中》，晋怀帝永嘉元年（307）二月，传说地处洛阳东北的步广里突然发生地陷，有黑白两只鹅飞出，白者飞入天，黑者止于其处。识相者认为黑乃胡族之象，是胡兵入中原的征兆，后刘元海、石勒相继作乱。

"五马渡江徼"源于西晋太安时流传的一首童谣："五马游渡江，

一马化为龙。"此后不久就天下大乱，琅琊、汝南、西阳、南顿、彭城五王都离开中原来到江东，其中的琅琊王元帝嗣统。

"何意上东门，胡雏更长啸"中的典故见录于《晋书·石勒载记》。羯族人石勒十四岁时"随邑人行贩洛阳，倚啸上东门。王衍见而异之，顾谓左右曰：'向者胡雏，吾观其声视有奇志，恐将为天下之患。'"，李白在这里是借后赵明帝石勒比喻安禄山。

这三个历史典故都借魏晋时的五胡乱华指代同为胡族的安禄山叛乱。如狼似虎的叛军，践踏了中原大地，焚烧了历代帝王的祀庙，在光天化日之下大肆杀戮，使夕阳也收敛了它的余晖。号称帝王之城的洛阳已被攻陷，整个世道变得像险峻的山势那样不可预测。天下人西望长安，都愁眉不展。

以往李白的诗歌多带有强烈的浪漫主义色彩，豪迈洒脱、飘逸脱俗，很少对客观事物和具体事件做细致的描述。可是李白晚年在描写洛阳的作品中，总是较多地加入写实性笔法，真实描述当时战火连天、哀鸿遍地的景象，读来惊心动魄。

> 朝作猛虎行，暮作猛虎吟。
>
> 肠断非关陇头水，泪下不为雍门琴。
>
> 旌旗缤纷两河道，战鼓惊山欲倾倒。
>
> 秦人半作燕地囚，胡马翻衔洛阳草。
>
> 一输一失关下兵，朝降夕叛幽蓟城。
>
> 巨鳌未斩海水动，鱼龙奔走安得宁。
>
> ——李白《猛虎行》

李白因避安史之乱，离开宣城南赴剡中，途中遇到书法家张旭，作此诗以赠。诗中叙述安禄山攻占东都洛阳、劫掠中原的暴行，以及诗人眼见河山破碎忧心如焚的悲愤。愁肠泪雨，不是陇头水的悲鸣，亦非雍门琴的悲声，而是因为河南河北两地战火遍地燃烧，一半的秦地人被安禄山叛军俘虏，胡马在啃吃洛阳的草地。战局变幻，守军朝降夕叛，就如同巨鳌未斩，海水动荡，鱼龙奔走不得安宁。

朝廷没有有效平息叛乱的措施，局势不断恶化。空有济天下、救苍生豪情的诗人，怀着拯百姓于水火的远大抱负，现实中却看不到实现抱负的途径，只能眼睁睁地看中原天下被胡兵铁蹄蹂躏。他此时的心情复杂而矛盾，面对生灵涂炭、社稷危亡，不可能继续保持曾经的超然，以至于元代萧士赟怀疑这个时期的李白诗可能多为伪作。幸而经清代王琦多方考证，又确认为李白作品，由此可见安禄山的叛乱对李白的震动之大。

> 西上莲花山，迢迢见明星。
> 素手把芙蓉，虚步蹑太清。
> 霓裳曳广带，飘拂升天行。
> 邀我登云台，高揖卫叔卿。
> 恍恍与之去，驾鸿凌紫冥。
> 俯视洛阳川，茫茫走胡兵。
> 流血涂野草，豺狼尽冠缨。

——李白《古风》（其十九）

这一首用游仙体写的古诗也作于安禄山攻破洛阳以后，同样引起研究者的争论，争论的焦点在于当时李白的位置。诗人在想象中登上西岳华山的最高峰莲花峰，远远看见了明星仙女，来到一个优雅缥缈的神话世界。正当诗人恍惚间飞翔在空中时，低头看到洛阳一带被胡兵占据，人民惨遭屠戮，血流遍野，逆臣安禄山及其部属却衣冠簪缨，坐了朝廷。战乱的惨象惊破神仙幻境，浪漫逍遥的仙境与污秽血腥的人间形成强烈反差，也体现了诗人出世和入世思想的矛盾。

萧士赟注提出："此诗似乎记实之作，岂禄山入洛阳之时，太白适在云台观乎？"朱谏注认为此时李白在庐山隐居；览久美子认为当时李白在逃往南方避难的途中；郭沫若在《李白与杜甫》中考证《奔亡道中五首》，认为李白当时在洛阳周边，亲身体验了安史之乱。郁贤皓在《李白选集》中赞同郭沫若的结论，认为"疑安史乱起时，李白正在梁苑（今河南商丘）至洛阳一带，目睹洛阳沦陷，乃西奔入函谷关，上华山。此诗为天宝十五载春初在华山作"。①

本节重点不在考证，更关心安史之乱对李白思想、诗风，甚至人生轨迹的影响。在安史之乱发生的十年前，正值唐朝鼎盛，李白入长安，在玄宗身边担任起草文书的翰林供奉。他自由不羁的性格终究不适合宫廷和官场，远大抱负不得施展。对政治现状深感绝望的李白，不得不离开长安，开始游历天下。这个时期的李白诗中充满宏阔的想象，既有纵横天下的豪情，又有恣情山水的洒脱，还有求仙问道的飘逸。我们可以理解为，在李白的心中一直是有两种相反的情绪并存的，出将入相、一展宏图的伟大抱负和及时享乐人间、超凡脱俗的神仙道教情结。只不过，在长安仕途受挫，使他暂时断绝了辅佐天子实现政治理想的念头，转向寄情山水，明显表现出对隐遁修行生活的向往。

然而突如其来的安史之乱打破了这种平静，再次引发他思想中以天下为己任的一面，忧国忧民之心战胜了及时行乐与求仙修道之心。因此，在乱世中，李白反而放弃以往超然世外的态度，选择了积极投身时事，甚至参与到政治中去。

函谷如玉关，几时可生还？
洛川为易水，嵩岳是燕山。

——李白《奔亡道中五首》之四

① 郁贤皓：《天上谪仙人的秘密》，台湾商务印书馆，1997，第65页。

洛阳三月飞胡沙，洛阳城中人怨嗟。

天津流水波赤血，白骨相撑如乱麻。

——李白《扶风豪士歌》

洛阳反复出现在李白晚年的诗作中，有时单独出现，有时与长安并列，但每次提到洛阳几乎都必然伴随着"胡"字。安禄山范阳起兵，以迅雷之速占领太原、巨鹿等重要城镇，仅一个月时间就攻陷了东都洛阳。这已经令人震惊了，最出人意料的是，当初打着清君侧名号起兵的安禄山，一入洛阳便即帝位，定国号大燕，自命年号圣武。

尽管安禄山随后又攻下长安，却没有派兵进攻四川和江南的意思，继续以洛阳为都，把长安的府库、兵甲、文物、图书，以及后宫的美人、曾为玄宗和杨贵妃演奏《清平调》的梨园弟子，甚至饲养在御苑中的珍兽统统迁往洛阳，俨然一副改朝换代、要长期盘踞中原的势头。

这一点正是李白最不能容忍的地方。以前不甚留意的、关于洛阳的种种历史文化内涵与象征意义都突然变得鲜明起来，使他对洛阳的认识产生巨大变化。对他来说，洛阳不再仅是曾经留下朋友情谊的繁华游乐之都，而是代表华夏正统的具有悠久历史和象征意义之处。这样一个地方被那些野蛮胡族任意践踏，怎么能容忍呢？

李白少年时开始仗剑远游，具有笑傲天下的恢宏气度，并不排斥胡人。"落花踏尽游何处？笑入胡姬酒肆中"（《少年行三首》其二）、"细雨春风花落时，挥鞭直就胡姬饮"（《白鼻騧》）等诗句，甚至体现了对胡姬的欣赏和好感。然而，那是大唐国力强盛的时代，是拥有文化自信的表现。安禄山占领洛阳并且称帝，意味着现实中唐王朝的"国破"，同时也意味着华夏文明被颠覆和否定，这对李白是一个重大的精神打击，完全改变了他对"胡"的态度。

在李白豪放洒脱、浪漫自由的情感深处，是强烈的自尊心。这种自尊是以强大的自信为基础，也是唐代知识分子的普遍特征和风貌。万国来朝的大唐盛世带来文化和艺术的极盛，让士人引以为豪的同时，也造就了海纳百川的雍容心态。只是安史之乱如一声惊雷，无情地击碎了这份骄傲，迫使他们直面国家与民族存亡的危机。尖锐的民族矛盾和悲惨的现实迫使士人们重新审视自己的文化身份，在排斥"胡"的同时，开始有意识地强调自己"汉"的文化认同。

李白这个时期的作品不厌其烦地强调洛阳被胡人占领的事实，也可以理解为爱国心切的真情流露。一向以大唐文化自负的李白，昔日的豪迈化为一腔孤愤，发誓要肃清胡虏、清扫河洛。这成为诗人余生的夙愿，包括晚年进入永王幕府应该也是出于此心。

长期以来，"李白从璘"一直是个政治污点而被后人诟病，李白本人也因此而入狱，被流放夜郎等地。包括田中克己在内的众多学者都认为，李白与永王的谋反野心没有任何关系，只是那个时期永王为讨伐安禄山而招募军中将领，他作为幕僚的一员加入而已。李白开始写起讨伐叛军的檄文，开始为安抚军中的情绪、鼓舞将士士气而作诗。虽然当时的檄文并未流传下来，但《永王东巡歌》十一首等无疑都是在这种情况下写的。

> 二帝巡游俱未回，
> 五陵松柏使人哀。
> 诸侯不救河南地，
> 更喜贤王远道来。
>
> ——李白《永王东巡歌》

这种简单直白的表述方式在李白以往的作品中极少出现。"天子呼来不上船"的诗仙不再洒脱放浪，反而变得比任何时候都关心时事，甚至显得世俗和卑微。皇帝、上皇两位都出去巡游未归，皇陵的松柏也看起来让人神伤。他为各位诸侯都不来平定叛乱、没有解救河南（洛阳）之意而苦闷，因此看到贤明的君王自远处而来便欣喜欲狂。一句"诸侯不救河南地"，平实的词句中暗藏无限的失望和愤懑，还有对自己的无能为力的自责和无奈。可以想象，此时的诗人对于永王能够镇压叛军、收复河南是怀着何等的期待。李白很可能就是怀着这种单纯的急于破敌立功的心情追随了永王李璘。

他寄希望于永王，完全不顾自己年近六十的高龄，甚至自己也做好了亲自上场作战的准备。因而《在水军宴赠幕府诸侍御》写下"胡沙惊北海，电扫洛阳川""愿与四座公，静谈金匮篇。齐心戴朝恩，不惜微躯捐"的诗句，对收复洛阳表现出迫切的热情。

洛阳在李白心目中已成为"国"的象征，这个"国"既意味着大唐国土，也意味着汉人心目中的华夏文明。为了捍卫心中的国，他时刻关注洛阳，不再是千金散尽、仰天大笑的浪漫诗人，成了真正为国为民的侠之大者。

战乱中为了让孩子逃生，拜托姓武的门人护送妻儿到安全的地方，在与骨肉生离死别之际叹息"狄犬吠清洛，天津成塞垣"（《赠武十七谔》）；为了避难不得不向北逃难，沿着太行山行进时，感慨"奔鲸夹黄河，凿齿屯洛阳。前行无归日，返顾思旧乡"（《北上行》）；即使在奔逃流亡途中也心怀天下、不改其志，"欃枪扫河洛，直割鸿沟半""过江誓流水，志在清中原"（《南奔书怀》）。李白这个时期的几乎所有作品都离不开这个沉重的话题。

> 胡马渡洛水，血流征战场。
> 千门闭秋景，万姓危朝霜。
>
> ——李白《狱中上崔相涣》
>
> 胡骄马惊沙尘起，胡雏饮马天津水。
>
> ——李白《江夏赠韦南陵冰》

想像晋末时，崩腾胡尘起。

衣冠陷锋镝，戎虏盈朝市

石勒窥神州，刘聪劫天子

抚剑夜吟啸，雄心日千里

誓欲斩鲸鲵，澄清洛阳水。

——李白《赠张相镐二首》

以上这一连串诗作都是李白在狱中或逃亡、流放中写下的，无不给人以沉重压抑之感。李白晚年过的是穷困凄惨的生活，但是比起眼前的困顿，他似乎更关心的是天下的归属，特别是洛阳。即使在因反叛罪名入狱时，李白仍然写诗表达对胡人的马匹涉过洛河，喝了天津桥下的水，惊起了洛阳尘沙的愤慨。从年龄来说，此时他已是知天命之年，仍然壮怀激烈，立下誓言要杀敌驱寇，重整洛阳。

几经周折，好不容易从流放地被赦免，李白作《流夜郎半道承恩放还兼欣克复之美书怀示息秀才》没有忘记提到洛阳；757 年，一听说收复洛阳，他立刻喜作"旋收洛阳宫"。可惜才不过两年，759年史思明又称大燕皇帝，洛阳再次被攻陷。直到 761 年，李光弼在洛阳以北与叛军展开艰苦卓绝的战斗，无奈仍是大败。此时在金陵靠人接济度日的李白，依然壮怀激烈地发誓要收复洛阳。甚至在六十一岁的高龄时，要自荐加入李光弼的幕府。可见这个地方对于李白来说已经超越了普通地域，作为一种家国的象征在诗人的情怀中存在。收复洛阳几乎已经成了李白晚年的执念，直至在赶往李光弼幕府的途中病倒，李白才被迫返回。令人感叹的是，第二年十月洛阳终于被唐军收复，诗人在一个月后病逝，李白临终时是否得知这一消息已经无从考证了。

"李杜诗篇万古传"，以上通过出生于盛唐时期、被列为中国最伟大的两位诗人的洛阳书写，分析了安史之乱前后洛阳形象的变化。在洛阳周边出生、市内成长的杜甫，曾经讨厌洛阳喧闹奢华、追求名利的都市性格。为了与这种势利的风俗划清界限，故意不把洛阳当作故乡，一再强调自己是"客"。而客居洛阳的李白很享受此处的繁华喧嚣，把这里当作可以与朋友饮酒作乐、纵情诗酒之地。安史之乱骤然打破了社会的平静，李杜对洛阳的认识也各自发生重大转变——洛阳成为杜甫心中的"家"、李白心中的"国"。以李杜诗篇为代表，洛阳这个城市在安史之乱后，承载了鲜明的家国意识。

文化认同感并不是产生于内部，而是在与周边的关系中自然形成的。不同于普通地域，洛阳以往一直处于汉文化的中心位置，有着悠久的历史和象征意义，这样的地方被少数民族侵占并建立新的政权，极大地刺激了唐朝士人的情感。和平时期并没有特别在意的文化身份，随着家、国的丧失而变得格外重要，洛阳作为一个载体，寄托了士人的文化认同，包含了对往昔的怀念和对现实的愤慨。李杜诗篇广泛传唱，无疑放大了把洛阳作为"家"的缠绵思念和作为"国"的壮怀激烈，在此后相当长的时期内影响深远，使洛阳文化原乡的地位得以确立。

从"文化乡愁"到"归心之地"

实际上不局限于李杜诗篇，在同时代其他诗人的笔下，涉及安史之乱的诗句中，洛阳也总是伴随着"胡"字出现。可见当时的人们对于安禄山、史思明等的少数民族身份十分在意，也就是说，叛军与唐王朝的对立，在很大程度上也被人们理解为"胡"与"汉"的对立。

早在汉末到魏晋南北朝时期的漫长时间里，少数民族的元素与宗教就已经融入汉文化与汉族人的生活中来了。这些与汉民族固有的文化元素交织融合，共同构筑起隋唐时代的文化基础。"胡乐""胡姬"

等少数民族元素大量流入，人们并没有对此流露出特别的反感与排斥，胡风甚至一度在大众中流行。李白的《少年行》中"落花踏尽游何处？笑入胡姬酒肆中"的句子，被广为流传和喜爱，说明唐代初期，整个社会对其他民族和文化持有宽容和接纳的态度，也间接反映当时人们对唐王朝国家和国力的自信。

但是，安史之乱对社会造成严重破坏，给百姓带来深重灾难，彻底改变了这种包容式的胡汉意识。特别是洛阳，战时始终是安禄山、唐军、史思明的争夺对象，受害最甚。最终借用回纥、吐蕃等胡人的力量才平复洛阳的战乱，但这也给这座城市再次带来伤害，《旧唐书》卷一九五记载："及收东京，回纥遂入府库收财帛，于市井村坊剽掠三日而止。"无论是发动叛乱的胡兵，还是平复叛乱的胡兵，都意味着教化所不及的"野蛮"，对于当时的中国人来说都是灾难。汉民族对胡人的不信任和怨恨急剧增强，即使在动乱平定之后，人们在很长一段时期里都在思考和反省，急迫地寻求"汉"文化身份的认同。

（一）"汉""胡"的对立意识

以安史之乱为转折点，唐朝士人对"胡族"的态度出现显著变化。《新唐书》卷二四载："开元中……士女衣胡服，其后安禄山反，当时以为服妖之应。"曾经开元盛世流行的穿少数民族衣服之风，在安禄山反叛之后，被当作招致亡国报应的行为，可见民风转变之大。中、晚唐，人们不仅不再喜欢胡族的文化，还把唐初对少数民族文化的宽容接纳当作批判的对象进行讽刺。

> 天宝欲末胡欲乱，胡人献女能胡旋。
>
> 旋得明王不觉迷，妖胡奄到长生殿。
>
> ——元稹《和李校书新题乐府十二首　胡旋女》

禄山胡旋迷君眼，兵过黄河疑未反。

贵妃胡旋惑君心，死弃马嵬念更深。

————白居易《胡旋女》

以上诗文虽是节选，但将安史之乱的原因归结于胡风盛行的主旨是显而易见的。魏晋南北朝文化融合的大趋势持续到初唐、盛唐。安史之乱之后，重新出现了排斥异文化、尊崇汉文化的倾向。正如吉川幸次郎所言，"是周边民族的武力，令人们对快要失去兴趣的古诗与古文文学重新燃起热情"①。韩愈、柳宗元等人提倡的"复古"获得社会的广泛支持，表面上是一场提倡学古文、习古道的文学革命，实际上兼有思想运动和社会运动的性质。陈寅恪对于唐的古文运动，指出：

> 唐代古文运动一事，实由安史之乱及藩镇割据之局面引起。安史为西胡杂种，藩镇又是胡族或胡化之汉人，故当时特出之文士自觉或不自觉，其意识中无不具有远则周之四夷交侵，近则晋之五胡乱华之印象，"尊王攘夷"所以为古文运动中心之思想也。②

诚如此言，安史之乱的刺激使唐代士人在潜意识里以排斥蛮夷、复兴华夏正统文化为己任。在这个时代背景下，"胡""汉"冲突始终最为激烈的洛阳便有了特殊的意味。作为汉文化继承者的诗人们，在安史之乱的战火中异常强烈地感受到以往被忽视的民族认同、文化认同，诗文中大量使用"胡"字，实际上是有意识地在强调自己的"汉"的文化属性。

---

① 吉川幸次郎『中国文学入門』講談社、1976、96頁。

② 陈寅恪：《论韩愈》，《历史研究》1954年第2期。

（二）洛城复兴与汉文化元素的强化

洛阳在安史之乱以后，由于藩兵的驻扎和各藩镇的叛乱，仍然战乱持续，不得安宁。孟郊的"乱后故乡宅，多为行路尘"（《答卢虔故园见寄》）、白居易的"洛阳离乱年。烟尘三川上"（《忆洛下故园》）等，都记录了这座城市的荒废与世人的离苦，同时也体现出即使城市残破，士人对洛阳牵挂不改的情结。

洛阳特殊的文化地位是人心所系的原因。830 年前后，这座古城终于又恢复了往昔的风采。《文苑英华》卷四四、《唐文粹》等收录的唐代李庚的《两都赋》，描写了洛城复兴后的景象。妹尾达彦也指出，安史之乱后的洛阳，虽然政治地位不如从前，但受到商业经济兴起的影响，成为连接全国商贸的一个重要节点。战乱后历经七十年，洛阳再次成为文人聚居之地。

这些文化名人的原籍各不相同，却都喜欢定居洛阳，很多官宦即使在长安任职，也要在洛建居，定期往来于两京之间。《唐两京城坊考》详细记录了当时名人的故居（见表 4）。文化士人们在洛阳聚居交游，往来酬和，留下大量以洛阳为背景或对象的文学作品。寺尾刚论述中国文学与土地的关系时认为，"从诗经时代开始，作品就按地域区分，中国文学的特色之一就是作者对土地的意识格外强。中国古典诗歌进入唐代以后，与土地的关系也迅速深入。以唐代诗人为例，土地的印象在有意识和无意识之间被典型化、固定化，并且在创作时被不断延续、加强"[1]。白居易、刘禹锡、元稹等人在洛阳期间交往和唱和，在洛阳的文化意象中加入了诗意风雅的元素，使洛阳的文化乡愁意向愈加浓郁。

---

[1] 寺尾剛「李白における安陸・南陽・襄陽の意義—土地謳歌の手法を巡って」『愛知淑徳大学現代社会学部論集』第 4 号、157 – 160 頁。

1. 白居易的洛阳情结

与白居易相关的研究持续走热，先行研究硕果丰富，其中一项课题就是白居易对洛阳的"情结"。情结（complex）是一个心理学术语，用于土地和环境时常常指对家乡或者充满回忆之地的爱或怀念，原本最直接的意思是深藏心底的感情，是精神分析学派的一个主要概念。近年来这个概念被用于分析和解读作者对创作地或对象的情感，白居易一生对洛阳这个地方的偏爱可以被称为"洛阳情结"。

白居易中年时辗转多个地方，在长安、杭州等多处长期居留。白居易是能力出色、勤政务实的官员，同时也是善于发现环境之美、懂得享受生活的诗人，不管境遇如何，几乎在每个地方都能悠然自乐。尽管白居易在各地都留下无数诗篇，唯有洛阳是他穷极一生都作为故乡感怀和歌咏的，这份特别的眷恋始终不变。

白居易晚年定居洛阳并写下大量作品是众所周知的，但很少有人知道，其实在青少年时代他与洛阳就有联系了。根据白氏家谱记载，白家从白居易曾祖时代就在东都洛阳拥有房产，其祖父曾担任洛阳县主簿。白居易出生于新郑，青少年时代曾经居住于洛阳毓才里的宅子里，这在诗人作品中也多有反映。《伤远行赋》中，回忆799年兄长让二十七岁的白居易"负米还乡"，他感慨归路漫长说："出郊野兮愁予，夫何道路之茫茫。茫茫兮二千五百里，自鄱阳而归洛阳。"《伤友》中同情好友的遭遇，回忆读书时的亲密："昔年洛阳社，贫贱相提携。"

> 白雪楼中一望乡，青山蔟蔟水茫茫。
> 朝来渡口逢京使，说道烟尘近洛阳。
>
> ——白居易《登郢州白雪楼》

浔阳迁谪地，洛阳离乱年。

烟尘三川上，炎瘴九江边。

乡心坐如此，秋风仍飒然。

——白居易《忆洛下故园　时淮汝寇戎未灭》

以上两首诗是中年白居易被贬谪时期的作品。与李白的飘逸如岚和杜甫的沉郁如潭不同，白居易更习惯用平易的语言呈现感情。白居易的诗作几乎遍及他接触过的所有事物，辞句质朴，表达直率，鲜明表达对身边友人家人、自然中一枝一叶的关爱与珍重。其中，对洛阳的感情，既有青少年时期的回忆，也有中年漂泊时的怀念，更多的是老年定居洛阳以后渗透到日常生活点滴的欣然。

人老何所乐，乐在归乡国。

我归故园来，九度逢寒食。

——白居易《寒食》

白居易五十八岁时辞去长安的官职，回到洛阳，过起有事时去官府、无事时就休息的"半官半隐"的生活。这首非常平实的日常之作写于白居易定居洛阳第九年的寒食。经历官场浮沉的白居易，终于回归到日夜怀念的故乡，看似平淡无奇的语言中暗藏着心满意足的释然，质朴与安逸之情扑面而来。

水暖鱼多似南国，人稀尘少胜西京。

洛中佳境应无限，若欲谙知问老兄。

——白居易《和敏中洛下即事》

从数量众多的诗作中随意选一首，都很能表现诗人在洛期间怡然平和的心境。这些诗多是日常生活中随手、随口所作，未必有多高的文学价值和多大的影响力，可是正因为不经雕琢的日常性，才得以全方位地展现了诗人的生活和点滴心境。白居易以优异的成绩通过严格残酷的科举考试而出仕，本是精英阶级的最上层，却始终把目光放在最下层的平民身上。在身份等级分明的时代，能做到所谓的"老妪能解"，也是出于一种善良的天性吧。他以平民百姓的视角进行创作，至今看来依然是一种难能可贵的精神。

洛阳能够成为白居易愿意终生依恋和维护的地方，不仅仅因为它是诗人少年时代的家乡，更多的还在于诗人对洛阳所附带的文化内涵有深深的认同。经过安史之乱，"归心之地"作为隋唐时期洛阳的文化表象逐渐形成和确立，换言之，洛阳拥有可以唤起华夏士人文化归属感的特质，从而让人产生乡愁。

> 水波文袄造新成，绫软绵匀温复轻。
> 晨兴好拥向阳坐，晚出宜披踏雪行。
> 鹤氅毳疏无实事，木棉花冷得虚名。
> 宴安往往叹侵夜，卧稳昏昏睡到明。
> 百姓多寒无可救，一身独暖亦何情！
> 心中为念农桑苦，耳里如闻饥冻声。
> 争得大裘长万丈，与君都盖洛阳城！
>
> ——白居易《新制绫袄成，感而有咏》

这首诗是白居易六十岁任河南尹时所作。曾经深刻揭露时弊、写过富有现实主义精神的《卖炭翁》的白居易，晚年常被很多人指责为只顾享受自己闲适的"露饱蝉声懒"的生活，不再同情人民的疾苦。事实上，尽管仕途上的多次挫折在一定程度上的确磨灭了白居易青壮年时代的锐气，但他关心百姓疾苦的人道主义思想始终未泯。这首《新制绫袄成，感而有咏》中，新制一件提花软缎棉袄，自己满意的同时想到受苦的寒民，发出"争得大裘长万丈，与君都盖洛阳城"之叹，与杜甫《茅屋为秋风所破歌》中的"安得广厦千万间，大庇天下寒士俱欢颜"异曲同工。

根据白居易的遗愿，他没有被埋于白氏一族世代相承的祖坟中，而是一个人永眠在龙门香山琵琶峰上。比起"天边老人归未得，日暮东临大江哭"的杜甫，比起恨不能"誓欲斩鲸鲵，澄清洛阳水"的李白，埋在城东日夜守望这座古城的白居易是幸福的。

2. 名士的风雅生活

前文已述，唐诗中的洛阳意象包括王权帝都、繁华都市、乡愁之地等，安史之乱后通过李杜诗篇赋予的家国意识，形成"归心之地"的文化表象。这种文化乡愁也引起中晚唐士人的共鸣，文人雅士长期聚居于洛城成为一种传统延续下去。以白居易为首的名士，成为天下争相模仿的典范，再次加强了文化乡愁的社会效应。

中晚唐的东都洛阳与政治中心保持一定距离，皇帝也甚少临幸，政务相对轻松，少有血雨腥风的宫廷斗争，成为官宦士人安家置业的首选之地。根据《唐两京城坊考》《两京新记》等统计，洛南里坊区私家宅园约148处，大小不同，景色各异。此外，洛南里坊区土地肥沃，水域丰盈，易于作物生长，官方药园、动植物御园常设置于此以方便生产与游赏。太常寺药园位于宜人坊，其规模占半个里坊；静仁坊官药园规模亦10余公顷；宜人坊师子园为当时皇家动物园；宽政坊榆柳园初为隋炀帝御园，多植榆柳，唐时仍为皇家御园。①

---

① 马娜：《隋唐洛阳城洛南里坊区遗址保护研究》，硕士学位论文，华侨大学，2007。

表4　唐代聚居于洛阳的名士居所

人物	居所	相关诗文
张嘉贞	思顺坊	其居第亭馆之丽,甲于洛城
孟郊	立德坊	立德坊新居诗
元稹	履信坊	微之履信新居多水竹
刘禹锡	洛滨坊	洛滨病卧,户部李侍郎见惠药物,谑以文星之句,斐然仰酬
白居易	履道坊	白氏履道里,宅有池水可泛舟
李绅	宣教坊	廉察东洛,初到洛阳,寓居宣教里
杜甫	建春门仁风里陆浑庄	归河南陆浑庄忆弟
李贺	仁和里	仁和里杂叙皇甫湜
韩愈	潩毂	我家本潩毂,有地介皋巩
王维	洛阳东北郊外	朝因折杨柳,相见洛阳隅
刘太白	从善坊	洛阳大底居人少,从善坊西最寂寥
牛僧孺	归仁园	筑第于归仁园,任淮南时,嘉本怪石置之阶厅,馆宇清华,木竹幽邃
裴度	绿野堂	午桥作别墅,具燠馆凉台,号绿野堂,激波其下
李德裕	平泉庄	东都于伊阙南置平泉别墅,清流翠篠,树石幽奇

　　表4为笔者统计制作,并不全面。文人名士长期聚居洛阳,内有悠然的心境,外有如画的风景,还有优裕的经济条件和闲暇的时间。所谓"欣然得三友,三友者为谁? 琴罢辄举酒,酒罢辄吟诗"(白居易《北窗三友》),诗、酒、琴是洛阳文人名士生活和交往中必不可少的元素。每逢大的节日或盛典,官员文士们必然有大规模的聚会活动。如唐开成二年(837)三月三日洛水之畔,白居易与刘禹锡等十五位名士参加被禊习俗。可能是时间充裕的缘故,白居易可以从容地在诗前加上冗长的序文来详细说明作诗的时间、地点、场面、由来等等,这对于考察当时的社会民俗是极好的材料。

　　　　开成二年三月三日,河南尹李待价以人和岁稔,将禊于洛

滨。前一日，启留守裴令公。令公明日召太子少傅白居易、太子
宾客萧籍、李仍叔、刘禹锡、前中书舍人郑居中、国子司业裴
恽、河南少尹李道枢、仓部郎中崔晋、司封员外郎张可续、驾部
员外郎卢言、虞部员外郎苗愔、和州刺史裴俦、淄州刺史裴洽、
检校礼部员外郎杨鲁士、四门博士谈弘谟等一十五人，合宴于舟
中。由斗亭历魏堤，抵津桥，登临溯沿。自晨及暮，簪组交映，
歌笑间发。前水嬉而后妓乐，左笔砚而右壶觞，望之若仙，观者
如堵。尽风光之赏，极游泛之娱。美景良辰，赏心乐事，尽得于
今日矣。若不记录，谓洛无人，晋公首赋一章，铿然玉振，顾谓
四座继而和之，居易举酒抽毫，奉十二韵以献。

> 三月草萋萋，黄莺歌又啼。柳桥晴有絮，沙路润无泥。
> 禊事修初半，游人到欲齐。金钿耀桃李，丝管骇凫鹥。
> 转岸回船尾，临流簇马蹄。闹翻扬子渡，蹋破魏王堤。
> 妓接谢公宴，诗陪荀令题。舟同李膺泛，醴为穆生携。
> 水引春心荡，花牵醉眼迷。尘街从鼓动，烟树任鸦栖。
> 舞急红腰软，歌迟翠黛低。夜归何用烛，新月凤楼西。
>
> ——白居易《三月三日祓洛滨并序》

此文详细记录了游船上设宴席，有艺伎相伴以歌舞乐曲助兴，水
上游览魏堤、天津桥等名胜，从早晨至深夜。名士们"歌笑间发。
前水嬉而后妓乐，左笔砚而右壶觞，望之若仙"，的确是"美景良
辰，赏心乐事，尽得于今日矣"。最有趣的是，明明是诗人自己诗兴
大发，却偏偏借口"若不记录，谓洛无人"，不觉令人莞尔。

文人名士之间的交往酬和，在促进交流的同时，也大大增加了作诗咏
赋的机会。白居易自称"自大和三年春至八年夏，在洛凡五周岁，作诗四
百三十二首，除丧朋哭子十数篇外，其他皆寄怀于酒，或取意于琴，闲适
有余，酬乐不暇"。据白氏后人统计，白居易在洛阳创作的诗、词、赋、偈

语等合计有 1054 首之多①，以流露出"闲适"与"酣乐"的诗作居多。

除了大的节日与时令的聚会，小范围的聚会更是比比皆是。同一时期，在洛阳任职、私生活浸染于文化与艺术中的名人很多。宰相裴度的绿野堂、宰相李德裕的平泉山庄等，都是名士经常雅聚的场所。

> 东都立第于集贤里，筑山穿池，竹木丛萃，有风亭水榭，梯桥架阁，岛屿回环，极都城之胜概。又于午桥创别墅，花木万株，中起凉台暑馆，名曰绿野堂。引甘水贯其中，酾引脉分，映带左右。度视事之隙，与诗人白居易、刘禹锡酣宴终日，高歌放言，以诗酒琴书自乐，当时名士，皆从之游。
>
> ——《旧唐书》卷一七〇《裴度列传》

> 自居守洛川泊布衣家，以宴游召者，亦时时往。每良辰美景，或雪朝月夕，好事者相过，必为之先拂酒罍，次开篋诗，酒既酣，乃自援琴，操宫声，弄《秋思》一遍。若兴发，命家僮调法部丝竹，合奏《霓裳羽衣》一曲。若欢甚，又命小妓歌《杨柳枝》新词十数章。放情自娱，酩酊而后已。往往乘兴，屦及邻，杖于乡，骑游都邑，肩舁适野。舁中置一琴一枕，陶、谢诗数卷，舁竿左右悬双酒壶，寻水望山，率情便去，抱琴引酌，兴尽而返。
>
> ——白居易《醉吟先生传》

四季分明、风光明媚的洛阳，春天风和日暖、桃李竞放，秋天天清气明、山青叶红，正好为诗人们提供饮酒作诗的环境和素材。大家终日游宴，诗人名士之间竞相作诗，互相唱和的习惯已经渗透到社交生活中。互相切磋使得洛阳的文学与艺术气氛日益浓厚，留下大量当

---

① 这个数字来自白高来《白居易洛中诗编年集》（白山出版社，2009）。依据那波道圆活字本《白氏文集》统计的话，被认为是白居易在洛阳履道里筑宅之后创作的诗作共有约 1800 首。

时一流文人的作品。对此，刘禹锡这样描述：

> 华林霜叶红霞晚，伊水晴光碧玉秋。
> 更接东山文酒会，始知江左未风流。
>
> ——刘禹锡《自左冯归洛下酬乐天兼呈裴令公》

对着如画的风景，意气相投的挚友们以文会友，是何等的畅快与惬意！刘禹锡笔下充满豪情的"始知江左未风流"一句，既说明当时文人墨客在洛以文会友的笔会水准之高，也体现了诗人对洛阳文化中心地位的自负。

名士相邻而居、择期相聚，他们交往的趣闻轶事、互相之间的品评与鉴赏都成为佳话，广为流传，为洛阳营造出诗意的形象，成为引领全国风雅的象征。即使这些士人后来因公不得不远离洛阳，也彼此牵挂，留下不少佳句怀念在洛阳的时光和风物人情。

> 悠悠洛阳梦，郁郁灞陵树。
> 落日正西归，逢君又东去。
>
> ——元稹《西还》

> 洛城洛城何日归，故人故人今转稀。
> 莫嗟雪里暂时别，终拟云间相逐飞。
>
> ——刘禹锡《醉答乐天》

> 世间忧喜虽无定，释氏销磨尽有因。
> 同向洛阳闲度日，莫教风景属他人。
>
> ——刘禹锡《秋斋独坐寄乐天兼呈吴方之大夫》

稍后别名"洛阳花"的牡丹在城中广为栽种，更为这座都市增色。明媚宜人的风光，悠闲风雅的氛围，使洛阳成为官员士人安度晚年的首选之地。在有深厚文化传统的洛阳，悠然自得地吟风醉月成了当时士人的最高理想。他们描述洛阳风景和生活的诗作，自然而然地刻画出洛阳优雅的、充满诗情的形象。

值得关注的是，虽然唐代文化总体上被归为贵族文化，但文人名士聚居东都洛阳的风雅生活并不仅仅局限于上流社会，诗书之风开始向下渗透到中层阶级的普通庶民之家。这也得益于当时白居易大力提倡的通俗易懂的文风。这种风格的文字虽然在文学上因过于直白而被讥为"元俗白浅"，但用浅显易懂的语言文字表现日常生活中身边的事物，打破了文化壁垒，让没有机会受教育的下层庶民也能听懂和喜爱诗歌，大大扩展了文化的受众范围。

> 洛阳自古多才子，唯爱春风烂漫游。
> 今到白家诗句出，无人不咏洛阳秋。
>
> ——徐凝《和秋游洛阳》

这是一首语气很家常，内容却有意思的诗。佐藤保认为，"提起洛阳之所以会有春花烂漫的都城大道这样的印象，很大程度上是因为以刘希夷为首的唐代诗人作品"①。同样的，洛阳和秋风的组合引发思乡之情也是一种文化传统。然而，这首诗说，白居易描写秋天的诗出来以后，人们开始留意并欣赏洛阳的美丽秋景，争相作诗吟诵了。

白居易有很多描写洛阳秋天的诗，不知具体所指哪首。笔者觉得与徐凝的诗句最相呼应的是《秋游》。白居易感叹伊水秋天的景色不逊于春天，古今诗句极少提及洛阳之秋而只赞美洛阳之春是不公平的。徐凝的这首仿佛隔着时空与白居易唱和，告知白公现在的人们也开始爱上洛阳之秋并竞相歌咏赞美。

---

① 佐藤保『漢詩のイメージ』大修館書店、1992、228 頁。

下马闲行伊水头，凉风清景胜春游。

何事古今诗句里，不多说著洛阳秋？

——白居易《秋游》

由此可见，文人名士在洛阳的风雅聚居起到了明星效应，他们的生活方式、审美意识、价值观念、表达方式等引起世间大众的效仿，使诗书之风影响了洛阳的民风民俗。人们对文化名人从最初的向往、敬慕，到后来的模仿、学习。"无人不咏洛阳秋"一句表明，当时的洛阳城中，从上流阶层到庶人百姓，既开始欣赏季节之美，也形成了爱诗、作诗的习惯，深厚的文化底蕴正是这样一点一滴积累起来的。所谓的"洛阳自古多才子"，不仅因为历史上出过苏秦、贾谊等人物，也因为洛阳这个地方本身的文化氛围。

关于洛阳的诗文数量众多，时间跨度极大。总的来说，唐代前期诗文营造出的洛阳形象是繁华、名利、王权的象征，安史之乱前后成为家国天下的象征。到了中晚唐，以白居易为首的名士聚居洛阳，诗酒琴书的生活使这个地方又增加了优雅诗意的形象。洛阳从诞生伊始就不仅限于一个地名、一座城市，它承担有文化使命。随着形势演变、历史变迁，洛阳文化象征意义（即文化表象）在不同时代多重叠加，有并列共存，也有延伸发展，逐渐变得多元。隋唐时期洛阳文化最鲜明的表象就是"归心之地"，更准确地说是体现了华夏正统汉文化的身份认同。

根在河洛

（一）家国意识的延伸

晚唐之后，政权不稳，社会动荡，特别是黄巢之乱给唐王朝带来致命打击。风雨飘零的时局总是会使人重新产生对"家"与"国"的认识和感受。前文已经详细分析过安史之乱时文化人对洛阳认识的改变，白居易等名士聚集于洛阳，加强了洛阳的文化乡愁效应，让人们习惯从对洛阳的文化认同中寻找心灵归属感。而晚唐的动荡再次让洛阳引发的家国意识得到进一步彰显，这个时期的文学作品中明显有把洛阳当作文化原乡的痕迹。

1. 追忆对象

> 洛阳城里春光好，洛阳才子他乡老。
>
> 柳暗魏王堤，此时心转迷。
>
> 桃花春水渌，水上鸳鸯浴。
>
> 凝恨对残晖，忆君君不知。

——韦庄《菩萨蛮》

晚唐诗人韦庄是贵胄子弟，但生逢乱世，经文宗、武宗、宣宗三朝的宦官专权、党派倾轧，亦经历割据之祸、朱温篡唐、王建称帝等一系列打击，不得不避乱江南。他在另一名作中说"人人尽说江南好，游人只合江南老。春水碧于天，画船听雨眠。垆边人似月，皓腕凝霜雪。未老莫还乡，还乡须断肠"，与此曲的怀乡之意殊途同归。对于本为长安子弟的韦庄来说，所谓家国的象征，长安无疑是最合适的，可他却偏要用汉代贾谊的典故，自比为洛阳才子来抒发思乡之情，令人深思。

俞平伯很早就注意到这一点，并做了思考和分析。

> 其实端己此词，表面上看是故乡之思，骨子里说是故国之思。思故乡之题小，宜乎小做；怀故国之题大，宜乎大做。此点明，则上述怀疑可以冰释矣。更进一步说，不仅有故国之思也，

且兼有兴亡治乱之感焉。

——俞平伯《读词偶得》

有意识地把洛阳作为过去王朝的象征，把洛阳当作对太平盛世怀念的对象，这种心态也体现在韦庄的其他作品中。

> 万户千门夕照边，开元时节旧风烟。
> 宫官试马游三市，舞女乘舟上九天。
> 胡骑北来空进主，汉皇西去竟升仙。
> 如今父老偏垂泪，不见承平四十年。

——韦庄《洛阳吟》

千门万户鳞次栉比，宫人官员们乘着威武的骏马在热闹的集市上，舞女们在皇帝的游船上伺候着，好一幅开元盛世的繁荣景象！可是突如其来的叛乱、英主的离世使画风一转，只剩下父老垂泪，哀叹已经四十年没有过上太平日子了。字里行间流露出对当年盛世的无限怀念和感叹。诗人还特意加注写明：“时大驾在蜀，巢寇未平，洛中寓居作七言。”由此可以得知，韦庄曾经居住在洛。比起当时的国都长安，他在作品中似乎更愿意把洛阳作为“家”“国”来怀念。

中尾健一郎认为，韦庄有意识回避长安而写怀念洛阳，是因为“回忆遭到毁灭的故乡长安是一种痛苦，而洛阳能让诗人回想起盛唐时期风光明媚的都市形象，同时又感叹唐朝走向败落”。他还推测，由于唐朝之后长安城逐渐式微，洛阳又因为后来的宋朝而再度复兴，因此“与长安不同，洛阳因为迁都而又逐渐兴盛，伴随着王朝的宏大，而有了更强的吸引力，因此引起士人们更多的意识和关注吧”[1]。

---

[1] 中尾健一郎『古都洛陽と唐宋文人』汲古書院、2012、184－185頁。

· 181 ·

这种想法有一定道理，但笔者还是认为，对于文化士人来说，长安无疑也是家国的象征，有"长安一片月，万户捣衣声"（李白《子夜秋歌》）、"遥怜小儿女，未解忆长安"（杜甫《月夜》）等众多名句。开元盛世的长安，无疑是大唐鼎盛的象征，都市文化中有海纳百川的气质。中西各种文化元素在长安交相辉映，绚烂夺目，有交融、有影响，不再局限于华夏文化的原本格局，生出全新的气象。而洛阳在更早的魏晋南北朝时期，经历了数百年的痛苦而漫长的碰撞、对抗、分裂、共存的过程，有新思想、新民族、新宗教加入并且完成了真正的融合，更加彰显华夏本源的汉文化。其结果是出现了以鲜卑族为代表的宁可以民族完全消失为代价也要义无反顾投入华夏文明的新"汉"人。

例如，写"悠悠洛阳梦"的元稹是北魏宗室鲜卑拓跋部后裔，北魏昭成帝拓跋什翼犍十九世孙；写"洛城洛城何日归"的刘禹锡有可能是匈奴后人①；甚至有人主张白居易的祖先出身于西域龟兹国。考证古人的身世比较复杂，无论他们的祖上到底属于哪个民族，至少我们可以说，到唐朝时这些诗人都已成为汉文化中的精英，他们从心底热爱华夏文化并以此为豪，所以才写下众多怀念洛阳的诗篇。洛阳在气势上不如长安宏伟，但多了几分强调华夏正统的意识和地位的特质，可以提供汉文化的归属感，因此更能引起文化阶层的共鸣。

实际上，在韦庄前后，不少诗人使用这种借洛阳来怀念盛世的笔法进行创作。大多描写兴盛时期洛阳城市繁华面貌，今昔对比，借助洛阳事物追忆当年盛况，在令人失望的现实中担忧家国命运。晚唐诗人常把洛阳作为王朝强盛时期的残梦，其形象常常与大唐全盛期的昌隆相伴出现。诗人们在大唐荣光已逝、威仪不再的末世反

---

① 卞孝萱在 1963 年发表的《刘禹锡年谱》中试图力证唐代诗人刘禹锡是匈奴人。

复描写吟咏洛阳，表面上是对逝去王朝的追忆和缅怀，从深层次上说是对文化原乡的渴求。

> 五凤楼南望洛阳，龙门回合抱苍苍。
> 受朝前殿云霞暖，封岳行宫草木香。
> 四海为家知德盛，二京有宅卜年长。
> 东人犹忆时巡礼，愿觐元和日月光。
>
> ——鲍溶《洛阳春望》
>
> 洛阳官阙当中州，城上峨峨十二楼。……
> 陌上老翁双泪垂，共说武皇巡幸时。
>
> ——张籍《洛阳行》
>
> 春半上阳花满楼，太平天子昔巡游。
>
> ——罗邺《上阳宫》
>
> 连昌绣岭行宫在，玉辇何时父老迎。
>
> ——杜牧《洛阳长句二首》

整体来说，隋唐时期洛阳的政治地位和规模都比不上长安，但天下之中的洛阳，比长安多了一重"汉"文化元素，这是洛阳有别于长安之处。国力强盛之际，举国上下都有海纳百川的威严和自信，但内忧外患、国势飘零，特别是少数民族作乱、颠覆正统时，宇内士人就会不由自主地在心理上产生"非我族类，其心必异"的对立意识，有意去寻找自己的文化归属感。比起长安，洛阳更可以满足他们的文化认同感，这个时期洛阳"归心之地"的文化表象，就是这样建立起来的。

2. 怀古对象

隋唐时期洛阳文化乡愁已成为当时的一种文化风尚，中、晚唐关于洛阳的诗作中有大量的咏史怀古诗也与之有关。

怀古是诗歌的重要主题之一。洛阳这片文化土地所经历的种种岁月旧事，可以说为怀古诗提供了绝好的舞台。四处散落的荒凉孤寂的古迹废园，催生人们内心深处的感慨。时光流转与政局变换，古都盛衰荣枯的周而复始中，裹挟和堆积了无数故事以及与故事相关的人与物。

> 洛阳多旧迹，一日几堪愁。
> 风起林花晚，月明陵树秋。
> 兴亡不可问，自古水东流。
>
> ——许浑《洛阳道中》

古往今来，人们总是通过间接地体验过去的方式重温往事，从而产生更深的体会。正如此诗所言，洛阳名胜古迹太多，一天之内让人数次体验愁苦滋味。怀古诗的精髓在于，由人为的瞬间产生的繁华与之后必然衰败的轨迹形成对比，引发感叹。这首诗的最后，许浑感慨探究兴亡是不可能的，也是没有意义的，古往今来唯有水的流向没有变化，体现了对环境和现实的无可奈何。

> 三十世皇都，萧条是霸图。
> 片墙看破尽，遗迹渐应无。
> 野径通荒苑，高槐映远衢。
> 独吟人不问，清冷自呜呜。
>
> ——崔涂《过洛阳故城》

晚唐是政治腐败的黑暗时代，皇帝成为宦官与权臣操纵的傀儡，大唐的一切都走向没落。在大厦将倾的局势中，对政治失望、消极出世的作品大量涌现，而直面危机、积极寻求对策的作品很少。这一首

《过洛阳故城》体现了同样的情感。隋唐洛阳城是大业元年隋炀帝下令修建的，夹洛水而建，分成南北两部分，建筑设计宏伟壮观。汉魏故城的废墟则一直保留在城外，诗中的故城就是指被东汉、魏、西晋、北魏继承，绵延了三百年的汉魏故城。新城旧城，昔日荣光与今朝荒凉，对比鲜明，令人叹息。

洛阳的历史太长，旧址太多，每一处都可以牵出故事。武则天的上阳宫、石崇的金谷园、佛教首传的白马寺、古墓遍地的北邙山，还有天津桥、魏王堤、龙门、绿野堂、平泉山庄等等都可以触动诗人的心灵和文思，使诗人留下无数诗篇。一时繁荣与无尽悲凉，都体现在这座都市中，以至于经过的文人墨客无不感慨叹息，大多诗作流露出世事如梦、万事皆空的迷茫（表5）。

表5　洛阳的名胜古迹与怀古诗

地点	主要相关怀古诗与作者
上阳宫	《上阳红叶》徐凝、《上阳宫》罗邺、《上阳宫月》鲍溶、《上阳宫辞》吴融
金谷园	《金谷览古》徐凝、《金谷感慨》于己、《金谷园》李或用、《金谷园》杜牧、《金谷怀古》杜牧、《金谷园花发怀古》王质、《金谷园怀古》陈通方
天津桥	《天津西望》李商隐、《天津桥望春》雍陶、《天津桥望晚》顾非熊
汉魏故城	《故洛阳城有感》杜牧、《过洛阳故城》崔涂、《登洛阳故城》许浑、《故洛阳城》李郢、《经故洛城》罗邺、《过洛阳城》于武陵

凄凉遗迹洛川东，浮世荣枯万古同。

桃李香消金谷在，绮罗魂断玉楼空。

往年人事伤心外，今日风光属梦中。

徒想夜泉流客恨，夜泉流恨恨无穷。

——杜牧《金谷怀古》

世事空悲衰复荣，凭高一望更添情。

红颜只向爱中尽，芳草先从愁处生。

佳气霭空迷凤阙，绿杨抵水绕空城。

游人驻马烟花外，玉笙不知何处声。

——张祜《洛阳春望》

关于洛阳怀古诗的全部数量很难统计，但无疑是个不小的数目，以上是笔者根据手头现有部分资料整理的。这些诗作的共同特征就是"空""愁""变""梦""哀"等字眼频繁出现。安史之乱前后的诗作中出现的杀敌救国的热情、经世济民的志向以及体恤庶民等积极元素不再出现，诗人们开始转向将世事迁移与宇宙的永恒相比较，反映了对政治的绝望以及对现实的抽离。整个社会对国家王朝的热忱开始消退，文化思考超越政权和王朝的更替，开始加入宇宙意识。

另外，洛阳不仅仅是一个怀古吟咏的对象，更是逐渐成为历史变迁的象征。因此，不仅仅在洛阳触景生情，作诗怀古，在其他地方抒发怀古之情时，也常以洛阳为参照。

玉树歌残王气终，景阳兵合戍楼空。

松楸远近千官冢，禾黍高低六代宫。

石燕拂云晴亦雨，江豚吹浪夜还风。

英雄一去豪华尽，惟有青山似洛中。

——许浑《金陵怀古》

金陵是南京的古称，作为六朝古都，也常常是怀古的对象，有众多的相关作品。以上这一首是针对六朝时期以金陵为都的最后的王朝陈的消亡，抒发荣华如梦终会消散的感叹。根据眼前场景，联想此地历史而抒发对当地时事变迁的心情是理所当然的，但诗的最后以没有直接关联的洛阳作为收尾这一点值得思考。

历代诗评对此多有议论，金圣叹在《唐才子诗》中说："洛中是王气的象征，'青山似洛中'，掉笔又写王气仍旧未终，妙妙。"清人朱东岩评论说："英雄已去，景物常存，雨雨风风，年年依旧，独前代豪华，杳不复留矣。'青山似洛中'，犹言不似者之正多也。"今人施蛰存在《唐诗百话》中赞成《唐诗选》编者的解释："这两句说英雄一去，豪华便尽，不复再留，只有青山依然无恙似洛中。从金陵想到洛阳，因为这两个地方能引起同样的感慨。"

这两个地方能引起同样的感慨，除了金陵的地势山形与洛阳相似外，应该与两地都包含作为王朝更替之地的历史变迁有关。即洛阳在悠长的历史中经历风云变幻，已作为历史变迁的象征成为一个参照物。因此在对其他地方的怀古咏史中，也多提及洛阳。如：

> 北邙坡上青松下，尽是锵金佩玉坟。
>
> ——徐夤《十里烟笼》
>
> 至竟息亡缘底事，可怜金谷坠楼人。
>
> ——杜牧《题桃花夫人庙》
>
> 繁华自古皆相似，金谷荒园土一堆。
>
> ——吴融《题延寿坊东南角古池》
>
> 旧宅秋荒草，西风客荐蘋。
> 凄凉回首处，不见洛阳人。
>
> ——戴叔伦《过贾谊宅》

这些诗句都涉及洛阳或洛阳的文化元素，但其本身以及创作的契机都在千里之外，与洛阳毫无关联。十里烟笼是西湖景观，面对眼前的自然风光，作者却联想到北邙山上的豪华古墓，感叹人生如梦；桃花夫人是春秋时期的人物，其庙位于汉阳，杜牧将她与金谷园的绿珠相比较；延寿坊在长安，诗人对着延寿坊的遗迹依然联想到石崇的金谷园；而长沙的贾谊故居，自然让人想起"洛阳才子"的典故。

怀古的情绪本身就有类似乡愁之处，由当前所处之境况，联想到逝去时间长河中的某个特定时间，或神游于相隔千里的某个特定空间之中。关于洛阳的种种特定时间和空间已经通过既往的历史与文字沉淀于唐代文化群体的意识深处，作为一个熟悉的、稳定的参照体系而常常被联想。所以，唐克扬分析怀古诗中不同时空的文本和视角后说："最终的归宿仍是洛阳，对于中古中国人而言，洛阳处'天下之中'，是'故乡'。"[①]

（二）全国各地的"洛阳"

"洛阳"这两个字不仅经常出现在历史记载和古典诗词中，在当今的现实社会中也不仅仅代表"河南省洛阳市"这个具体地区。从表6可见，"洛阳"这个名称分布在全国20个省、自治区和直辖市。

表6　中国以洛阳命名的地名

序号	所属省区市	名称
1	福建	泉州市洛江区（辖内有洛阳江）
2	福建	泉州市惠安县洛阳镇
3	江苏	常州市武进区洛阳镇
4	湖北	随州市曾都区洛阳镇
5	广东	韶关市乳源县洛阳镇
6	广西	河池市环江县洛阳镇
7	广西	玉林市兴业县洛阳镇
8	山东	青岛市市北区洛阳街道办事处

---

① 唐克扬：《洛阳在最后的时光里》，广西师范大学出版社，2018，第233页。

续表

序号	所属省区市	名称
9	重庆	巫山县洛阳乡（2015 年并入抱龙镇）
10	陕西	延安市富县洛阳乡（2001 年并入富龙镇）
11	贵州	贵阳市清镇市洛阳乡（1993 年划归王庄乡）

另：名为洛阳的行政村和自然村共计 78 个，具体分布为：福建省 9 个，广东省 6 个，四川省 16 个，重庆市 4 个，台湾省 1 个，江西省 2 个，江苏省 2 个，湖南省 5 个，湖北省 3 个，浙江省 1 个，广西壮族自治区 9 个，云南省 1 个，贵州省 2 个，陕西省 4 个，山西省 4 个，河南省 1 个，河北省 6 个，安徽省 1 个，上海市 1 个。

资料来源：根据刘彦卿《天下洛阳：洛阳城外的洛阳往事》（中国炎黄文化出版社，2016）第 2～7 页的调查汇总而成。

　　地名是人们赋予某一特定空间位置上的自然或人文地理实体的专有名称。地名命名的意义通常认为是地名的字面所表达的含义，它是人们为地命名时的着眼点，或者叫命名的因由或理据。据刘彦卿亲自考察、不完全统计，在全国范围内以"洛阳"命名的乡镇及街道 10 个，行政村和自然村 78 个。另外由洛阳演化的地名近 40 个，以"洛"或"洛阳"为前缀的洛阳名物多达上百个。

　　由于某种不得已的原因，不能真正到达和生活在洛阳，但把自己的现居住地命名为洛阳，随时提醒自己和后世不能忘记这个地方，这分明是一种望乡行为。例如根据贵州的《清源县洛阳乡地名志》记载，曾在洛阳为官的士人辞官回乡，发现家乡风景不输古都洛阳，遂改"望天"为"洛阳"[①]。

　　又例如魏晋时期中原板荡，当时众多中原人士迁离河洛地区。到达闽南泉州的晋人把所在地的两条河分别命名为"晋江"和"洛阳江"，通过命名表达对故土故国的怀念，北宋时洛阳江上建起的跨江连海的石桥也被命名为洛阳桥。这座桥是我国现存年代最早的跨海梁

---

① 刘彦卿：《天下洛阳：洛阳城外的洛阳往事》，中国炎黄文化出版社，2016，第 293 页。

式大石桥，也是世界桥梁筏形基础的开端。百余年后，中原再次板荡，南宋诗人刘克庄见到"洛阳"这个名字后何其惊喜，甚至怀疑自己的眼睛，激动地连作三首诗抒怀。

> 周时宫室汉时城，废址遗基划已平。
> 乍见桥名惊老眼，南州安得有西京。
>
> ——刘克庄《洛阳桥三首》（其一）

地名作为社会的产物，无论是正式命名还是约定俗成，都是人们有意识赋予的。这种名称的赋予通常会经历从当地少数人使用到逐渐为众人所知，直至被社会大众广泛使用的过程。福建泉州一带，日常生活中至今有"站着像东西塔，卧倒像洛阳桥"的俗语，可见这个以洛阳为蓝本的命名已经融入当地人的生活。全国各地远离中原却与洛阳相关的地名数量众多，它们能够沿用至今，反映当地人曾在某个时期对洛阳有向往或怀念，试图通过命名寻找归属感。这是根在河洛的具体表现，也是洛阳作为其他地域无法替代的"归心之地"的历史实证。

小　结

诗歌作为一种个体视角多向性的叙事，其传统始自《诗经》，到唐代发展到极盛，诗人辈出，佳作无数。浩如烟海的唐诗对洛阳这个地方表现出格外的偏爱，关注程度甚至超过了当时的政治中心国都长安。本节以唐诗为素材，考察了洛阳的文化表象在隋唐时期的体现。文化表象随着时事发展而被修改和加强，以安史之乱为分界点，之前的唐诗构筑出的洛阳意象大概有三项：王权的象征、繁华都市以及乡愁缘起之地。实际上，这些意象都是文化乡愁的不同形式和体现。经过安史之乱的刺激，洛阳的文化表象鲜明地指向家国意识，即在文化认同的基础上产生的文化乡愁。其根源在于天下之中的洛阳是数个王朝的都城，一直是正统华夏文明的象征，暗合了在大唐盛世突发的危机中，试图从文化上与少数民族划清界限、重振汉文化（复古运动）的时代需求。

安禄山率领叛军入侵洛阳并称帝，让洛阳成为李杜诗篇中的"家"与"国"而被长久地怀念。之后，以白居易为首的名士聚居东都的生活，为洛阳更添风雅诗意，进一步加强了洛阳自身附带的汉文化属性。在晚唐动荡中，洛阳的家国意象得到延伸，洛阳成为追忆王朝兴盛的载体与怀古的对象。这一系列的历史潮流与洛阳的文化内涵相互作用、相互影响，将隋唐时期洛阳的文化表象造就为体现文化乡愁的"归心之地"。

纵观隋唐时期，通过诗歌呈现的洛阳形象虽然有多种形式，但都有挥不去的文化认同的痕迹。安史之乱重新引起人们对华夏文化身份认同的反思，"洛阳"反复被诗人写入诗篇，是因为这两个字能够寄予华夏人士的文化归属感、引起乡愁的共鸣。至今仍在使用的分散于全国各地的洛阳命名，可谓"根在河洛"，正是隋唐时期洛阳文化表象——"归心之地"的体现。

第6节 理学之源： 北宋时期洛阳的文化表象

　　唐王朝的衰退导致天下分崩离析，875年至884年的黄巢之乱加速了唐代灭亡。中原经历了五代交替、江南等处小国分立等数十年的过渡，960年赵匡胤建立的宋终于使中国安定下来，为混乱的五代十国画上了休止符。北宋（960～1127）与南宋（1127～1279）共同构成延续300余年的大宋王朝。宋的开国皇帝治国排斥武治力推文治，通过科举制度广泛从平民阶级选拔有才之士，宋在政治上比较安定。这个时代产业的迅速发展推动了城市的繁荣，带动人民生活水平的提高，科学技术也达到相当高的水平。政治与经济两方面的发展，为文化的飞跃提供了客观条件。

　　由唐到宋的历史转变，不仅是王朝更替，从文明进程上来说，是进入了一个新的时代。陈寅恪称宋朝为"天水一朝"，指出"华夏民族之文化，历数千载之演进，造极于赵宋之世，后渐衰微，终必复振"[1] 是有根据的。日本史学家内藤湖南（1866～1934）提出"唐宋变革论"，认为"中世结束于唐代，近世开端于宋代，其间唐末至五代为过渡期，唐与宋在文化的性质上具有显著差异"。西方与日本史学界中众多研究者把宋看作中国的文艺复兴时期，强调宋代为中国"近世的起点"。

---

　　① 陈寅恪：《邓广铭〈《宋史·职官志》考证〉序》。

宋代是我国传统文化发展的巅峰时期，如冈田武彦评价，"宋代人在精神上，达到其他时代、其他国家的人所不能企及的高度，创造了具有世界价值的文化"。① 陈寅恪则在对冯友兰《中国哲学史》审查的报告中提出，"中国自秦以后，迄于今日，其思想之演变历程，至繁至久。要之，只为一大事因缘，即新儒学之产生及其传衍而已"，认为儒学复兴是中国两千年来思想史上的一大事。宋人在哲学、史学、文学、艺术等各方面取得的成就都受到儒学复兴的影响。新儒学的源流、兴起与发展与当时的文化中心西京洛阳密不可分，本节从儒学复兴与洛阳风土的因果关系和叠加效应中考察北宋时期洛阳的文化表象。

五代十国与北宋时期的洛阳城

安史之乱后的藩镇割据是政权衰落的重要原因，农民起义导致唐朝灭亡。连年征战几乎将两京毁坏殆尽，首都长安在唐末化为废墟，从此再没有成为都城。东都洛阳也处于混乱的局势中，各路叛军在此激战，被《新五代史》形容为"城邑残破，户不满百"。当时的笔记小说《洛阳搢绅旧闻记》记载"时洛城兵乱之余，县邑荒废，悉为榛莽，白骨蔽野，外绝居人。洛城之中，悉遭焚毁"。

不过，唐末的洛阳似乎比长安幸运，并没有一直荒废下去。后梁时代的河南尹张全义在统治洛阳的四十年间励精图治，一直致力于复兴洛阳，采取了多种休养生息的措施：

> 惟杀人者死，余但笞杖而已，无严刑，无租税，民归之者如市。又选壮者教之战陈，以御寇盗。数年之后，都城坊曲，渐复

① 冈田武彦『宋明哲学序説』文言社、昭和 52 年、155 頁。

旧制，诸县户口，率皆归复，桑麻蔚然，野无旷土。

———《资治通鉴》卷二五七《唐纪七十三》

处于激战中心区、受害最严重的洛阳之所以能够在相对较短的时间里迅速恢复都市的规模和功能，张全义功不可没，所谓"于瓦砾邱墟之内，化出都城"。另外，隋唐时期对洛阳的文化认同余韵犹存，自身的文化影响力使洛阳成为各个政权争夺的对象，五代十国期间洛阳也一直是都城的重要候选地。

后唐为了加快洛阳的恢复重建，下令"重兴卜洛之都，永启朝宗之会"，洛阳的都市建筑和规模在一定程度上得到了恢复。同光年间，开耕的农田已逼近洛阳宫城，私人修建的房屋太多使得道路狭窄。为了维护帝都形象和气势，朝廷不得不对洛阳的城市建设严格规划和控制。

敕旨：伊雒之都，皇王所宅，乃夷夏归心之地，非农桑取利之田。当乱离而曾是荒凉，及开泰而就为修茸。从来闲寂，多已骈阗。永安天邑之居，宜广神州之制。

———《册府元龟》卷十四《帝王部·都邑》

这道敕旨强调，处于伊洛两河之间的洛阳是皇王之地，是凝聚夷狄与华夏的力量所在，不是通过农桑来获取利润的地方。这个来自当时官方的宣告把洛阳视为一个神圣的存在，与佐原康夫指出的"洛阳在各个朝代，无论是否作为都城，一直都是一个特别的地方。在中国思考都城的理念时，不能忘记洛阳所持有的这一特殊的分量"① 不谋而合。所谓"夷夏归心之地"，用现代话语来表述即前文所述洛

---

① 佐原康夫「周礼と洛陽」『古代都市とその形制』奈良女子大学 21 世紀 COE プログラム報告集 Vol. 14、2007、31 頁。

阳所具有的文化认同这一文化表象，所谓"特殊的分量"，正是来自洛阳在不同历史阶段形成的一系列文化象征意义。

北宋时期的洛阳与都城汴京合称"东西两京"，城市面貌由原来的坊市分离制嬗变成新的坊市合一制。与以往历代洛阳城宫殿巍峨的帝都气象不同，北宋洛阳城多在唐代旧园的故址上修葺改建起新园，风光旖旎、名园林立成为其一大特色。

> 洛阳古帝都，其人习于汉唐衣冠之遗俗，居家治园池，筑台榭，植草木，以为岁时游观之好。其山川风气，清明盛丽，居之可乐。平川广衍，东西数百里，嵩高少室，天坛王屋，冈峦靡迤，四顾可抱，伊、洛、瀍、涧，流出平地。故其山林之胜，泉流之洁，虽其间阎之人与公侯共之。一亩之宫，上瞩青山，下听流水，奇花修竹，布列左右，而其贵家巨室园囿亭观之盛，实甲天下。
>
> ——苏辙《洛阳李氏园池诗记》
>
> 西京千古帝王宫，无限名园水竹中。
> 来恨不逢桃李日，满城红树正秋风。
>
> ——穆修《过西京》
>
> 洛阳春日最繁花，红绿荫中十万家。
> 谁道群花如锦绣，人将锦绣学群花。
>
> ——司马光《洛阳看花》

众多官僚名士选择退居洛阳，良好的居住环境是重要原因之一。四面环山，城中四水并流，景色秀丽。士大夫的官邸庭院或气派或幽深，鳞次栉比。四季分明，宜人的气候使得草木繁盛、名花似锦。"洛阳相望尽名园"的景象通过当时文人墨客的诗文一览无余。

儒学复兴的历史土壤

（一）礼乐制度的起点

春秋时期的孔子被尊为儒学的创始人，但儒学兴起的背景中，周公旦留下的传统礼乐制度的影响不应被忽视。早期儒家编辑的西周以来的古典文学《诗经》《尚书》中，有大量对周王朝成就的描述和讴歌。《论语》从语言到思想都流露出对周的崇尚，试图用"仁"的表现形式来重新构建周的王道政治。孔子也毫不掩饰对周公的崇敬和仰慕之情，整理残存的古代礼制，明确说："郁郁乎文哉，吾从周。"终生以恢复礼乐文化和制度为使命的孔子，感慨自己上了年纪，还不无懊恼地说："甚矣，吾衰也！久矣，吾不复梦见周公。"

而洛阳的城市原型——洛邑，就是孔子心目中的圣人周公旦营造的。周初的都城宗周偏居西部，不利于统治东方。周欲取代商统治天下，宗周的地理局限性就更加突出了。周武王开始考虑通过在洛水流域建立周的另一个都城——洛邑建立支配中原的政权基础。武王的规划已定，却未及实施就去世了。成王继承父命，令周公、召公占卜选址，确定如今洛阳一带为天下的中心，修建成周王城，寓意为"周之道，成于此"。

周公旦是建立和完善周朝各项制度的关键人物。《尚书大传》记录周公旦的贡献为："周公摄政，一年救乱，二年克殷，三年践奄，四年建侯卫，五年营成周，六年制礼作乐，七年致政成王。"以周公的伟业作为起点的洛阳，其诞生本身就承载了原始王道的思想，其城市布局符合礼制。

洛邑建成后，周公把自己的封地鲁交给儿子管理，自己长期居住在位于国家中央地区的洛邑主掌政治，为刚刚形成的周王朝制定了一系列典章制度，提倡有德者做为政者的德治主义。周公一生都驻留在洛，他制定的礼乐制度成为儒学的基本思想，他的一生和政治主张与这片土地融为一体。成周王城体现了《周礼》中记载的理想中的天子都城之范式，佐原康夫在《周礼与洛阳》一文中论证了"在周公被称道的时代背景下，周公的都城（自古以来都城的理想范本）就是指洛阳本身"①。

东周时期列国群雄并起，尽管周只是名义上的天下共主，但洛阳作为国都王城，周的礼制建筑、图书典籍以及文物精华都汇集于此。《史记》的《老子列传》《仲尼弟子列传》及《孔子家语》《庄子》都有孔子问礼老子于周的记载。当时老子是周守藏室史，相当于王室图书馆的负责人，居住在北方鲁国的孔子曾经入周与老子相见，并询问了关于礼的问题。

孔子适周，将问礼于老子，老子曰："子所言者，其人与骨皆已朽矣，独其言在耳。且君子得其时则驾，不得其时则蓬累而行。吾闻之，良贾深藏若虚，君子盛德容貌若愚。去子之骄气与多欲，态色与淫志，是皆无益于子之身。吾所以告子，若是而已。"

——《史记·老子韩非列传》

虽然众多古籍记载的问礼内容和细节有所不同，但都提到孔子受教于老子，故徐复观认为："在孔老的关系上，大体仍可互相印合，便可能承认此故事是真的。"为纪念两千多年前洛阳见证了孔子与老子的这次中国思想史上最重要的相会，清朝雍正五年（1727），当时的河南府尹张汉与洛阳县令郭朝鼎重修文庙，立"孔子入周问礼乐至此"碑，以彰显这座城市与儒学的深刻关系（图23）。三百年又转瞬即逝，这座石碑依然屹立在洛阳市。

---

① 佐原康夫「周礼と洛陽」『古代都市とその形制』奈良女子大学 21 世纪 COEプログラム報告集 Vol. 14、2007、31－47 頁。

图 23　孔子入周问礼乐至此碑

资料来源：笔者拍摄于洛阳瀍河区。

（二）儒学之风

儒家思想在春秋战国时期只是诸子百家之一、众多思想学说中的一派。经过焚书坑儒以及秦末楚汉战争的全面动乱，直到董仲舒向汉武帝献策，才"罢黜百家，独尊儒术"。公元前 136 年西汉开始设五经博士，公开教授儒家经典，儒学开始官学化。

以往的学说通常把"独尊儒术"这一体制的建立当作儒学成为国教的标志。而现在的一些研究提出，直至西汉末到东汉初，儒学才作为国家性学说全面渗透进中国人的思想，才开始真正对整个社会形成巨大的影响力。例如渡边义浩在《东汉"儒教国家"的形成》（汲古书院，2009）中认为东汉时期才可以说是典型的儒学时代，自此以后中国开始走上被儒学的道德观支配之路。

西汉武帝建立起来的儒家理念，在东汉得到继承和光大，光武帝大力推举儒学，并建立起礼教政治制度。经学成为儒学的基本内容，由于明帝、章帝时期儒学水平是录用官吏的重要基准之一，经学迎来最盛时期。

在洛阳设置的太学里，大量学生集中在一起学习儒家经典。除了国立的机构以外，全国各地还以私塾、家学等各种形式，教育和培养出一大批儒家学子。因此，可以认为东汉时期，儒学（特别是从名教这一意义来说）的影响力在文化阶层中稳固下来。东汉的洛阳，儒学研究盛况空前，皇室带头掀起学习研究儒家经典的热潮，《白虎通义》成为两汉今文经学大成之作；马融、郑玄等儒学大家以训诂学为基础，对诸经书做出相对统一的解释；许慎通过《说文解字》整理了汉字的书体与意义。经过这一系列的发展，儒学成为国家主导性学术与思想。

当时洛阳的儒学学术氛围通过气势恢宏的石刻经书可以略知一二。所谓石刻经书，是指朝廷学府将经典著作文本的定本（可以理解为当时政府承认的正规教材）雕刻于石头之上，既作为教科书，也作为学府的象征。熹平年间在洛阳城南开阳门外的太学前立起多面用隶书书写的石碑。从多方探讨、确定正本和文字，到由著名书法家蔡邕书写，再到雕刻碑文，前后共用了九年时间才完成。这些石碑被称作"熹平石经"①，是中国第一部官方制作的石经（图24）。制作石

---

① 熹平石经所刻经书种类和石碑数量一直未有定论，王国维认为，经数以《隋书·经籍志》所记最准确，有《鲁诗》《周易》《尚书》《仪礼》《春秋经》《公羊传》《论语》；石碑数量以《洛阳记》所记最准确，《洛阳记》云："太学在洛城南开阳门外。讲堂长十丈，广二丈。堂前石经四部，本碑四十六枚。"

经的目的是提供最有权威的准确经文范本，象征威严和仪式，寓意文化能够得到庄重的传承。石经的影响力不容小觑，《后汉书·蔡邕列传》记载："及碑始立，其观视及摹写者，车乘日千余两，填塞街陌。"

图 24　熹平石经残片

资料来源：孙宝文编《熹平石经选》，上海辞书出版社，2016。

可惜随着东汉王朝的灭亡，董卓火烧洛阳城，石经也惨遭毁坏。几十年之后的魏正始年间太学再度兴盛，241 年，在原熹平石经旁边又竖立起正始石经①。书体用了古文、篆书、隶书三种，因而称作"三体石经"。重新修建石经的一个重要原因是，对于当初汉朝口传的经典经文，自汉代以来一直存在古文和今文之争。熹平石经刻的是用隶书写的今文，而后来陆续发现秦以前用古文写的经书。围绕古文和今文这两种书写，哪种才是更正统、更正确的经文产生了极大的争论。所以正始石经采用古文、篆书、隶书三种书体，作为通用教材立于最高学府洛阳太学之中，以供研究和学习。

然而历史的悲剧反复重演，这几十面石碑又在晋末永嘉年间的战乱中随着洛阳的失陷而遭到毁坏。尽管到北魏时几乎只剩下一些断垣残片，我们仍然可以从中清晰地看见中国人对正确文字的执着以及对学习儒学经典的热情。即使经过数度的少数民族建立政权，仍然不能改变汉族文化人对儒学正统的维护。长期作为文化中心的洛阳，注重礼乐制度、崇尚儒学经典之风已经成为都市性格的一部分，对于儒学的传播起到了典范作用。从深层次来看，以往洛阳的文化表象一直是与儒学的基本理念相通的，"天下之中""礼制之美""归心之地"都有浓厚的儒家色彩。一系列都邑赋中书写的"辟雍海流、道德之富"的洛阳形象，与士人的精神气质和理想追求相契合，洛阳成为文化阶层理想的聚居之地。可以说洛阳的文化影响力作用于两宋，直接促成了儒学的复兴。

洛阳风土促使形成的"二程洛学"

一般来说，儒学重道德、尊名节，强调对王朝的忠诚心，有防止政治腐败的作用。然而，东汉儒学的兴盛拘泥于训诂学，过于注重文

---

① 正始石经所刻经书种类，古代记载不一，也有《尚书》《春秋》两经和《尚书》《春秋》《左传》三经的说法；石碑数量《西征记》《水经记》《洛阳伽蓝记》分别有三十五版、四十八枚、二十五碑之说。

字解读，在思想方面并无太大建树。东汉末，以儒家学者为主的官僚知识阶层与朝廷宦官势力的矛盾日渐激化，演变成"党锢之祸"，反而加速了儒学在东汉的衰退。此后，在玄学兴起、佛教传入的时代背景下，儒学进入长期低迷的时期，少数民族入主中原和建立政权，刺激了汉民族对文化归属感的渴望，北宋时期，儒学再次以理学（或宋学）这一新的形式兴起，洛阳最早拉开了儒学复兴的大幕。

北宋初期，虽然汴京是都城，西京洛阳却有着非同寻常的影响力。庆历初年（1041）因北京的建造，洛阳在军事方面的重要程度有所削弱，但政治方面的影响力不减。城市的功能集中凸显在学术文化方面，洛阳成为名副其实的"文化都市"。正如《伊洛渊源录》这一题目所体现的那样，朱熹把自己理学的源头归于以"二程"为中心的洛学。从洛学形成到理学复兴，这个过程与洛阳这一地域的风土渊源甚深。

洛学是以程颢、程颐兄弟为创始人和代表的学派。程颢构建了理学的大体框架后就去世了，程颐继承兄长的主要理论并加以整理，使之成型。洛学的命名绝不仅仅因为程氏兄弟出身于洛阳，"二程"长期居于洛阳，他们学术和思想的形成与传播，都与北宋时洛阳的政治倾向、文化环境和风俗传统有直接的关系。

（一）政治环境的影响

考察宋代，特别是北宋，开封和洛阳是最重要的两个城市。葛兆光、木田知生等中日学者都注意到这两个都市的特殊地位和关系。正如被指出的那样，"无论是从城市规模还是文化成熟程度来说，北宋时代的东京开封府和西京洛阳府，在互相抗衡关系中存在相当多的值得考察研究的元素"[①]。

---

① 木田知生「北宋時代の洛陽と士人達　開封との対立の中で」『東洋史研究』第38号、1979、51頁。

首先，东西两京的对抗关系体现在定都和迁都上。史载"上（宋太祖）生于洛阳，乐其土风，尝有迁都之意"。作为宋朝开国皇帝赵匡胤的出生地，洛阳对于北宋王朝有着特殊的意义，直到北宋中期，都没有停止过关于是否应该将正式的国都从开封迁到洛阳的争论。范仲淹一直是宋初官僚中强烈主张迁都的代表，数次上书朝廷，痛陈利弊。

> 西洛帝王之宅，负关、河之固，边方不宁，则可退守。……太平则居东京通济之地，以便天下；急难则居西洛险固之宅，以守中原。
>
> ——李焘《续资治通鉴长编》卷一一八

> 至于西洛，帝王之宅，太祖修营，盖有意在子孙，表里山河，接应东京之事势，连属关陕之形胜。
>
> ——李焘《续资治通鉴长编》卷一三六

在与东京开封的比较中，在军事位置上，西京洛阳相对来说有便于防守的天险。但与地理位置相比，洛阳象征正统王朝的地望更为士大夫们所看重，从"帝王之宅"这个词反复出现在范仲淹文章中就可见一斑。这一点在洛阳与首都开封的政治势力抗衡中也被充分发挥，甚至成为日后分别支持新法和旧法的两个党派权力斗争的一个焦点。

洛阳距离开封只有六驿站的距离，曾经掌握最高权力的宰相们大多选择在洛阳安度晚年，这种风潮在11世纪六七十年代达到顶峰。比如开国宰相赵普，太祖时期的宰相张齐贤，太宗、真宗时期的三任宰相吕蒙正等，都退居洛阳，形成长期聚居于洛阳的高官集团。

自古就有士人在洛阳聚居的文化传统，所以欧阳修在《欧阳文忠公文集·居士集》卷二七中评价洛阳为"东西之冲，贤豪所聚者多"。宋代名士官僚多效仿唐代白居易"九老会"的旧事，也组织了众多风雅集会。如欧阳修等人的"八老会"、司马光的"真率会"、文彦博的"同甲会""耆英会"等等。

《邵氏闻见录》记录了耆英会的聚会场景："洛阳多名园古刹，有水竹林亭之胜，诸老须眉皓白，衣冠甚伟，每宴集，都人随观之。"耆英会聚集了"洛中大夫贤而老自逸者"，十三位基本上都七十岁以上的老人常常置酒相乐。但是，这群老人表面上是饮酒作诗、颐养天年，实际上却是一股不可小觑的政治势力。

木田知生考证，除了传统的文学团体，政治团体的雏形差不多也于这一时期开始酝酿并形成。政界元老因为反对王安石的新法而蛰居地方，洛阳与开封的对立，也在神宗初年因变法而变得愈加分明。

以司马光为首，包括曾经的首辅富弼、枢密使文彦博、御史吕公著等在内的政界实权派大人物们，"仿佛是一个'影子内阁'，隐隐约约地在士大夫中发生着持久的影响，使得很多人都期待着他们重新崛起执政。虽然这种愿望一时并没有可能成为现实，不过，这个足以与政治重心相抗衡的文化重心的存在，却吸引了一批学者与文人"①。李格非在《洛阳名园记》中将洛阳的盛衰与整个国家的盛衰联系起来，感叹"洛阳之盛衰，天下治乱之候也"，并不是文人见景生情、悲秋伤春，而是有其环境特征存在。

洛学形成的时期，正是当时反对改革的所谓保守派的政治团体集体隐居洛阳的时候。首先，洛学最早的成型与发展，与"二程"的出身、家世渊源、在当地的人脉等都脱不开直接关系。

程氏的先祖是祝融氏重黎的后代子孙。根据《元和姓纂》记载，程氏是颛顼的后裔重黎的后代，祖先是程伯休父。又据《万姓统谱》记载，程伯休父在朝廷担任大司马之职，并且被封食采于程，即今天的河南洛

---

① 葛兆光：《洛阳与汴梁——文化重心与政治重心的分离》，载《中国思想史》（第二卷），复旦大学出版社，2001，第185页。

阳东部，他的后代就以邑为氏，称为程氏。所以"二程"算是标准的洛阳出身，除了少年时代随父赴任曾经短暂地在外地生活过以外，其他时间几乎一直在洛阳一带活动和生活，其家族在当地也有一定的影响力。

程颢、程颐的母亲侯氏是山西盂县侯道济的女儿，与当时另一位著名文人张载是亲戚关系，故"二程"称张载为表叔。其父程珦（1006～1090）字伯温，曾任黄陂、庐陵二县县尉等职，官至四品，神宗熙宁中"厌于职事，丐就闲局，得管勾西京嵩山崇福宫"。后致仕居家，是文彦博"同甲会"的成员。程珦为官"慈恕而刚断"，"居官临事孜孜不倦"，"温恭待下，率以清慎"，克己奉公的思想和两袖清风的官德都极大地影响了"二程"。

洛学以及之后的程朱理学，曾被当作维持封建统治秩序的理论批判，其保守、唯心之处时常被诟病。时至今日，我们应当更加理性地看待其中的历史局限性。从《二程集》的记录可以得知，"二程"在洛阳闲居时便与司马光、富弼、文彦博、吕公著等人频繁地来往，当时洛阳这个文化空间的风土个性鲜明地体现在洛学的思想中。

与经济发达、商业繁荣并且积极推进改革的东京开封相比，洛阳是完全相反的氛围。葛兆光对于这种历史上罕见的"政治重心"与"文化重心"分离的现象做了考察，认为"在洛阳渐渐形成了当时学术与文化的重心，形成了一个以道德伦理为标榜，以思想与学术为号召的知识集团，表达着当时知识、思想与信仰世界的另一种声音"。很明显，"二程"也是"另一种声音"的发出者。

> 臣窃内思，儒者得以道学辅人主，盖非常之遇，使臣自择所处，亦无过于此矣。臣于斯时，虽以不才而辞，然许国之心，实已萌矣。
> ——程颐《二程集·上太皇太后书》

从程颐的言论看来，"二程"虽然一生安心专注于学问，但对政治是不排斥的，甚至可以说怀有自己的政治主张——将天理本体作为儒家政治改革的根本规范。他们在洛阳与保守派的士人交往甚密，与他们始终保持着深厚的友情，可以推断两人的政治看法也是倾向于保守派的。事实上，两人对保守派的政治活动也多有参与。所以，洛学并不单纯是一个学术门派，其实是寄托有"皇帝与儒生合力共治天下"的政治理想的。换句话说，洛学在形成的最初阶段，已经包含了"二程"的政治诉求和理念。

（二）学术环境的影响

洛阳之地，从周公的制礼作乐到东汉的经学大炙，儒学历史很长，基础相当牢固。承载儒学经典的石碑能够经历数百年风雨、几经焚毁仍时有残片出土，就是这个地方儒学基础深厚的一个表现。然而颇有意味的是，这座城市的思想史并不完全是清一色的儒学，佛家、道家思想也曾在此大放异彩。东汉佛教传入中国后洛阳建起第一座寺院，南北朝时洛阳成为满城伽蓝的佛教都市。老庄思想曾经大盛于魏晋时期，崇尚玄远成为一时的魏晋风流。也就是说，除了儒学以外，洛阳与释、道的渊源同样深厚。

从魏晋南北朝到唐代，经过儒、释、道三教合流的文化融合，宋代洛阳的文化由于名士文人聚集而变得更加殷盛。欧阳修感叹当时洛阳文化阶层的知识、思想与信仰世界的内涵相当丰富复杂，并说明自己正是因此才选择居住在此。

> 求贤士者必之乎通邑大都，据其会，就其名，而择其精焉尔。洛阳，天子之西都，距京师不数驿，搢绅仕宦杂然而处，其亦珠玉之渊海欤！予方据是而择之。
>
> ——欧阳修《送梅圣俞归河阳序》

当时有"北宋五子"之说，指的是周敦颐、张载、邵雍、程颢、程颐。另有把司马光也列入的"北宋六先生"之说。这几个人物对于理学的形成有重要作用，乃至在北宋思想史上都有重要地位。司马光在洛阳用了十五年时间主持编纂《资治通鉴》，张载曾在洛阳讲学，邵雍中年开始移居洛阳，"富弼、司马光、吕公著诸贤退居洛中，雅敬雍，恒相从游，为市园宅"（《宋史·道学传》）。可以说北宋初期的重要大家除了周敦颐以外，几乎都聚集到洛阳，这种现象被岛田虔次称为"中国思想史上的一大壮观"，洛学的形成与发展正是处于这个背景之下。

北宋时期洛阳的文化环境对洛学的影响十分明显。程颢、程颐很早就认识到"洛实别都，乃士人之区薮"，通过与当时聚居洛阳的学者的深入交流，自身的认识水平和学问之道都得到提高与完善。他们从周敦颐自佛教、道教理论导入的宇宙观中受到启发，同时也受到张载思想的影响。钱穆认为"二程居洛阳，乃当时人物荟萃之区，濡染取用，既富既博"。"濡染取用"指的应该是思想上的相互影响与学术上的切磋琢磨。洛学早期的酝酿发展离不开"既富既博"的当时大批一流文人学士聚集洛阳的丰富资源。

在伊洛诸公中，以司马光为代表的士人的思想对"二程"的影响最为明显。司马光在洛期间，周围聚集了一批支持者。他的学派被称为"朔学"，也称"涑水学派"，在当时也是颇有影响力的学派。作为儒学者的司马光，虽然不可能完全从传统经学的束缚中脱离出来，但是明确地反对烦琐的经学主义。对于儒学经典，保持"不治章句，必求其理"的态度，将传统的儒学思想按照时代的要求阐释，意欲继承和复兴用天道观念作支撑的道德秩序和世界观。

> 后之儒者，莫不以为文章、治经术为务。文章则华靡其词，新奇其意，取悦人耳目而已。经术则解释辞训，较先儒短长，立

异说以为己工而已。如是之学，果可至于道乎？

——程颐《二程集·为家君作试汉州学策问三首》

"二程"提出文章只不过是用于传道的工具，一生都主张"文以载道"，很有可能是受到司马光思想的影响。另外，"二程"对《大学》的重视也明显来自司马光。

《大学》原本是《礼记》中的一篇，相传为孔子弟子曾参（前505～前434）所作。唐代韩愈、李翱维护道统而推崇《大学》，北宋司马光将其单独选拔出来编撰《大学广义》，是为《大学》独立成书之始。"二程"继承司马光的主张，认为"大学，孔氏之遗书而初学入德之门也"，非常赞同将《大学》单独分离出来作为儒教的重要经典，又编撰《大学》原文章节成《大学定本》。南宋时朱熹继承"二程"思想，在此基础上编撰《大学章句》，并将其与《论语》《孟子》《中庸》合编为"四书"。日本学者武内义雄甚至高度概括为："程朱学就是承认《大学》新意义的儒教一派。"

除司马光以外，"二程"在宇宙观和历史观方面的认识有另外一个儒学者——邵雍（1011～1077）浸染的痕迹。邵雍自号安乐先生、伊川翁，是北宋的哲学家，其思想基础是被称为变化的哲学——"易"的思想，认为万物皆由太极演化而成。邵雍根据《易经》关于八卦形成的解释，掺杂道教思想，虚构宇宙构造图式和学说体系，成为他的象数之学。他的思想原理与"二程"的思想相差甚远，但由于邵雍与"二程"相交甚密，邵雍的关于《易经》的研究对于"二程"是有启发的。

河南程颢初侍其父识雍，论议终日，退而叹曰："尧夫，内圣外王之学也。"

——《宋史·邵雍列传》

"二程"曾把邵雍称为"风流人豪"，《邵氏闻见录》《二程遗书》里多有关于"二程"和邵雍交往的记录。《伊川击壤集》卷九记录邵雍"老年多病不服药，少日壮心都未灰"，而《河南程氏文集》卷三记录程颢唱和邵雍，作诗"打乖非是要安身，道大方能混世尘"。可见他们之间的交往频繁而愉悦，成为后世文人相交的理想典范。百余年后的南宋诗人刘克庄，遥想那个时代最出色的人物在洛阳城中风云际会、惺惺相惜，连作多首诗以示无限倾慕。

> 樗翁九帙逢初度，洛社耆英共举杯。
> 富相苦邀康节入，温公亦喜小程来。
> 每惭席上陪真率，谁道窝中爱打乖。
> 不怕醉归卢老撷，芙蓉月恰照人怀。
>
> ——刘克庄《谢诸寓贵载酒》
>
> 洛中旧话谁拈出，几载寥寥有此杯。
> 迂叟力辞年高晚，先贤羞与尹俱来。
> 宁陪邵子称安乐，免使欧公笑僻乖。
> 况值霜天好风月，皱眉不若且舒怀。
>
> ——刘克庄《谢诸寓贵载酒·再叠》

尽管"二程"与邵雍对思想、宇宙的诠释和摄取重心存在差异，但是互相影响的痕迹清晰可见。邵雍主张的"天下之物莫不有理"，是把"理"普遍化或普世化为终极原则。程颢所谓"有道有理，天人一也，更不分别"，也是要凸显一个非现实性、非时间性、非空间性的"理"的秩序，并用它来贯穿一切。正如孔子所说"吾道一以贯之"中的那个"一"。

虽然"二程"对于邵雍的学术未必完全理解和赞同，但受其影响也非常重视对《周易》的研究。"二程"专门从义理的角度注释

《易传》，形成自己的理学思想。程门弟子尹焞说："先生平生用意，惟在易传。求先生之学，观此足矣。"《易传》系统地论述了宇宙，成为宋明理学的重要著作。而其思想形成从某种程度上也接受了邵子思想。对于这一点，《宋元学案》记载朱熹早有察觉，认为："程、邵之学固不同，然二程所以推尊康节者至矣。盖以其信道不惑，不杂异端，班于温公、横渠之间。"

土田健次郎在《道学之形成》一书中指出："所谓道学，原本并没有一个严整的学派，起初的状况是：在北宋五子中，除了周敦颐，其他四人各自拥有弟子，以血缘（'二程'与张载）或地缘（讲学根据地接近的'二程'与邵雍）关系为纽带而相互交流。""二程洛学"的思想体系，可以说既是时代的产物，也是在洛阳特有的社会环境与文化基础上形成的。

（三）洛阳风土人情对"二程"价值观的影响

宋初的洛阳不仅是贵族世家聚集的地方，也是知识阶层集中的地方，关于王道与霸道、人的私欲与天理的争论和思考从没有停止过。陈亮（1143~1194）在《龙川文集》中评价："本朝伊洛诸公，辩析天理人欲，而王霸义利之说于是大明。""二程"的理学思想也是在与周围环境的交流与碰撞中逐步形成的。

洛阳之所以能够成为北宋一代与汴梁抗衡的文化中心，风土人情与人文环境自有卓越之处。东汉时期"礼制之美"成为洛阳的文化表象，前文已有论述，顾炎武在《日知录》中谈到两汉风俗时，盛赞东汉时洛阳的世风："三代以下风俗之美，无尚于东京者。"清末梁启超认为当时是"儒学最盛时代，收孔教之良果。尚气节，崇廉耻，风俗称最美"。即使经历魏晋南北朝的混乱，人们仍然会感慨"自晋、宋以来，号洛阳为荒土，此中谓长江以北，尽是夷狄。昨至洛阳，始知衣冠士族，并在中原。礼仪富盛，人物殷阜，目所不识，口不能传。所谓帝京翼翼，四方之则"（《洛阳伽蓝记》），可见洛阳的风俗世风是有传统渊源的。

这种风俗之美被延续到北宋，《邵氏闻见录》从庶民生活的视角记载洛阳："洛中风俗尚名教，虽公卿家不敢事形势。人随贫富自乐，于货利不急也"，"洛阳民俗和平、土宜花竹"。李清照之父李格非也著有《洛阳名园记》，为当时的城市风貌留影。

> 夫洛阳，帝王东西宅，为天下之中。土圭日影，得阴阳之和；嵩少瀍涧，钟山水之秀。……岁时嬉游，声诗之播扬，图画之传写，古今华夏莫比。
>
> ——《洛阳名园记·序》

由以上可见，宋代洛阳的风俗特征是诗书盛行、儒雅敦厚。当时的洛阳人处世平和稳重，中尾健一郎有论："正如东汉班固的《两都赋》和张衡的《二京赋》中所描写的那样，如果说那时的长安给人的印象是被人们的物欲和名利所裹挟的世界的话，洛阳就是排奢尚俭、超越名利之地而被有德之士有意识地选择居住。可见在两都制下，洛阳作为轻物质、重精神的文化都市的形象，已经被《两都赋》《二京赋》的描写所设定好了。"①

在这样的环境中生活的"二程"，从人生观到处世方式，都深深烙有洛阳文化的印记。他们从哲学的角度，把提倡"理"作为洛学思想的核心，所谓"一草一木皆从理"，以天地万物为对象，认为天理是人间社会最高的行为规范。这种对理想道德的提倡很容易令人联想到洛阳的世俗民风。"洛中风俗尚名教，虽公卿家不敢事形势"，这不就是洛学所提倡的"理"这一社会规范吗？

---

① 中尾健一郎『古都洛陽と唐宋文人』汲古書院、平成24年、354頁。

另外，"人随贫富自乐，于货利不急也"与洛学的"以义理道德为重，金钱利益为轻"的基本理念完全一致。也就是说，长期存在于这个地区的文化传统已经深入渗透到"二程"的人生、社会、价值观念中，洛阳人重视秩序道德、有意识回避功利实务的态度在"二程"身上有鲜明的体现，与同期王安石提倡的"新学"是根本对立的。

洛阳的文化与传统是"二程"思想形成的深刻渊源，洛阳的历史和儒释道复杂的关联以及风土人情、政治倾向等都在洛学的思想根源中留下了难以磨灭的痕迹。以司马光、"二程"、邵雍为首的精英们从这片土地的文化传统中汲取营养，在广阔的天地中构筑出更丰富的哲学体系，引领时代，拉开儒学复兴的大幕。

北宋时期洛阳的文化表象——理学之源

理学的形成是宋代儒学复兴的标志，也是中国思想史中的重要变革，意味着儒学与佛教、道教一样，开始形成中国人特有的世界观，甚至影响包括日本、朝鲜在内的诸多东亚国家，形成儒教文化圈。朱熹为阐述理学源流而编纂《伊洛渊源录》，回顾理学的源流与传承的谱系，以"二程"为中心人物的洛学被认为是理学学派的发源。后宋人谈道学宗派、分道学门户，亦多从洛阳"二程"开始。

（一）儒学复兴的城市氛围

冈田武彦说："如韩愈所论，儒学道统到孟子以后就断绝了。直到宋代才逐渐又被传承。但不是单纯的继承。最早让绝学又被延续传承的是二程。"[①] 前文已论述"二程洛学"的形成与洛阳风土的密切相关。实际上，洛学的发展在很大程度上也借助了洛阳的地望。洛学

---

① 冈田武彦『宋明哲学序说』文言社、1977、154 页。

从弱小的地方学派到被官方承认的正统学问，经历了漫长而复杂的过程。洛阳的历史地位与政治、文化影响力在洛学发展壮大的过程中，发挥了极大的助力作用。二者互相成就，形成宋代洛阳文化表象。

首先，当时的洛阳具备可以助力洛学推广和扩散的条件。这个儒教的石经屹立过数百年的地域，与儒学的深厚渊源是其他地区所不能比拟的。即使东汉后儒学衰退的时代，相对而言洛阳仍然是儒学较盛的地区。魏晋玄学兴起或者北魏佛教最为狂热的时期，儒学在民间的影响力始终还是存在的。从北宋邵雍定居洛阳的过程中可以看到这个城市崇尚德行与学问的独特文化氛围。

邵雍少年时代便有大志，读书极其勤奋刻苦。学成之后又游历四方，"康节先公庆历间过洛，馆于水北汤氏，爱其山水风俗之美，始有卜筑之意"[1]。三十九岁时举家迁居洛阳，将父母葬在伊水之上。尽管最初生活条件十分艰苦，"蓬荜环堵，不蔽风雨"，邵雍却"怡然有所甚乐"。为了能让邵雍安心定居，当时的洛阳士人多次自发出钱出力，帮助邵雍筑建新居。

> （邵雍）初寓天宫寺三学院……洛人为买宅于履道坊西天庆观东，赵谏议借田于汝阳叶县，后王不疑、周乡又买田于河南延秋村……嘉祐七年，王宣徽尹洛，就天宫寺西天津桥南五代节度使安审琦宅故基，以郭崇韬废宅余材为屋三十间，请康节迁居之。富韩公命其客孟约买对宅一园，园中有水竹花木之胜。
>
> ——《邵氏闻见录》

邵伯温是邵雍之子，所著《邵氏闻见录》多为亲身经历，可信度很高。单从这一段记载就可见，前后至少有五个人为邵雍提供土地

---

① 邵伯温：《邵氏闻见录》。

和住宅。他在洛阳几次迁居，据《河南志》可知，邵雍迁居后的宅院在尚善坊。熙宁年间，实行买官田之法，邵雍之宅属于官地，按照规定需要上缴或者公开拍卖。"张榜三日，人不忍买"，后司马光等人为邵雍集钱买之。对此，邵雍多次作诗抒怀：

> 嘉祐壬寅岁，新巢始僝功。
> 仍分道德里，更近帝王宫。
> ——《天津新居成谢府尹王君贶尚书》
> 重谢诸公为买园，买园城里占林泉。
> 七千来步平流水，二十余家争出钱。
> 嘉祐卜居终是僦，熙宁受券遂能专。
> 凤凰楼下新闲客，道德坊中旧散仙。
> ——《天津弊居蒙诸公共为成买作诗以谢》

众人出钱为邵雍在洛营置住宅传为佳话，体现了洛阳风俗之厚与人物之盛，也凸显了当时洛阳士人对学问与道德的尊崇。来自士绅之家的敬重和经济支持，使邵雍得以在此安居乐业并授徒讲学。《宋史·邵雍传》中有很多生动的记录，比如，城中人家听到他那独特熟悉的车音，争相迎候，无论老少还是仆役，都会欢愉地说"我家先生来到了"，而不呼姓名。可见他与洛阳城中之人如鱼水般相处自然，深受爱戴。

位高权重的司马光像对待兄长一样对待邵雍，他们二人因纯正品行成为四周乡里所仰慕的楷模。洛阳城中的父亲训斥儿子、哥哥教育弟弟时都会说："不要做不好的事，恐怕司马端明、邵先生会知道。"有读书士子取道洛阳，即使不去官府也必到邵雍处拜望。邵雍德行气质纯粹，贤良的人喜欢他的德行，不良之人也被他感化，所以"一时洛中人才特盛，而忠厚之风闻天下"。

陆敏珍指出："对于一个儒家学者的尊崇与热情，被认为是一种值得褒扬的社会关怀。无论是捐赠者还是被施予者，洛阳对邵雍的礼遇本身引起了周围人的关注，甚至可以说这一事件是士人在儒学复兴运动中所表明的最直接的姿态。"[①] 邵雍认为洛阳是"道之所在"，居洛城四十年安贫乐道，也用自己的学识品德影响了这座城市，对于"理学之源"这一北宋时期洛阳文化表象的构筑起到很多作用。

（二）在与新学对抗中发展的洛学

钱穆评价"二程"的洛学时说："确实成为北宋理学的大成与正统。"这作为历史评价自然无可争议，但并不意味着洛学自形成以来就一路顺畅地成为主流学派。洛学从一个地方性学派成长发展为主流学派代表，经历了众多挫折，特别是在与以王安石为代表的新学的抗衡中曾经几番失利。洛学的发展与壮大其实始终离不开被称为保守派的政治集团的支持，其甚至还涉及党派斗争，最终才确立了正统地位。

首先，"二程"的学术造诣和人品声望的传播始自洛中士人的人脉圈子。比如，司马光和吕公著积极地向朝廷推荐程颢，文彦博在洛阳时，把仰慕自己想进入门下的学生送到程氏兄弟的门下。这些一流人物的行动如同风向标一样，令程颢、程颐的大名通过口口相传迅速扩散开来，二人成为人们仰慕的对象。

前文中已经提到当时洛阳的政治影响力，11世纪六七十年代，退居洛阳的在野官僚聚居，是一股堪称"影子内阁"的政治势力。这些人多是旧党派（也称保守派），共同点是反对王安石的改革。"二程"虽然算不上真正意义上的官僚，但无疑也反对王安石的"新学""新党"。"洛学"与"新学"之争，既是学术上的论争，实质上也是这种社会背景下新旧两党的政权之争。

---

① 陆敏珍：《北宋时期的洛阳与洛学》，《浙江学刊》2011年第2期，第120页。

　　以"二程"为代表的洛学与以王安石为代表的新学，虽同属儒学门派，细究却有诸多不同，从根本上说，"二程"重义轻利的理学价值观与王安石重视实效的新学思想形成对照，是价值取向上的不同。王安石以所谓"天变不足畏，祖宗不足法，人言不足恤"的决心锐行改革变法，这种对待传统的态度亦是"二程"所不喜的。强调儒学的道统，以继承儒学正统为己任的"二程"，即使赞成变法的某些具体内容，也很难接受这种锐意打破传统的态度和方式。

　　另外，王安石变法的目的在于富国强兵，借以扭转北宋积贫积弱的局势，提出当务之急在于改变风俗、确立法度，提议变法。新学思想的核心是以务实的态度强调事物的现实功能和社会效果，这也与洛学"重义轻利"的价值观背道而驰。"兴利"与"尚德"揭示了两个学派思想的根本对立。在王安石实施新法的初期，程颢即向皇帝进言明确表示反对。

　　　　自古兴治立事，未有中外人情交谓不可而能有成者，况于排
　　斥忠良，沮废公议，用贱陵贵，以邪干正者乎？正使徼幸有小
　　成，而兴利之臣日进，尚德之风浸衰，尤非朝廷之福。

　　　　　　　　　　　　　　　　　　　　——《宋史·程颢列传》

　　程颢并非只是死读书的人，他曾经任上元主簿、晋城县令等地方官，治理有方，颇有业绩。他并非不能理解新法的益处，只是考虑得更为长远，担心新法在价值观念上给社会造成负面冲击，引起道德沦丧。所以，"二程"对于王安石的才学推崇有加，也认可他的为人，但对于新学的看法极为苛刻，认为：

　　　　此学极有害。以介甫才辩，遽施之学者，谁能出其右？始则
　　且以利而从其说，久而遂安其学。今天下之新法害事处，但只消

一日除了便没事。其学化革了人心，为害最甚。

——程颢《二程集·附东见录后》

洛学重视道统，认为解决社会问题，首先要正人心。"二程"非常担心新学提倡的重视眼前实利的做法会造成一切以功利为衡量事物标准的社会价值观盛行，最终会导致人们精神的腐蚀，因此特别重视通过强调高尚的道德标准来与之抗衡，这也成为程朱理学中令人诟病的"存天理、灭人欲"的源头。

熙宁年间（1068～1077）王安石执政，主持国子监经义局，撰《尚书义》《毛诗义》《周官新义》（前二书由其子王雱训其辞，安石训其义，后者全由安石撰），合称《三经新义》，成为科场和学官的法定教科书。所谓"罢诗赋而取经义"，其实是科举制度的重大改革，《三经新义》成为经义考试的统一标准，让新学在事实上成为主流学派。

洛学在与新学对抗的过程中，在相当长的一段时间里处在劣势。程颢因为排斥新法而辞官，专心居洛讲学，致力于洛学的传播。

（程颢）既不用于朝廷，……居洛几十年，……在仕者皆慕化之，从之质疑解惑；同里士大夫皆高仰之，乐从之游；学士皆宗师之，讲道劝义。……于是先生身益退，位益卑，而名益高于天下。

——《伊洛渊源录》卷二

本朝自嘉祐以来，西都有邵雍、程颢及其弟颐，关中有张载四人者，皆以道学德行名于当世；……会王安石当路，重以蔡京得政，曲加排抑，故有西山、东国之贤而其道不行，深可惜也。

——胡安国《乞封爵邵张二程列从祀札》

尽管"二程"声名远扬，但在相当长一段时期里，洛学终究不是朝廷所提倡的正统学问。从以上两段记录可见，北宋中期，新学、新法都得到朝廷大力推行，洛学则受到排挤，"二程"在政治上也备受冷遇。但这段时间，"二程"学思不辍，以洛阳为中心广收弟子，在民间树立的威望为将来洛学的大张其道积蓄了力量。

元祐年间（1086~1094）旧党保守派掌握政权，新学和洛学的地位发生了反转。王安石被罢官，而程颢由布衣直接被任命为相当于帝师身份的"崇政殿说书"。程颢的这个短暂的政治生涯使洛学的影响范围从地方扩展到了全国。因此，南宋末的周密认为"道学之名，起于元祐，盛于淳熙"。

此后新旧党争几度反复，一方上台执政就对另一方打压流放。新学和洛学的势力也在四十多年间始终处于此长彼消、你进我退的胶着状态。由于洛学所提倡的圣人之道得到士大夫阶层的强烈支持，尽管在新党政权下，相关书物被焚、讲学被禁，其在逆境中也顽强地生存下来。小岛毅认为，道学之所以后来在南宋能够大兴其盛，正是由于有士大夫的广泛支持这一时代背景。[①]

进入南宋以后，皇帝为了逃避自己的责任，将亡国的原因归结于王安石的改革和蔡京的弄权，洛学由于反对新学的一贯立场而被推崇。新学的大力支持者秦桧成为人人喊打的奸臣，遭到南宋士人的唾弃和抵制。曾经来势汹汹、铺天盖地的新学，似乎在极短的时间内就销声匿迹了。

与此相对照的是，洛学势力在程颐晚年逐渐恢复并壮大。因为"程门立雪"而出名的弟子杨时（1053~1135）等人开始在朝廷担任重要官职，成为反对新学、提倡洛学的中坚力量。综上所述，洛学的正统地位是通过批判、抗衡新学逐步确立的。在这个过程当中，能够与东京开封形成对峙的西京洛阳的政治地位起到了不可或缺的作用。

---

① 小岛毅『中国思想と宗教の奔流』講談社、2005、20頁。

"理学之源"的影响

（一）走出洛阳的洛学

对于洛学的传承和影响，古时就有"伊洛既出，诸儒各有所承"之论，今人也认为，"程门的弟子遍及当时的中原、河东、蜀中、关中、吴越、湖湘、闽赣各地。作为一种地域性的学派，洛学超越了实际的地理范畴，吸引了大批士人到洛阳，而洛阳学术文化中心的地位也因二程学说的影响力而备为坚固"①。

"二程"长年在洛阳讲学，门下人才辈出，使他们的洛学思想以洛阳为中心逐渐扩散至全国各地。洛学能够吸引士人，除了学说自身的思想高度和学问态度以外，与洛阳地处四方之中的便利位置也有很大关系。来自各地的天下士人会聚于"二程"门下读书，学成之后将其思想带到各自的家乡继续讲学授徒、发扬传承，这种师承弟继、代代相传的形式使洛学得以迅速、稳定地发展。

全祖望对洛学的开枝散叶有以下考证和论述：

> 洛学之入秦也以三吕，其入楚也以上蔡司教荆南，其入蜀也以谢湜、马涓，其入浙也以永嘉周、刘、许、鲍数君，而其入吴也以王信伯。信伯极为龟山所许，而晦翁最贬之，其后阳明又最称之。予读信伯集，颇启象山之萌芽，其贬之者以此，其称之者亦以此。象山之学，本无所承，东发以为遥出于上蔡，予以为兼出于信伯。盖程门已有此一种矣。
>
> ——全祖望《宋元儒学案序录》

---

① 陆敏珍：《北宋时期的洛阳与洛学》，《浙江学刊》2011 年第 2 期，第 122 页。

洛学最初的兴起源于"二程"自觉维护儒学自孟子以来中断的道统，程颐在为程颢题写的墓表中有明确的道统意识。而洛学之所以最终能够压倒新学成为理学思想的源流，数代门人弟子发挥了极大的作用。

> 周公没，圣人之道不行；孟轲死，圣人之学不传。道不行，百世无善治；学不传，千载无真儒。无善治，士犹得以明夫善治之道，以淑诸人，以传诸后；无真儒，天下贸贸焉莫知所之，人欲肆而天理灭矣。先生生千四百年之后，得不传之学于遗经，志将以斯道觉斯民。
>
> ——程颐《明道先生墓表》

在教学方法上，程颢、程颐都特别重视面对面直接向门人讲授的形式，如其自云"知者多也即道明，知者少即道不明。知者多少，亦由乎教也"，特别重视"教"。他们认为比起书本文章来说，当面传道的方法更全面和有效，即：

> 以书传道，与口相传煞不相干。相见而言，因事发明，则并意思一时传了。书虽言多，其实不尽。
>
> ——《程氏遗书》

这种"以口传道"的讲课形式，是洛学特有的教学方式，成为洛学在"二程"之后继续传播的重要原因。随时与每个学生直接交流，当场发现问题并及时解决。所以程门弟子与老师长期朝夕相处，将见闻答问的言辞记录下来，汇编成《二程语录》等。洛学从最初形成时"天下骇笑者多"，到后来的"信从者亦众"，与这种传道方式有重要关系。

"二程"在洛讲学使中原地区学风更盛,即使是平常人家也争相让孩子入学受教。洛阳周边学院林立,著名的有伊川鸣皋书院、登封嵩阳书院等。"二程""平生诲人不倦,故学者出其门最多,渊源所渐,皆为名士"①,其中吕大临、杨时、谢良佐、游酢被称为"程门四先生"。这些弟子在"二程"卒后始终重视师道传承,设立书院、当面授业的教学方式也被其门人继承至二传弟子,再至三传弟子……使得洛学思想始终保持比较稳定的势力和影响。

因金人入侵,汴洛两京陷落,洛学的继承者们纷纷在南方落地扎根,如杨时创立东林书院、龟山书院等。朱熹的父亲朱松是洛学的崇拜者,师从"二程"再传弟子罗从彦。朱熹从小就受到洛学熏陶,受业于"二程"的三传弟子李侗。后朱熹也致力于书院讲学,据方彦寿考察,和朱熹有关联的书院达 67 所之多②。故清人江藩感叹:"夫道学始于濂溪而盛于洛、闽,自龟山(杨时)辟书院以讲学,于是白鹿、鹅湖相继而起。"

洛学思想体系本身的价值当然毋庸置疑,其传道的方式以及门人弟子积极传承的行动,使得洛学得以在全国范围内展开、迅速发扬光大。门下人才辈出,洛学思想广泛生根发芽。朱熹在他所师承的"二程洛学"的基础上创立闽学,系统化了程颐的理本论,完善理在气先、格物致知等重要思想,形成一套完整的程朱理学理论体系。起源伊洛的"二程洛学",最终被朱熹集理学之大成,成为影响南宋末至元、明、清三代的官方哲学,完成了儒学复兴的历史使命。

(二)儒学复兴的影响

程颢、程颐同创洛学,死后共葬伊川,如今位于洛阳伊川的二

---

① 《宋史·程颐列传》。
② 方彦寿:《朱子学与闽北书院考述》,《武夷文化研究》,海峡文艺出版社,2003。

程墓有慈禧所题"伊洛渊源"的匾额。他们创造的学问和思想已经融入当地文化，继续成为洛阳文化内涵的一部分，而以"二程"为中心掀起的儒学复兴之风，也从洛阳席卷至全国，成为深刻影响中国的思想。

1. 学术影响

儒学复兴始自洛阳，程颢、程颐同为洛学的开创者和代表人物，在性理学宗旨上是一致的，但是在理与气、气与性、性与心等具体方面见解略有不同。冯友兰指出："谓明道乃以后心学之先驱，而伊川乃以后理学之先驱也。兄弟二人开一代思想之两大派，亦可谓罕有者矣。"

"二程"常常并提，但兄弟二人性格气质其实相去甚远，对学问的理解和授课的态度也有所不同。前文谈到洛学的特点是不重文章而重当面教授，但同是当面授业，二人的讲堂氛围大相径庭。"明道终日坐，如泥塑人，然接人浑是一团和气"，门人与程颢相处一个月之后，说自己的感受是像在春风中坐了一个月，以至于留下"一团和气""如坐春风"等形容气氛让人舒畅的成语，可见作为老师的程颢一定是态度和蔼、平易近人的。与此相对照的是弟弟程颐的教学，学生因为不敢打扰老师而肃然长立于风雪中，留下的相关成语是"程门立雪"。虽然让人想起尊师重道之类的严肃态度，但也不难想到平日里程颐的教学必然是师道尊严、严谨苛刻的。

日本学者冈田武彦也继承这一说法，进一步对"二程"的性格和学问总结如下：

> 二程兄弟性格气象的差异反映在各自的学风上。明道看现实的社会与人生时，比起矛盾纠葛这一面来说，更关注关爱温和的一面，从高的层次寻求可以包容一切的路，所以其学风是总括的、经验式的，对事物很宽容。伊川则相反，对于矛盾纠葛的一

面更加敏感，树立至高至纯的理想，严厉地对待事物。其学风是分析式的、客观的，对待事物是严格的。[①]

史学家内藤湖南说："濂洛之学，牵引北宋的气运，使之南渡，朱陆之义，务在精妙，直至朱明及余姚直接成一派。""二程"创立的洛学是宋明理学的先驱和基础，朱熹谦逊地说自己不够聪明，幸亏听闻了先贤教诲，"二先生唱明道学于孔孟既没千载不传之后"，"宋德隆胜，治教休明，于是河南程氏两夫子出，而有以接乎孟氏之传，……然后古者大学教人之法、圣经贤传之旨，粲然复明于世"。

朱熹将"二程"的主要理论融会贯通，提倡"性即理"，将万物万事归于天理。朱子学可以用修身齐家治国平天下来概括，其中道德至上的倾向是来源于程颐的。另外，程颢以仁义礼智之心为本，"一人之心即天地之心"（《二程集》遗书卷二上）的思想倾向，被与朱熹差不多同时期的陆象山继承。陆象山提倡格物致理的学说，以《中庸》中的尊道性为主，提倡"心即理"的心学，可以看出对程颢思想的接受。这种重心的思想系统在宋代并未发展壮大，而是在明代被王阳明继承和发展，集大成为阳明学说。

"二程"在洛阳综合吸取北宋初期的文化思想，其思想体系的基础统合了儒学的"修己"与"治人"。儒学复兴之风自洛而起，无论是后来的朱子学说还是阳明学说，不仅在中国哲学史上有重要地位，也深入地传播至日、韩等周边国家，成为长期影响东亚文明圈的学术理论基础和精神支柱。数百年间，无数人被这种闪耀着光芒的思想所折服，"读《伊洛渊源录》，慨然有志于道，……遂弃去举子业，谢人事，独处小数，玩《四书》、《五经》、诸儒语录，体贴于身心，不下楼者二年"[②]，伊洛诸

---

① 冈田武彦『宋明哲学序説』文言社、昭和 52 年、155 頁。
② （清）黄宗羲：《明儒学案》卷一《崇仁学案·聘君吴康斋先生与弼》。

公的教化言行可谓影响深远。

2. 社会影响

宋代的洛阳城由唐代的里坊与市隔离的制度进化到了里坊与市一体制，坊中居民临街而居，沿街成市。这是城市演进当中的一大进步，庶民的文化生活与精神层面都较之前代有较大的改变。

> 洛阳之俗，大抵好花。春时，城中无贵贱，皆插花，虽负担者亦然。花开时，士庶竞为游遨，往往于古寺废宅有池台处为市井，张幄帘，笙歌之声相闻。
>
> ——欧阳修《洛阳牡丹记》

> 岁正月梅已花，二月桃李杂花盛开，三月牡丹开。于花盛处作园圃，四方伎艺举集，都人士女载酒争出，择园亭胜地，上下池台间引满歌呼，不复问其主人。抵暮游花市，以筠笼卖花，虽贫者亦戴花饮酒相乐。
>
> ——邵伯温《邵氏闻见录》

赏牡丹的风气原本起始于唐代，虽然久居洛阳的白居易早有"花开花落二十日，一城之人皆若狂"之句，但那时的赏花之风毕竟主要局限于宫廷贵族和上流社会，尚与庶民无缘。北宋时，洛阳兴起无论贵贱、从上到下"好花"的风潮，"虽贫者亦戴花饮酒相乐"，是市井平民的文化层次和生活水平大大提高的标志。这固然是宋代社会发展水平提高的结果，也与儒学复兴的文风昌盛有不可分割的关联。

洛阳的自然地质条件非常适合牡丹花的生长，以至于牡丹花直接被称为"洛阳花"。欧阳修在《洛阳牡丹图》中开篇即说"洛阳地脉花最宜，牡丹尤为天下奇"。中国人自古爱花，但像这样大量栽培、全民参与的赏花大潮是历史上前所未有的。宫崎市定有很多关于宋代的研究，其中一个主张是："上层社会中开始形成可以称为'第一代贵族'的士大夫阶级，取代了原来的贵族，呈现独特的士大夫文化的繁荣。文化也渗透到庶民阶级，形成新的平民（下层阶级）文化。"发源于洛阳的儒学复兴造就大量书院和学堂，在很大程度上推动文化知识由上向下流动，促成了平民文化的形成。

推动儒学发展、拉开儒学复兴帷幕的伊洛诸公，除了学术、思想上的建树以外，他们也因欣赏水平、审美观、思维方式等无形中成为身边和当时世人的模仿对象。从以下诗文可见，这些千古大儒并非一心只读圣贤书，而是善于发现生活中的美好，积极享受人生和日常之乐。

云淡风轻近午天，望花随柳过前川。

旁人不识予心乐，将谓偷闲学少年。

——程颢《春日偶成》

东郊渐微绿，驱马欣独往。舟萦野渡时，水乐春山响。

身闲爱物外，趣逸谐心赏。归路逐樵歌，落日寒山上。

——程颐《陆浑乐游》

洛阳人惯见奇葩，桃李花开未当花。

须是牡丹花盛发，满城方始乐无涯。

——邵雍《洛阳春吟》

洛阳四时常有花，雨晴颜色秋更好。

谁能相与共此乐，坐对年华不知老。

——司马光《花庵诗寄邵尧夫》其一

在这些文坛大佬的带动下，喜爱牡丹、观赏牡丹的风潮从上层社会向社会底层蔓延。当时洛阳社会上下、全民欣赏牡丹的风潮是庶民阶级文化兴起的有力证据。儒学复兴之风使整个社会追求学问，从士大夫阶级到庶民阶级的文化水准都相对来说有所提高，从而使人们具有审美意识和欣赏美好事物的能力，引发了文化层面的扩大，贵族文化开始逐渐被更有生命力的平民文化所替代。这一意味深长的文化现象最初发生在北宋的洛阳并非偶然，从某种意义上也可以说是在生产力发展到一定程度、社会保持相对安定和繁荣的基础上，儒学复兴的潮流带来的社会变迁。

小　结

陈寅恪评价宋朝时说："华夏民族的文化经过数千年的变迁，在宋代达到极盛。"北宋儒学以理学形式的复兴是宋代文化达到极盛的重要前提。"二程"长期在北宋文化中心洛阳生活和讲学，从集中聚居在伊洛地区的诸儒学派汲取养分，开创了洛学。洛学的形成与这个地区自古以来重视儒学的历史传统和风土民俗密不可分；洛学与新学的抗争以及发展壮大的过程借助了西京的地缘与政治力量；洛学的传播则受益于"二程"师徒相继、薪火相传的教学方式和洛阳四通八达的地理位置。洛阳成为理学道统的源流之地，"理学之源"成为北宋时期洛阳的文化表象。

洛学认为天理存在于天地万物之中，乃人类社会永恒的最高准则，并以此阐释封建伦理道德，将传统的儒学思想按照时代的要求重新构筑为用天道观念作支撑的世界观和道德观。洛学作为宋明理学的基础，继承和复兴传统儒学，成为新的儒学形态。洛阳深厚的儒学基础、较浓的文化氛围以及政治势力的力量，使"二程"的思想和学问被很好地接受，并迅速得以传播。反过来，儒学以理学的形式重新兴起，也引发了文化层面的扩大，贵族文化开始逐渐被更有生命力的庶民文化所替代，重塑了洛阳文化的内涵。"理学之源"是北宋时期洛阳的文化表象，同时也是这个时代中华文化最重要的特征。在中华文明的进程中，这是洛阳最后一个可以代表和影响中华文化的文化表象。

第7节 南宋以后的洛阳文化

　　北宋末期兴起于东北的女真人建立的金国强大起来，灭辽之后，挥师南下直奔中原。1127 年的靖康之变，金攻取首都东京，掳走徽、钦二帝，导致北宋灭亡。只有康王赵构幸免于难，在南京应天府（商丘）庙称帝，1138 年迁都临安府（杭州），史称"南宋"。靖康之难同年的十二月，金进攻洛阳失败，弃城前焚毁了城内部分建筑。之后的宋金会战，金兵再次攻入洛阳，1129 年、1132 年、1133 年至 1140 年，双方多次展开洛阳争夺战。洛阳最终于 1140 年陷落，宋金以淮河—大散关为界议和，形成对峙。

　　南宋中后期，漠北草原的蒙古崛起，1234 年灭金。由于急于收复洛阳（河南），蒙古灭金国后的四个月内，宋理宗就三次派使者到洛阳拜谒祖陵。端平元年（1234）仓促出兵，发动收复三京（开封、洛阳、商丘）的军事行动，史称"端平入洛"。由于对蒙古军队实力的低估，事前准备不足、无法供给军粮等，南宋军队在龙门、洛东之战大败于蒙古军。这次贸然攻打洛阳的军事行动不仅使数万精兵死于战火，南宋国力也受到严重削弱，还使蒙古找到了进攻南宋的借口，成为宋蒙全面战争的导火索，最终导致 1279 年崖山海战一役宋朝的彻底灭亡，所谓"海角崖山一线斜，从今也不属中华"[①]。

---

　　① 钱谦益：《后秋兴之十三》。

经过宋金数次交战的焚毁与抢掠，洛阳城几乎成为废墟。后来在金的统治下有所恢复，兴定元年（1217）改河南府为金昌府，治洛阳，建号中京，但是直到正大四年（1227）才开始在废墟之上筑城。据元《河南志》载，新筑的中京城"东据涧水，南接东城之南郭，西亦因东城之西郭，北缩于旧仅一里"。新城位于今洛阳老城区，只不过规模已经大大缩水，大约只有隋唐洛阳城的二十分之一。

中京洛阳城建成不久，金元交战使城池再遭损毁。南宋军队"端平入洛"失败之后，在很长的一段时期里，河洛大地成为蒙古兵的牧场，举目荒芜。1252年蒙古开始编汉人户籍，洛阳等县平均只有793户，不及北宋时的百分之一，相当于金朝后期的八分之一。据元《河南志》载，元至元十六年（1279）洛阳城内只有十四个里坊，居住的主要是蒙古贵族、回纥贵族、早期归降蒙古的金朝贵族和汉族士人。

在游牧文明的冲击下，中原的农耕文明几乎彻底衰败。隋唐大运河淤塞甚重难以疏通、黄河水利缺乏治理等造成洛阳一带赖以生存的经济基础和环境基础恶化，直到元之后的明、清时期洛阳都未能恢复元气。伴随着洛阳的政治地位、军事优势的明显下降和丧失，其文化影响力也消耗殆尽。

宋迁往江南之初，洛阳作为西京，一直是南宋士人隔江怀念的故国。宋的旧臣耆老们想着南迁只是一时权宜之计，来日必然要收复中原。就连宋哲宗孟太后崩于绍兴府，也接受"帝后陵寝，今存伊洛，不日恢复中原，则归附矣，宜以攒宫为名，金以为当"①的建议，下旨要求不设寝庙，暂以攒宫安置江南，待到中原光复，再迁葬伊洛。可见北定中原、回归故土是南迁朝廷和士大夫曾经坚持的观念。临安只被称作"行在""行都"，意为天子巡行所到之地，有随时要走之

---

① 张淏：《云谷杂记》卷三。

意；皇帝陵墓也称"攒宫"①，完全按照洛阳东边巩义北宋皇陵"五音姓利"②的风水原则建造。

自从金人的铁蹄踏碎了故国河山，无论是官场士人还是闲散野老，总是被眼前的风景和盛开的牡丹勾起故国怀乡之情。然而复国无望，岁月又催人衰老，回望中原，归乡之路似乎漫漫无际。家国丧失之际，隋唐时期洛阳的文化表象——"归心之地"的文化乡愁又散发出余韵。和北宋时期文本中的洛阳书写相比，南渡之后的诗作中的洛阳往往寓有深沉的故园之思。

> 一自胡尘入汉关，十年伊洛路漫漫。
> 青墩溪畔龙钟客，独立东风看牡丹。
>
> ——陈与义《咏牡丹》
>
> 还忆。洛阳年少，风露秒藥，岁华如昔。长吟堕帻。暮潮送，富春客。算玉堂不染，梅花清梦，宫漏声中夜直。正逋仙、清瘦黄昏，几时觅得。
>
> ——吴文英《瑞鹤仙·饯郎纠曹之岩陵》
>
> 不见罘罳阙，于今已十春。
> 素衣不忍弃，为有洛阳尘。
>
> ——晁公溯《有感》
>
> 倦游曾向洛阳城，几见芳菲照眼新。
> 载酒屡穿卿相圃，傍花时值绮罗人。
> 十年客路惊华发，回首中原隔战尘。

---

① 古代皇帝、皇后暂殡之所。宋南渡后，帝、后茔冢均称"攒宫"，表示暂厝，准备收复中原后迁葬河南。

② 在中原地区，一块墓地叫作墓域，打成七七四十九格，一边7个字，不同的姓氏分成五音——宫、商、角、徵、羽，与阴阳五行中的土、金、木、火、水对应，在地理上找到与其姓氏相应的最佳埋葬方位与时日。参照刘未《宋代皇陵布局与五音姓利说》，载《浙江大学艺术与考古研究》（第3辑），浙江大学出版社，2018。

今日寻芳意萧索，山房数朵弄残春。

——刘子翚《山寺见牡丹》

此怀京洛愁无限，更对沧江烟雨愁。

——晁说之《书怀二绝句》

南宋政权在江南安定下来，不仅为南方带来大量的人口，还带来先进的生产技术和经验，大大促进了南方生产的发展，人民过上了相对安定富庶的生活。随着时间的流逝，大部分南宋士人也开始乐于偏安江南，除了极少数慷慨热血之士以外，大多数人"直把杭州作汴州"。

伟大的爱国诗人陆游就是这少数人中的杰出代表，对中原念念不忘，一生都梦想着朝廷挥师北伐，收复旧土。洛阳城、牡丹花，总是反复出现在他的诗里：

我登少城门，四顾天地接。……
永怀河洛间，煌煌祖宗业。

——陆游《登城》

曩者过洛阳，宫阙侵云起。今者过洛阳，萧然但荒垒。
铜驼卧深棘，使我恻怆多。可怜陌上人，亦复笑且歌。

——陆游《步虚》

洛阳春色擅中州，檀晕鞓红总胜流。
憔悴剑南人不管，问渠情味似侬不？

——陆游《和谭德称送牡丹》

细雨春芜上林苑，颓垣夜月洛阳宫。
壮心未与年俱老，死去犹能作鬼雄。

——陆游《书愤二首·洛阳宫》

雒阳牡丹面径尺，鄜畤牡丹高丈余。

世间尤物有如此，恨我总角东吴居。

     ——陆游《赏山园牡丹有感》

三十年为一世人，孤城梦断洛阳尘。

强颜懒复看人面，何地真堪著此身。

     ——陆游《累日文符沓至怅然有感》

两京初驾小羊车，憔悴江湖岁月赊。

老去已忘天下事，梦中犹看洛阳花。

    ——陆游《梦至洛中观牡丹繁丽溢目觉而有赋》

  陆游是越州山阳（今浙江绍兴）人，他一生主张抗金，对收复中原有不解的情结。他曾亲到洛阳，对于宫城高耸入云和铜驼散落荒草的今昔对比深有感触。他特别喜欢洛阳牡丹，以至于仿照欧阳修的《洛阳牡丹记》写下《天彭牡丹谱》，开篇第一句就是"牡丹在中州，洛阳为第一"。洛阳牡丹对于陆游来说就是国家和民族的象征，因此反复出现在他的诗作中。蹉跎一生、壮志未酬的诗人，满腔悲慨地写下"老去已忘天下事，梦中犹看洛阳花"，所含的无穷遗恨与名句"僵卧孤村不自哀，尚思为国戍轮台。夜阑卧听风吹雨，铁马冰河入梦来"异曲同工。

  陆游终究未能等到再见洛阳花，留下传唱千古的"死去元知万事空，但悲不见九州同。王师北定中原日，家祭无忘告乃翁"（《示儿》）。陆游去世 24 年后，蒙古灭金，南宋实现了"端平入洛"，完成了包括陆游在内的多少人的梦想。为此，陆游的私淑弟子刘克庄欣喜若狂，写诗告慰恩师：

不及生前见虏亡，放翁易箦愤堂堂。

遥知小陆羞时荐，定告王师入洛阳。

     ——《端嘉杂诗二十首·四》

可悲的是，这次的"王师入洛阳"——"端平入洛"引发南宋与蒙古的战争，最终导致南宋的彻底灭亡。崖山海战是南宋与蒙古的生死决战，在田中芳树的历史小说《海啸》中，被描述得惊心动魄：

> 落日的余晖是何其悲壮！"昨朝南船满崖海，今朝只有北船在"，被囚禁在元军船中的文天祥，目睹了崖山海战中最惨烈的一幕——无力回天的丞相陆秀夫背负着年幼的皇帝，背负着他为之坚持的沉重理想投海而亡。其余宋朝军民也纷纷投海殉国，七日后，海上浮尸十余万，山河为之变色。
>
> ——田中芳树《海啸》

崖山一战之后，汉民族政权完全被北方游牧民族元王朝所取代，明代大儒陈白沙认为古典意义上的中华文明自此而绝。这当然是偏激的说法，事实上元朝统治者很快呈现逐步汉化的倾向，中华文明历久弥坚，生生不息。不过，作为华夏文明最正统代表的洛阳文化，的确在元灭宋后发生严重断层。

元朝以后，几度遭遇毁城的洛阳已经元气大伤，再没有恢复到鼎盛时的状态。正如当时文人所记，"洛阳名园名花之盛，自唐宋以来尝为天下最"，而后则"殆不能如旧也"。① 洛阳在文学中出现的频率较之从前大大降低，虽然还有淡淡的乡愁意味，但慷慨激昂、壮怀激烈之作少，感叹历史沧桑巨变、怀古咏史之作多。

> 短衣匹马，白头重过洛阳城。百年一梦初惊。寂寞高秋云物，残照半林明。
>
> ——元好问《婆罗门引·过孟津河山亭故基》

---

① 吴澄：《雪香亭记》。

决眦斜阳里。品江山、洛阳第一，金陵第二。休论六朝兴废梦，且说南浮之始。合就此、衣冠故址……身世蝶，侯王蚁。

——王奕《贺新郎·金陵怀古》

一勺西湖水。渡江来、百年歌舞，百年酣醉。回首洛阳花世界，烟渺黍离之地。更不复、新亭堕泪……借问孤山林处士，但掉头、笑指梅花蕊。天下事，可知矣！

——文及翁《贺新郎·西湖》

曾经一直是"帝王州"的洛阳，完全退出了中国的中心历史舞台，此后再也没有成为政治中枢或文化中心，文脉一时中断。虽然后来随着城市功能的恢复，洛阳文化也逐步复苏，渐渐形成新的文化、自成一脉，但终究只是地方文化，失去了以往的影响力，与此前一脉相承、曾经推动和引领中华文化的文化不可相提并论（表7）。不得不承认，元、明、清时期的洛阳已经泯然众城，难以形成特征鲜明的文化表象。

表7　洛阳地区作为都城的时间

王朝	洛阳作为首都（政治中心）的时期
二里头文化遗迹（夏王朝的斟鄩郡）	前 2000～前 1600 年
偃师商城（殷王朝的亳/西亳?）	前 1600～前 1300 年
东周	前 770～前 256 年
东汉	25～190 年（190 年被董卓攻陷）
曹魏	220～265 年
西晋	265～311 年（311 年被前赵刘聪攻陷）
北魏	495～534 年
隋	604～618 年（炀帝治世）
唐	武周时期 690～705 年（前后包括 682～706 年），安史军（大燕）支配 755～757 年、759～762 年，904～907 年由长安迁都（朱全忠）

续表

王朝	洛阳作为首都(政治中心)的时期
五代·后梁	907～923 年汴州(开封)为东都,洛阳为西都
五代·后唐	923～936 年洛阳恢复首都功能
五代·后晋、后汉、后周	936～960 年以开封为首都,有司摄事在洛阳
北宋	西京(分司)、洛学(宋学)之地
以洛阳为政治中心的时期	计 1600～1700 年

资料来源：気賀澤保規編『洛陽学国際シンポジウム報告論文集　東アジアにおける洛陽の位置』汲古書院、2011 年 3 月、27 頁。

第三章

日本社会中的洛阳余韵

第 1 节　随处可见的洛阳印记

京都里的洛阳

　　到京都旅行，大街小巷里会频频出现"洛阳幼稚园""洛阳庄""洛阳织物"等招牌，手中地图用"洛"加上东、南、西、北、中等方位词来表示，连街头大幅的宣传画也是《洛中洛外图》屏风，一瞬间让人生出"今夕何夕、此处何处"的恍然之感。

　　寻其缘由，"洛阳"乃京都的雅称。洛阳与京都的联系，可追溯到 9 世纪末。日本的宫室、都城的源流都出自中国，模仿唐代的长安城和洛阳城的意识非常强，其中平安宫和平安京最为著名[①]。《帝王编年纪》中有记载，恒武天皇时"东京左京，唐名洛阳""西京右京，唐名长安"，10 世纪后期"左京＝洛阳、右京＝长安"的说法开始固定下来[②]。右京长安部分所处地带为湿地，后因环境原因，荒废不用而有名无实，唯有左京洛阳部分繁荣发展，因此"洛阳"作为京都的别名一直保留下来。

　　王仲殊对此做过专题考察，认为左京比右京繁华主要源于都城、宫

---

①　西嶋定生编『奈良・平安の都と长安』小学馆、1983、178 页。

②　岛本尚志对此有详细考证，作《京都唐名考》发表于日本博物馆学年报 2003 年第 35 号。

城内部的形制和布局，还指出平安京在形制、布局上主要模仿长安，命名却多来自洛阳。左、右京中大约有 13 个中国式坊名，其中铜驼、教业、宣风、淳风、安众、陶化、丰财、毓财等 8 个坊名仿自洛阳，除了应天门以外，宫城的上东门、上西门之名也仿自汉魏时期的洛阳城。①

元初忽必烈进攻日本因遭遇台风而失败后，1298 年元成宗放弃军事进攻，派名僧一宁（1247～1317）为使，赐金襕袈裟及"妙慈弘济大师"称号，命他赴日以"通二国之好"。一宁的日本之行，被当时的名僧虎关师炼（1278～1346）详细记录：

> 伏念堂上和尚（一宁）往己亥岁，自大元国来我和域，象驾侨寓于京师，京之士庶奔波瞻礼，腾沓系途，惟恐其后。公卿大臣未必悉倾于禅学，逮闻师之西来，皆曰大元名衲过于都下，我辈盍一偷眼其德貌乎！花轩玉骢，嘶鹜辐驰，尽出于城郊，见者如堵，京洛一时之壮观也。

可见此时将京都称为"京洛"，已成为日本人的习惯，这个称呼沿用至今，并衍生出一系列新的词语。如"上洛"这个词，在日语中本意表示各地藩主大名来京都觐见，相当于"进京"，至今仍在使用，只不过随着首都迁移，现在可用于东京。虽然 14 世纪时京都城市的中轴线大大向东偏移，人们还是习惯于用"洛"加上方向词来表述京都的方位。特别是有把京都城市内外用"洛中"和"洛外"表示的传统，江户初期画家狩野永德的屏风画《洛中洛外图》就是描绘京都繁荣市街及郊外名胜古迹的杰作（图25）。建筑学家唐克扬指出："为特定空间制作的洛中洛外屏风不只是现代人眼中的一幅装

---

① 王仲殊：《试论唐长安城与日本平城京及平安京何故皆以东半城（左京）为更繁荣》，《考古》2002 年第 11 期，第 69～84 页。

饰'画'，也是在室内营造出的一种'以小观大'的幻境，足以透视出时人对于理想城市风景的一般印象。"①

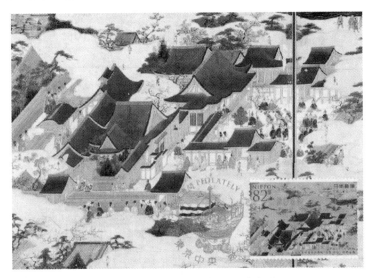

图 25　《洛中洛外图》金阁寺部分

资料来源：日本邮政 2016 年发行的邮票《上杉本洛中洛外图屏风》。

日本佛像中的洛阳

经过遣隋使、遣唐使的往来，日本全方位接受中国文化，从政治、经济制度到文学艺术思想等，几乎所有领域都打上了中国文化的烙印。大唐的文明风貌，如同旋风般席卷了整个日本，由上层贵族社会渗透到下层民间。从天平时代、平安时代到以后的镰仓时代、室町时代，日本的制度、思想、城建、文学、艺术、风俗习惯等各个方面都充满了中国风格。

一般认为佛教最早正式进入日本是在 552 年（也有 538 年之说），朝鲜半岛的百济国派使者给当时的钦明天皇送来一尊释迦牟尼的金铜像和

---

① 唐克扬：《洛阳在最后的时光里》，广州师范大学出版社，2018，第 13 页。

佛教经典、佛具,崇佛派苏我氏的苏我稻目在自宅中供奉佛像,此举成为日本佛寺造营的滥觞①。崇峻天皇元年(587),苏我马子依靠百济所献寺工、炉盘博士、瓦博士、画工等工匠的技术力量,兴建了规模宏大的飞鸟寺。根据近年的考古发掘,飞鸟寺的结构已大致判明,以塔为中心,东西金堂分列两侧,北面正中配置中金堂。从建筑角度看,这种寺院样式是经百济工匠之手从朝鲜半岛传入的,带有明显的北魏洛阳伽蓝的特征。

飞鸟寺中金堂供奉的本尊为丈六释迦坐像,俗称飞鸟大佛,是尊铜制丈六佛像坐像,高 275.2 厘米。这座佛像是推古天皇十四年(606)建造的,虽然在近 1500 年间多次损毁,除头部和双手之外都经过修复,但从雕塑角度看,依然可以辨识出洛阳龙门石窟宾阳中洞本尊的原貌,研究者据此推断北魏文化是日本飞鸟文化的源头之一。

制造飞鸟大佛的鞍部止利是飞鸟时代日本著名的佛师,其祖父是从百济移居日本的司马达一族。司马氏是中国两晋王朝的皇姓,有人认为渡来人司马达有可能是东晋皇族的后裔。"鞍作部"是渡来人的姓,受封于大和朝廷,表示整个族群世代为朝廷所做的工作内容。这个家族在日本以"鞍部"(也称鞍作部)为姓,很可能是侨居百济的南朝工匠,也有可能是直接从南朝梁迁徙过去的。仅从字面上也不难看出,"鞍作部"原意是从事马鞍和马具的制作,后来这一家族演变为专门从事佛像制作。

飞鸟大佛竣工后的第二年,圣德太子发愿的法隆寺落成。止利派创作活动以法隆寺为中心,于 7 世纪前期达到鼎盛,其中金堂释迦佛堪称止利佛师的代表杰作。根据《法隆寺金堂释迦造像记》可以得知,这是为悼念一年前去世的圣德太子而铸造的。中间的释尊手施无畏与愿印,结跏趺坐,据说是模仿圣德太子的等身像,两侧有侍像,这种一主二仆式的造像方式也是模仿了北魏龙门石窟的样式(图 26)。

---

① 据《日本书纪》记载,百济王朝圣明王时期曾多次向日本朝贡过佛雕像和佛教经卷,最早大约在钦明天皇十三年(552);而《上宫圣德法王帝说》则认为是钦明天皇七年(546)。

图26　法隆寺金堂本尊释迦三尊像

资料来源：法隆寺御朱印，https：//法隆寺－御朱印．jinja－tera－gosyuin－meguri.
com/category/奈良·法隆寺の仏像－一览【国宝·重文%EF%BC%88画像写真/法隆寺·%
EF%BC%88金堂%EF%BC%89释迦三尊像「释迦如来と文殊菩。

　　法隆寺虽在遭遇火灾后重建，但丰富的飞鸟文化元素基本都被保
存下来，有一些原属法隆寺现收藏于东京国立博物馆的造像佛，几乎
都是止利派的造像风格。这种风格较之肥体薄衣的云冈样式，更接近
长脸、瘦身、厚衣的龙门样式，特点是眼睛呈杏仁形状，唇边隐约露
出古朴的微笑，长长的耳垂上没有开孔，等等，与洛阳龙门石窟佛像
的亲缘关系清晰可辨。

　　止利风格佛像的佛衣采用的是中国式的"通肩"设计，是用圆
润弯曲的线条来刻画衣纹，上衣襟张开，襟边沿上斜穿，掩盖住左肩
和右腋的内衣，且可以看见衣裙带子的结头，这是中国独创而印度佛

像没有的。① 结跏趺坐的佛像下面拖出长长的衣裙,这也是止利派造像的一大特色。这种衣裙垂于座前的坐佛像被称为"悬裳座",最早出现于云冈石窟,在龙门石窟时发展成熟。厚重的衣裙上强化了装饰性刻画,属于中国北魏"褒衣博带"类型,形成类似云纹的浮雕,这种佛像造型显然是学自中国北魏后半期的"龙门样式"②。另外,手足指间有缦网相连是北魏造像的典型风格,这也体现在止利派造像中,佛像的手足犹如水禽的脚蹼。以村田靖子为代表的日本学者认为,长脸、瘦身、厚衣等相貌表现以及悬裳座的完成,标志着止利佛像成为日本古典佛像的典范。

武则天大力推动佛教的消息经由留学僧等传至日本,圣武天皇(701~756)也希望借助佛教的力量赈灾驱邪、祈祷国家安泰。明显是受到武则天在洛阳紫微城造大佛铜像、通天浮屠,在龙门奉先寺雕刻卢舍那大佛石像的启发,圣武天皇参拜河内国大县郡知识寺大佛后发愿"朕亦奉造",743年下诏筑造大佛。在光明皇后的大力协助下,于奈良以东(现东大寺的位置)建起以洛阳龙门石窟卢舍那大佛坐像为原型的高达14.9米的卢舍那大佛坐像,该佛像也称奈良大佛(图27)。

洛阳与日本的佛缘不止于此,因请鉴真东渡而著名的日本僧人荣睿、普照733年随第九次遣唐使来到中国,在洛阳大福先寺受戒学习,并于三年后请福先寺僧人道璇赴日本弘法传戒。当时住在大福先寺内的印度僧人普提仙那也一同前往日本,住奈良大安寺宣讲戒律。道璇作为先于名僧鉴真赴日的传戒师,是首位获日本天皇敕请的唐僧,为华严宗、禅宗、律宗等各佛教宗派东传日本做出巨大贡献。东大寺大佛的开眼仪式由普提仙那主持,道璇担任咒愿师。后来鉴真和尚东渡日本,在大佛殿前临时建造的戒坛上向圣武太上皇等僧俗授戒。道璇和菩提仙那历经万难从洛阳福先寺来到奈良,鉴真年轻时也

---

① 顾雪莲:《日本早期佛像形制风格考》,《西南民族大学学报》(人文社会科学版)2011 年第 10 期,第 56 页。

② 〔日〕町田甲一:《日本美术史》,莫邦富译,上海美术出版社,1988,第 36 页。

曾在东京洛阳游学，聚在异国的几位高僧，从奈良大佛身上看到龙门石窟卢舍那大佛的影子时该是怎样的欣慰！

图 27　在日本被用作历史书封面的龙门石窟卢舍那大佛

资料来源：讲谈社学术文库，https：//bookclub. kodansha. co. jp/
product？item＝0000151032。

从北魏到隋唐，洛阳佛教的盛况对日本佛教影响深远。特别是龙门石窟造像，不仅是日本古代佛像的源流，也是飞鸟时代日本吸收中华文明的有力实证。有学者认为南北朝时期北魏文化是通过高句丽传入日本的，两者之间具体是如何传承的、止利派风格的佛像制作方法来自龙门石窟的直接证据等，尚需继续考证。

日本汉诗中的"洛阳"

地名是人们赋予某一特定空间位置上的自然或人文地理实体的专有名称，将平安京（京都）称为"洛阳"即是通过命名表达一种对理想都城的向往。这种向往基于洛阳曾是多个王朝都城的历史地位，同时也是因为大量和洛阳相关的诗文名作，长期憧憬中华文明的日本人通过文字构建起关于洛阳的想象空间。

日本汉诗来源于中国诗歌，同时又体现日本社会文化传统，在东亚汉文化圈中独树一帜。完全不懂汉语的日本人能作出无论是结构还是音韵都符合规定的汉诗，令人难以置信，却是不争的事实。日本人从大约1300年前就开始创作汉诗了，这得益于他们为了读懂汉文著作而发明的汉语训读法，即在汉文字上加注称为训点的标记。用这种方法对中国的古籍文章稍加标示，就能让日本人像阅读日语一样看懂汉文。

训读法大约从八世纪以后开始在日本普及，时至今日也是当代日本中学生必须接受的训练。这使日本人能够直接阅读汉籍古文，从理论上来说即便不会汉语也能够自由地作汉诗、研究和阅读汉文，大大加快了日本对中国文化的接受和吸收。前文中所述白乐天的诗歌在日本被奉为瑰宝，就是古代日本人感受到汉诗之美而痴迷热爱汉诗的源头。日本的贵族文士竞相模仿白氏风格作汉诗，在相当长的时间里习惯于通过汉诗文记录情感和生活。

细读古往今来的日本汉诗，能够屡屡得以邂逅洛阳。例如：

火舶铁车租税通，鲁西以外一家同。

东京自此洛阳似，道里均平天地中。

——大沼枕山《东京词》

大沼枕山（1818～1891）是明治维新时期著名的汉诗诗人，他出生于江户时期，亲身经历风起云涌的明治维新，出版诗集《东京诗三十首》，被收录于 1934 年出版的《明治诗话》中。以上是七言绝句中的一首，借吟咏江户成为东京的沧桑巨变，讽谏了幕府末年迁都等时政。日本人对洛阳十分熟悉，《史记》等中国古文献中周朝营造洛邑时"此天下之中，四方入贡道里均"的典故信手拈来。在洛阳早已退出中国政治中心舞台数百年后的 19 世纪后期，日本迁都之际，仍然能够有意识地首先将东京比作洛阳，说明洛阳的古都印象在日本已经根深蒂固，作为天下之中的象征即使在日本也深入人心。

九朝帝阙风霜古，几处河山光景新。

请看当年金谷路，笙歌今日是何人。

——石川忠久《禹域游吟之十四　洛阳》

如今虽说是日本汉诗衰微的时代，但仍有不少修养较高的日本人作诗不辍，一直保留着写汉诗的传统。现代诗人石川忠久（1932～）在日本当代汉诗界德高望重，他不仅出版著作介绍和赏鉴中国古诗，还多次游历中国，在洛阳周边的二里头、龙门、杜甫墓等处游览时留下不少诗篇。

瞭望熏风杨柳新，悬崖万洞各佛宸。

龙门大佛无言坐，脚下慢和宁静人。

——平田稔《拜望龙门石窟》

不仅是有名的诗人，即使是普通人也以作汉诗为乐。以上一篇就是笔者在网上无意中发现的，作者是一位喜爱汉诗的老人，他常常在博客中解读中国汉诗，也发表自己的作品。这首就是他亲赴洛阳体会杜甫的《游龙门奉先寺》之后自己创作的①，不懂日语的中国人读起来也完全没有障碍。

> 洛阳知己皆为鬼，南屿俘囚独窃生。
> 生死何疑天付与，愿留块魄护皇城。
>
> ——西乡南洲《狱中有感》

日本汉诗中出现的"洛阳"，很多时候是指代京都的。这一首非常著名，是波澜激荡的幕府末年的汉诗，作者是"维新三杰"之一的西乡隆盛。西乡自号南洲，发起尊王攘夷运动，失败后被流放于孤岛作成这首诗。诗中豪情不减，抒发了他愿意为推翻幕府、王政复古而鞠躬尽瘁之情。该诗被胜海舟刻于石碑上作成"留魂诗"碑，如今立于东京上野公园（图28）。

另外，近来一度成为社会性话题的一首汉诗也和"洛阳"有关。

> 梦上洛阳谋故人，终卫巨奸气逾振。
> 觉来浸汗恨无限，只听邻鸡报早晨。
>
> ——武市半平太《绝命诗》

这是2011年7月在日本高知市民间发现的手稿，作者是领导尊攘运动的志士，曾与坂本龙马相交。他的活动被镇压，入狱后受命切腹自尽。因此，这是一首狱中所作的绝命诗，写梦见自己到京都与友人会合、共同谋划，终于成功扳倒巨奸，意气风发，可是醒来后却发现只是美梦一场，自己身处囹圄，遗恨无限。

日本汉诗中的"洛阳"，除了以上两类可以明确判断指向的以外，还有不少从意义上来说是模棱两可、任凭读者意会的情况。浸淫于汉文诗

---

① 平田稔在日本网站的个人博客：愉悦漢詩 https://blog. goo. ne. jp/salugooblog/e/b4f367057b043309d967ab1fbd30c6b5。

图 28 西乡隆盛留魂诗碑

资料来源：西乡隆盛留魂诗碑，https：//i0. wp. com/koedo - sanpo. site/wp - content/uploads/2018/08/fullsizeoutput_ a80. jpeg。

风中成长起来的日本文人，尽管很多人终生未到过中国，却借助文字在心中构造起一个典雅精致的想象世界，常常创作以中国风物为主题的汉诗。由于京都也可雅称洛阳，字面上和洛阳相关的日本汉诗很可能是日本诗人看似不经意，实际上却是有意识地把中国汉诗典故中原有的洛阳悄然与他们所处现实时空中的"洛阳"（京都）嫁接起来的结果。例如：

> 洛阳一别指天涯，东望浮云不见家。
>
> 合浦飞来千里叶，阊风归去五更花。
>
> 关山月满途难越，驿使春来信尚赊。
>
> 应恨和羹调鼎手，空将标实惜年华。
>
> ——新井白石《千里飞梅》

新井白石生于江户时代的破落武士家庭，却积极向学，专习朱子学数年，成为江户时代的学者型政治家。《千里飞梅》的词句明显与"浮云一别后，流水十年间"（韦应物《淮上喜会梁川故人》）、"人言落日是天涯，望极天涯不见家"（李觏《乡思》）等唐宋诗句的语意相似，可见作者的古典文学素养深厚，对中国诗文可以信手拈来。新井因著有《古史通论》和《外国之事调书》等研究邪马台国与曹魏王国交往历史的著作而闻名，对于古代洛阳的人文地理非常熟悉，所以诗中使用了"合浦杉"①的典故。在中国古典文学中，合浦叶或者杉叶常常作为思归洛阳的形象出现，表达乡愁。明朝的杨慎在《升庵文集》中专门设立了"合浦杉"一条，列出"传闻合浦叶，远向洛阳飞""杉叶朝飞向京洛，文鱼夜过历吴州"等诗句。新井白石作这首诗的具体情况已不可考，这首诗通常被看作含着青春少年的豪放与自许，又包含壮志未酬、空白了少年头的悲慨②。其中"合浦飞来千里叶"与"洛阳一别指天涯"既有逻辑上的照应，也有意象的连接，无论是实指还是虚指都很和谐。

这类诗歌数量不少，其中"洛阳城里飞如雪，不送行人空送春"（室直清《杨花》）、"春雁似吾吾似雁，洛阳城里花背归"（直江兼续《春雁》）（图29）等已成为日本脍炙人口的名句。这些诗句明显因袭了"洛阳城里花如雪，陆浑山中今始发"（宋之问《寒食还陆浑别业》）、"洛阳城东西，长作经时别。昔去雪如花，今来花似雪"（范云《别诗二首》）、"洛阳愁绝，杨柳花飘雪"（温庭筠《清平乐·洛阳愁绝》）、"乡书何处达，归雁洛阳边"（王湾《次北固山下》）等，让"洛阳"一词在中国古典文学中的风花雪月的浪漫形象在日本文学中也得到继承。

日本汉诗中的洛阳书写，无论是实际语义、借用典故还是使用氛围，都与中国传统文学形象中的洛阳一脉相承。这既可以理解成日本

① 《南方草木状·卷中·杉》记载合浦东二百里有杉一树，汉安帝永初五年（111）春，叶落随风飘入洛阳城，其叶大常杉数十倍。术士廉盛曰："合浦东杉叶也，此休征，当出王者。"帝遣使验之，信然。乃以千人伐树，役夫多死者。"

② 严明：《日本汉诗中的赏春》，《上海师范大学学报》（哲学社会科学版）2005年第3期，第54页。

诗人的隔空致敬，也可以理解为以"洛阳"指代京都。日本诗人有意识地继承和使用独具洛阳特色的相关典故意象，又将京都的实际意义和"和习"描绘入诗，诗中两种所指都符合逻辑，创造出一种崭新的诗歌意境，达到"一弦二歌"的效果。这种写作手法显得异常精妙，也使得"洛阳"一词体现出中日在文学、文化、审美方面的共识得以继承，成为理解中日两种文化的一种特殊路径。

图29 "春雁似吾吾似雁，洛阳城里花背归"屏风

资料来源：笔者摄于日本京都。

民众生活中的洛阳

（一）文学中的洛阳

普通日本人对于洛阳这个城市的印象，首先来自文学作品。无论如何都绕不开的首推《三国志》及其一系列的衍生作品，董卓火烧洛阳城的画面作为三国故事中的经典一幕已深深印在日本人的心头。日本人有三国情结，对于三国群雄争霸的故事情节，他们的熟悉程度不亚于中国人。曹孟德机智献刀、貂蝉迷惑吕布、关云长首级葬城郊等等，洛阳作为三国故事的重要舞台，一直是三国迷的必到之处。

近代天才小说家芥川龙之介是日本人最喜欢的作家之一，他的代表作之一是改编于中国古典小说的《杜子春》。这篇写于 1920 年的小说在日本家喻户晓，进入中小学语文课本。有趣的是，《杜子春》的故事原型是唐代郑还古所著的神仙小说《杜子春传》，芥川却偏要把原来发生在长安的故事挪到洛阳。开篇第一句"某个春日的黄昏，唐朝京城洛阳的西城门下，有个年轻人心不在焉地仰望着天空"，是每个日本人开口就能背下来的。文中多次出现对洛阳奢华生活的描写，在一定程度上影响了日本人的洛阳印象。

> 当时的洛阳极为昌盛，是个天下无与伦比的京畿。大道上车水马龙，人潮熙来攘往。在如亮油般照映在西门上的夕阳光辉中，可以看到老人的罗沙帽、土耳其女人的金耳环、装饰在白马上的彩丝羁绳，交替流动、变幻不止，那景象美得像一幅画。
>
> ——芥川龙之介《杜子春》

由于日本古代历史与洛阳重叠，相比中国其他都市，日本人对洛阳有天然的亲近感。2016 年，朝日新闻社出版丝绸之路特集《洛阳——乡愁之都》，表现出一种文化的依恋。长期以来，日本有不少以洛阳为舞台的历史小说，近年出版的就有以西晋皇后贾南风为主人公的《洛阳的姐妹》（安田笃子，讲谈社，2002）、以貂蝉为主人公的《洛阳炎上》（Eagle Publishing，2005）、反映武则天时代的《则天武后》（气贺泽保规，讲谈社，2016）、以唐朝薛怀义为主人公的《洛阳的怪僧》（佐佐泉太郎，东洋出版，2017）等。除了有历史原型的小说，还有很多几乎完全虚构的文学作品也把洛阳设定成舞台，比如《双子幻绮行——洛阳城推理谭》（森福都，详传社，2001），通过一系列同名推理小说，讲述了一对双胞胎在风云诡谲的洛阳城中屡屡侦破奇案的故事。新型历史文学作家相木钟三连续出版了《洛阳的纸价》（文艺社，2005）、《洛阳春》（大众幸福出版社，2018）（图30）。最近因为被翻拍成《妖猫传》而引起讨论的《沙门空海之大唐鬼宴》（梦枕獏，德间书店，2007）中，也有相当多的场景被设定在洛阳。这些作家部分借用历史对洛阳的记载，又大量加入文学的想象，营造出新的洛阳形象呈现给民众。

图30　相木钟三的作品书影

资料来源：日本亚马逊网站。

早有学者注意到洛阳都市形象的特色，橘英范曾考察中国志怪、传奇小说中的洛阳形象，认为"隋唐时期洛阳特有的都市环境，即洛水将城市一分为二、架于其上的天津桥等具有'桥'与'市'的双重性质，起到与异界分界的作用，使洛阳带上神异色彩，造就丰富多彩的小说的世界"①。日本当代作家对这一传统进行了继承和发扬，

---

①　橘英範「小説の舞台としての隋唐洛陽城」佐川英治編『洛陽の歴史と文化』岡山大学文学部プロジェクト、2008、43－61頁。

借用历史对洛阳的部分记载，又大量加入文学的想象，通过扑朔迷离的故事情节，让洛阳城"笼罩上绮幻与怪异的面纱"，营造出"诡异之都"的形象呈现给民众。有学者已经关注到这一现象，认为"非理性浪漫主义文学的需求使幻想文学迅速崛起，而异国的千年古都无疑能够吸引读者目光"，"日本作家擅长描绘历史舞台上欲望与野心碰撞，爱与绝望交织的画面。比起客观的历史，他们更关注人性在欲望与杀戮前所展示的黑暗。作为故事发生的场所，洛阳处于这一切黑暗的漩涡中心，展现了冷酷鬼魅的一面"①。

（二）园林中的洛阳

尽管遣唐使中断之后，中日之间的直接交流大幅度减少，宋元时期日本仍然通过僧侣和贸易往来继续吸收中国文化。北宋以司马光为首的一大批掌握实权的官僚和文化名人聚居西京洛阳，形成"西京千古帝王宫，无限名园水竹中"（穆修《过西京》）的景象。山川形胜和亭台楼阁交相辉映，加之奇花异草，洛阳的繁花名园构成了北宋一道独特的景观。尽管后来名园尽毁令人无限唏嘘，这种名园文化却在日本以另一种形式传承下来。

日本的庭园因为体现了日本文化独特的美学而在世界上具有知名度，日本的名园大多建于江户时代，特别是兼六园、后乐园和偕乐园并列三大名园，是日本园林文化的最高代表。建于 1676 年的兼六园面积达 11 万平方米，位于金泽市中心，最初是金泽城藩主的庭园，经历代藩主的整修扩建而成。兼六园的名字取自中国宋代诗人李格非（1068～1100）所著的《洛阳名园记》。《洛阳名园记》精心记述了当时洛阳园林中特别出色的十九处，并且提出当时园林建筑的互为对立的三组审美元素：

---

① 苏筱：《日本现代小说中的"洛阳"书写》，《安徽文学》2017 年第 3 期，第 49 页。

洛人云：园圃之胜不能相兼者六，务宏大者少幽邃；人力胜者少苍古；多水泉者艰眺望。

——李格非《洛阳名园记》

当时的日本人应该少有亲见洛阳园林的机会，但江户时代日本兴起筑园之风后，他们继承了《洛阳名园记》筑造园林的思想，并且试图超越洛阳名园。江户幕府第八代将军德川吉宗之孙、陆奥国白河藩第三代藩主松平定信为此园取名"兼六园"，园内种植多种植物，加上亭、台、楼、阁等建筑，还设置了池塘、喷泉、瀑布、溪流等景观，是一座林泉回游式园林，被称为"庭园中的国宝"。这个名字意为兼备李格非所提出的六个条件——其中千岁台对应"宏大"，常盘冈、池林等对应"幽邃"，假山等对应"人力"，白龙湍、山崎山对应"苍古"，丰富的曲水对应"水泉"，高53米的高台对应"眺望"，故名"兼六"（图31）。

图31　位于金泽市的兼六园

资料来源：特集·兼六園丨【公式】金沢のおすすめ観光，https：// www.kanazawa-kankoukyoukai.or.jp/article/detail_79.html。

后乐园之名来自范仲淹的名句"先天下之忧而忧，后天下之乐而乐"。范仲淹少年时代曾经寄居洛阳城郊的铁角寺苦读，就任于朝廷后多次上书力主迁都和营建洛阳。皇祐元年（1049），众多弟子商议在洛阳为范仲淹置买宅邸，让他颐养天年。一生两袖清风、忧国忧民的范仲淹这样婉拒：

人苟有道义之乐，形骸可外，况居室乎？吾今年逾六十，生且无几，乃谋治第树园圃，顾何待而居乎？吾所患在位高而艰退，不患退而无居也。且西都士大夫园林相望，为主人者莫得常游，而谁独障吾游者？岂必有诸己而后为乐邪。

——《续资治通鉴》卷第五十二

范仲淹承认西都洛阳很好，但垂暮之年的他从未想过坐享安逸，而是把个人的享乐全部置之度外，所以谢绝在西都买园养老，并且说洛阳到处是园林，即使自己不拥有，也不妨碍游览那些园林。"岂必有诸己而后为乐邪"体现的正是范公追求道义之乐的旷达性格与高贵精神。享年六十四岁的范仲淹溘然长逝后，按照遗愿被葬于洛阳城东南十五公里处的万安山南麓。大约六百年后，洛阳的名园已成废墟，日本冈山藩却因被"先忧后乐"的伟大思想所感动，有意识地把一座园林命名为"后乐园"（图32）。

图 32　位于冈山市的后乐园

资料来源：无二之旅—冈山后乐园攻略，https：//www. uniqueway. com/countries_ pois/dWVlg9Gz. html。

（三）无处不在的洛阳

有时候，在日本与洛阳的邂逅是不经意间的。偶然看到某家墙上装饰的挂轴上写着"洛阳牡丹吐新蕊"。开始以为日本人如此喜欢洛阳牡丹，事后才知竟失之千里。这句话来自一段公案，宋代典籍《碧岩录》有载："不与万法为侣者，是甚么人？待汝一口吸尽西江水，即向汝道，意作么生？"有人向马祖禅师问禅意，大师回答说："你一口吸尽西江之水，我就告诉你。"问者顿时领会了其中的禅旨。五祖法演禅师为这段公案作诗如下：

> 一口吸尽西江水，洛阳牡丹吐新蕊。
>
> 簸土扬尘无处寻，抬眸撞着自家底。
>
> ——《禅林句集》

宋末元初，为避战乱而东渡的中国禅僧陡增，使日本禅风大振，禅宗迅速渗入日本生活中，引发了对茶道、书画、庭园的影响。"一口吸尽西江水，洛阳牡丹吐新蕊"比喻扫尽妄念后开悟进入妙境。据说日本高僧千利休就是闻听此语而顿悟，将禅心融入茶道，形成"和、敬、清、寂"的茶道思想。

当今日本普通民众的生活，乍一看和洛阳无关，深入考察就会发现千丝万缕的关联。比如作于 1901 年的国民歌曲《箱根八里》，在日本传唱了百余年，为男女老少所耳熟能详。歌中强调箱根的险峻，开头第一句就是"箱根之山为天下险，险过函谷关"。函谷关在洛阳城西，地处长安洛阳的两京古道，因关在谷中，深险如函，故称"函谷关"，2016 年新安函谷关遗址作为"丝绸之路第一关"成功入选世界文化遗产。借用函谷关的险峻来突出箱根，可以看出日本对于洛阳风物的熟悉程度。每年京都的祗园祭的巡游车队中，还有一辆矛车（日本沿用中国古代的用法，称为"山鉾"或"鉾车"，"鉾"古同"矛"）是专门用函谷关命名的。

　　而对于热爱书法的日本人来说，"洛阳"二字更是自带墨香。到近代为止，日本书法的历史几乎可以说是对中国书法的受容史。一般认为 1880 年杨守敬东渡日本带去大量汉魏六朝、隋唐的碑帖，使中国碑学传入日本，崇尚北魏的风气在日本也昌盛起来。事实上，日本现存最古老的石碑宇治桥断碑的碑文刻法古拙质朴，已经是北魏书法的式样，说明日本至少在平安时代就已受到北魏书法的影响（图33）。已发现的用北魏书法刻制的石碑还包括那须国造碑（700 年）、多胡碑（711 年）等，这两通石碑被认为与北魏书法大家郑道昭

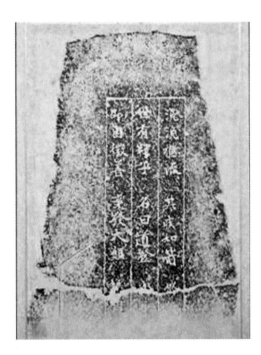

图33　日本宇治桥断碑拓本

资料来源：https://www. wikiwand. com/ja/日本三古碑。

（？～516）的风格有相通之处。郑道昭曾负责北魏的文教，上书建议魏孝文帝整理和修复洛阳城南旧太学里的汉魏石经。

近来，京都大学人文科学研究所发现了"龙门二十品"的最古老的拓本，如获重宝。这套拓本与现行"龙门二十品"相比，有很多地方保持完好、没有破损，是几十套拓本中年代最早的。出版的《松本文三郎旧藏龙门二十品拓本》（稻本泰生、安冈素子编，東アジア人文情報学研究センター東方学資料叢刊24），被戏称为"书家垂涎的古拓本"，可见日本人对北魏书法的热爱。

中华文化影响深远，日本曾经在相当长的历史阶段里以学习吸收中国文化为荣，使用汉字作为书面语言，思想体系、宗教意识也与中国一脉相承。尽管古都洛阳在地理位置上与日本相隔遥远，但一座都城包罗万象，中日自东汉起就通过使节产生众多交流，通过文字记录、文学意象传递等洛阳为日本人所熟悉。近代以来，随着日本的崛起和洛阳自身的边缘化，表面看来洛阳作为一个中国内陆地方城市与日本似乎已无甚交集，但只要细细寻觅，就能在日本生活的各个领域发现洛阳文化的余韵悠长（图34）。

图 34　日本生活中可以遇到的各种各样的"洛阳"

资料来源：笔者摄于日本。

第 2 节　日本的"洛阳学"

日本自古就对中国的古都洛阳特别关注，近现代关于洛阳的持续研究形成大量成果，自发形成日本"洛阳学"，标志着日本的洛阳研究朝着学科化、纵深化方向发展。日本文化视域中的洛阳研究具有悠久的历史传统，是伴随着日本近代学术体系建立而产生的学术文化，具有自发性、全面性的特征，在一些领域显现出局部系统性。翔实考察日本洛阳学是追踪中国文化异域传播印记和影响的重要研究，可以为中国文化海外传播理论提供现实数据和学术支持。目前我国学界虽已对日本洛阳学现象及其成果表现出极大关注，但由于语言、地域等限制，深入研究尚未真正展开。为厘清日本洛阳学的发展历程和整体状况，精准评估和充分利用其研究成果，笔者花费近两年时间，尽可能全面地收集日本 2006～2018 年的最新研究成果，翻译汇总以供查询检索。

日本洛阳研究历史回顾

中日交流史中洛阳的原点性地位，加上以洛阳为主题的文学作品的影响，形成了日本社会对洛阳的特殊关注。明治维新实现文明开化，使日本步上现代化之路，建立起现代学术研究的体系。经过一段时间的沉寂之后，洛阳再次引起世人的注意是以内藤湖南为契机。内藤于 1894 年提出的"文化中心移动说"①影响深远，成为东洋史学理论的重要支柱。内藤借用了清人赵翼的"长安地气"说，认为文化中心随历史的推移而变化，但明确指出"在长安之前有洛"，认为"武力之强在于冀州，唐虞夏商，在南面以钳制天下；食货之利在豫州此间人文酝酿；洛恰于此二州文化风物聚合之处"②。正因为内藤湖南将洛阳一带定位于中国最早的文化中心，此后日本文化视域中的洛阳研究大多兼具对文化起源和历史传承的思索。

日本学者对洛阳现代意义上的学术研究始于 20 世纪初，早期关于洛阳的研究主要包括以北魏洛阳城为主的古代都城研究、以龙门石窟为主的佛教艺术研究以及考古研究。20 世纪 80 年代岸俊男最早提出"洛阳学"概念，随后日本的洛阳研究呈现多样化发展趋势，在深度与广度上都有所拓展。日本冈山大学对相关研究展开调查，发表《洛阳关系邦文文献目录稿》（橘英范，2007），收录 1941～2006 年期间 200 余篇（部）相关论文和著作成果名录。

2010 年，以气贺泽保规为代表的日本学界认为洛阳可以作为关键主轴联结各个学科，以不同形式展开研究，正式将日本的洛阳研究命名为"洛阳学"。首届日本洛阳学研讨会在东京召开，论文集《东亚における洛阳の位置》是体现日本洛阳学建立依据和研究状态的重要文献。

总体来说日本关于洛阳的学术研究以历史、文化、地理为主，多层次展开。其中影响力比较大的有《分裂的时代》（森鹿三，1967）、《唐代的长安与洛阳》（平冈武夫、今井清，1977）、《中华的崩溃与

---

① 内藤湖南于 1894 年提出"文化中心移动说"。为寻找"文化中心移动说"的历史证据，内藤对古代中国各个时期的特质进行对比分析，又提出了"唐宋变革论"。这两个学说是内藤构建东洋史学的理论基础。

② 内藤湖南『内藤湖南全集』（第一卷）筑摩書房、1969、22 頁。

扩大》（川本芳昭，2005）、《周礼与洛阳》（佐原康夫，2007）等，这些著作从断代史、思想史等角度深入论述洛阳的地位与影响；《北魏洛阳的社会与文化》（服部克彦，1965）、《北宋时代的洛阳与士人们》（木田知生，1979）、《古都洛阳与唐宋文人》（中尾健一郎，2012）等，这些著作探讨洛阳风土与文学的关系。

文物、考古发现也是研究热点，"洛阳学"的提出使研究者的"洛阳意识"更加清晰，洛阳学国际研讨会在中国洛阳和日本京都多次召开。"洛阳学"的正式提出让日本洛阳学研究进入崭新的阶段，成果呈现纵深发展的趋势。根据对日本国立情报学研究所（CiNii）等提供的信息进行的不完全统计，2006～2018年日本公开发表的洛阳相关研究文章和著作多达170余篇（部），在数量上几乎达到20世纪研究的总和。

近年来《千年帝都洛阳的遗迹与人文自然环境》（盐泽祐仁，2010）、《西晋时代的都城与政治》（田中一辉，2017）等著作的研究方法明显呈现以实地考察与历史文献交叉的方式研究洛阳的倾向。另外，以魏晋、隋唐时期的洛阳为舞台的文学创作经久不衰，近来出现以历史和推理小说为主的"洛阳书写"热潮也值得关注。

国内对日本洛阳学的考察

国内在具体领域或专题方面（如古代都城、龙门石窟、洛阳考古等领域）时有翻译或介绍日本学者的研究成果，但整体看来数量较少，缺乏能够反映日本洛阳研究全貌的综述性研究。韩昇最早于2008年将日本"洛阳学"的概念传达给中国，呼吁更多专家学者加入。针对日本2010年正式提出"洛阳学"，罗炤认为"洛阳学"虽与中国既有的河洛文化研究有重合，但更有可能成为范式清晰的学科，值得提倡。

　　国内学者普遍认为此前河洛文化的研究成果为建立综合性的"洛阳学"研究体系创造了条件，2016 年张新斌提出"洛阳学"是深化河洛文化研究的重要途径；张佐良呼吁编纂洛阳文献集成；陈建魁认为开展"洛阳学"研究是构建华夏历史文明传承创新区的重要举措。此后地方社科项目中开始出现相关课题，侯甬坚把"洛阳学"建立的基本依据归结为历史继承性和地域性特点，薛瑞泽建议"洛阳学"研究与经济相结合，2018 年杨超发表《21 世纪以来日本学者对中国洛阳的研究综述》，标志着国内对日本"洛阳学"的研究即将深入展开。

　　总体而言，日本对洛阳的关注源于历史和文学，日本的洛阳研究是伴随着近代学术体系建立而产生的学术文化，具有自发性、全面性的特征，在都城史等领域显现出局部系统性。目前由于洛阳作为普通地方城市在政治、经济方面不具有优势，日本"洛阳学"研究现象和成果尚未引起足够关注。中国对日本"洛阳学"的认识才刚刚起步，还停留在宏观层面的讨论，未及深入了解其成因、现状、成果等实质性内容。现阶段存在的相关问题有：（1）统计资料匮乏，缺乏日本洛阳学研究成果的全面统计，不便查询；（2）中文翻译缺失，语言障壁致使中日学者间无法形成深度学术互动；（3）系统总结空缺，日本的洛阳研究总体来说是散点式的具体研究，缺乏整体把握和系统性总结。综上所述，对日本"洛阳学"现象的综合考察以及研究成果的整理译介是亟待展开的课题。

日本洛阳学研究成果汇总

　　截至目前，对于日本洛阳研究的统计汇总工作，主要有两部分。一是 2007 年日本学者橘英范发表的《洛阳关系邦文文献目录稿》，主要是针对 1941 年至 2006 年初洛阳研究日语成果的初步统计。为在时间上与此统计表相衔接，笔者借助洛阳市社科规划重点项目"近现代日本洛阳学研究"（编号：2018A047）、河南省教育厅规划项目"日本洛阳学的历史考察与展望研究"（编号：2019 – ZDJH – 097）、洛阳市社科规划项目"当代日本洛阳研究成果考察与译介"（编号：2019B246）等课题，考察统计了 2006 年 1 月至 2018 年 12 月在日本公开发表的洛阳研究日语成果。

（一）洛阳相关文献邦文目录稿（1941～2006年）[①]

□水野清一、长广敏男：《河南洛阳龙门石窟研究》，座右宝刊行会，1941。

□梅原末治：《洛阳金村古墓聚英》，小林出版部，1944（后同朋舍出版，1986）。

□入矢义高：《洛阳三怪记》（世界文库 91），弘文堂书房，1948。

□平冈武夫、今井清编《唐代的长安与洛阳（索引篇、资料篇、地图篇）》，京都大学人文科学研究所，1956（后同朋舍出版，1977）。

□宫川尚志：《六朝史研究（政治、社会篇）》，平乐寺书店，1956。

□中田勇次郎译编《文房清玩 3 欧阳修/洛阳牡丹记》，二玄社，1962。

□服部克彦：《北魏洛阳的社会与文化》，密涅瓦（ミネルヴァ）书房，1965。

□服部克彦：《古代中国的都市极其周边》，密涅瓦（ミネルヴ

---

① 此目录稿由日本学者橘英范收集整理，发表于 2007 年 3 月《中国文史论业（3）》，第 169～180 页，笔者稍加整理并译成中文。

ア），1966。

□服部克彦：《北魏洛阳的社会与文化》，密涅瓦（ミネルヴァ），1968。

□今立铁雄：《河南作战写真谱——楚河铺、龙门街、洛阳之战》，三惠出版贸易，1973。

□上田正昭编《都城》，社会思想社，1976。

□日中友好佛教协会：《中国佛教之旅北京、太原、西安、洛阳》，美乃美，1980。

□村田治郎：《中国的帝都》，综艺社，1981。

□陈舜臣：《中国历史之旅》，东方书店，1981（后又由文社文库、德间文库等多次出版）。

□冈山市：《冈山洛阳友好都市缔结纪念》，冈山市友好访中团报告书，1981。

□冈山市：《冈山友好都市——洛阳》，冈山市，1981。

□越泽明编《战前中国都市文献目录（图书部）》，东京大学工学部亚洲都市研究会，1981。

□村松伸编《中国都市研究概况与文献目录（日本文、中国文篇）》，东京大学工学部亚洲都市研究会，1981。

□马得志、西岛定生编《唐代长安与洛阳（奈良、平安之都与长安）》，小学馆，1982。

□越泽明编《现代中国都市研究动向》，小学馆，1982。

□植木久行：《唐诗的风土》，研文出版，1983。

□濑户内寂听：《敦煌、西藏、洛阳美与爱之旅2》，讲谈社，1983。

□彦由龟一：《中国之旅4北京、大同、太原、西安、洛阳、南京、上海》，私家版，1983。

□冈山市东方（オリエント）美术馆：《古都洛阳秘宝展》，古都洛阳秘宝展实行委员会，1983。

□冈山市：《姊妹都市、友好都市的历程》，冈山市，1984。

□岸俊男：《平安京与洛阳（日本政治社会史研究）》，塙书房，1984。

□杉本宪司：《发掘中国古代城郭（都市的发展）》，中央公论社，1986。

□安野光雅：《中国的市场（北京、大同、洛阳、西安）》，朝日新闻社，1986。

□松浦友久、植木久行：《长安、洛阳物语（悠久的王城之地）》，集英社，1987。

□杨宽著，西岛定生监译《中国都城的起源与发展》，学生社，1987。

□槌谷浩子：《你好！中国（北京、洛阳、西安、上海）》，摇篮社，1987。

□唐代史研究会编《中国都市的历史研究唐代史研究会报告第6集》，白水书房，1988。

□田川纯三执笔，井上靖监修《古都的诗情（中国汉诗之旅1）》，世界文化社，1988。

□沟渊幸三、沟渊文子：《中国略见记2（北京、洛阳、西安、上海）》，私家版，1988。

□田中淡：《中国建筑史研究》，弘文堂，1989。

□江上波夫监修《大三彩（洛阳博物馆、辽宁省博物馆）》，亚洲文化交流中心，1989。

□陈桥驿编著，马安东译《中国诸都市的过往与现状》，大明堂，1990。

□爱宕元：《中国的城郭都市（从商周到明清）》，中央公论社，1991。

□宫崎市定：《宫崎市定全集7》，岩波书店，1992。

□唐代史研究会编《中国的都市与农村》，汲古书院，1992。

□大室干雄：《桃园幻想　中国中世反剧场都市》，三省堂，1992。

□蓝色向导（ブルーガイド）海外版出版部编《北京、洛阳、大连》，实业日本社，1993。

□爱宕元译注《唐两京城坊考长安与洛阳》，平凡社，1994。

□大室干雄：《监狱都市　中世中国的世界舞台与革命》，三省堂，1994。

□妹尾达彦：《唐代长安、洛阳城的城郭构造与都市社会史研究》，日本文部省课题报告，1994。

□木全操子：《见闻记　西安、洛阳、北京》，私家版，1994。

□五井直弘编《中国古代都市》，汲古书院，1995。

□清木场东：《唐代财政史研究运输编》，九州大学出版会，1996。

□气贺泽保规编《唐代墓志所在综合目录》，汲古书院，1998。

□奈良国立文化财研究所：《北魏洛阳永宁寺中国社会科学院考古研究所发掘报告》（奈良国立文化财研究所史料47），1998。

□堀内正范：《洛阳发中原历史文物案内》，新评论，1997。

□植木久行：《唐诗的风景》，讲谈社，1999。

□桑上正进、高田时雄编《法显传、洛阳伽蓝记、释迦方志》，松香堂，2001。

□片山义郎编译《洛阳的传说与民话》，冈山市日中友好协会，2001。

□吉田欢：《日中宫城的比较研究》，吉川弘文馆，2002。

□奈良文化财产研究所编《日中古代都城图录》（奈良国立文化财研究所史料57），2002。

　　□郭玉堂著，气贺泽保规编《洛阳出土石刻地记（复刻）》，汲古书院，2002。

　　□渡边信一郎：《中国古代的王权与天下秩序——从日中比较史的视点》，校仓书房，2003。

　　□奈良国立文化财研究所编《东亚的古代都城》，奈良国立文化财研究所，2003。

　　□田中淡、外村中、福田美穗编《中国古代造园史料集成》，中央公论美术出版，2003。

　　□中村圭尔：《魏晋南北朝都城史料辑佚》，大阪市立大学都市文化研究中心，2004。

　　□气贺泽保规编《新版唐代墓志所在综合目录》，汲古书院，2004。

　　□孙新民等监修《唐三彩展　洛阳之梦》，朝日新闻社，2004。

　　□中村裕一：《大业杂记研究》，汲古书院，2005。

　　□石松日奈子：《北魏佛教造像史研究》，桥梁（ブリュッケ），2005。

　　□《洛阳和龙门石窟——中原古都与10万座石窟佛》（周刊中国悠游记行32），小学馆，2005。

　　□松本保宣：《唐王朝的宫城与御前会议——唐代听政制度的展开》，晃洋书房，2006。

　　□曾布川宽：《中国美术的图像与式样》，中央公论美术出版，2006。

　　□《洛阳——乡愁之都》（周刊百科周刊丝绸之路44），朝日新闻社，2006。

　　◎论文

　　□田治六郎：《从洛阳名园记和金陵诸园记看宋明时代的庭园》，《造园杂志》13－1，1949。

□森鹿三：《评劳干氏的〈北魏洛阳城图的复原〉》，《东方学报》20，1951。

□畑中净园：《〈洛阳伽蓝记〉之诸版本及其体系》，《大谷学报》30-4，1951。

□安藤更生：《洛阳大福先寺考》，《古代》7、8，1952。

□服部克彦：《北魏首都洛阳城的构造》，《龙谷史坛》38，1953。

□中尾佐助：《关于河南省洛阳汉墓出土的米》，《东洋史研究》16-3，1957。

□冈崎敬：《汉代的长安与洛阳》，《东洋史研究》16-3，1957。

□服部克彦：《关于北魏洛阳的佛教寺院》，《龙谷史坛》44，1959。

□吉冈义丰：《随想——洛阳白马寺的追忆》，《大正大学学报》17，1961。

□服部克彦：《北魏洛阳的国际性特点——以佛教寺院为例》，《龙谷史坛》49，1962。

□服部克彦：《北魏洛阳城门考》，《龙谷史坛》50，1962。

□平井圣：《隋唐东都（洛阳）城址的勘查与发掘》，《建筑杂志》77，1962。

□冈崎敬：《隋大兴、唐长安城与隋唐东都洛阳城》，《佛教艺术》51，1963。

□大泽阳典：《〈洛阳伽蓝记〉的时代》，《立命馆文学219》，1963。

□服部克彦：《北魏洛阳舍宅寺院的形成过程》，《龙谷大学佛教文化研究所纪要》3，1964。

□服部克彦：《北魏洛阳庶民生活》，《龙谷大学论集》376，1964。

□服部克彦：《北魏洛阳行像供养》，《龙谷史坛》53，1964。

□市原亨吉：《东都留守时代裴度的生活》，《东方学报》36，1964。

□服部克彦：《中国佛教与娱乐艺能（北魏洛阳时代的佛院）》，《印度学佛教学研究》13－1，1965。

□白石凡：《在洛阳》，《文化评论》41，1965。

□服部克彦：《北魏洛阳庶民生活2》，《龙谷大学论集》378，1965。

□服部克彦：《北魏洛阳的佛教建筑》，《印度学佛教学研究》15－1，1966。

□服部克彦：《北魏洛阳》，《历史教育》14－12，1966。

□山田一雄：《卑弥呼朝与崇神朝的同一性证明2（根据洛阳上古音解读魏志倭人传的官名、人名）》，《甲南经济学论集》7－4、5，1967。

□山田一雄：《卑弥呼朝与崇神朝的同一性证明3（根据洛阳上古音解读魏志倭人传的国名）》，《甲南经济学论集》7－6，1967。

□服部克彦：《北魏洛阳的佛教寺院与果树园》，《印度学佛教学研究》16－1，1967。

□斯波六郎：《〈东都赋〉译注》，《中国中世文学研究》6，1967。

□服部克彦：《北魏洛阳时代的庶民与佛教》，《印度学佛教学研究》17－1，1968。

□服部克彦：《从北魏洛阳佛教寺院看神仙思想影响》，《印度学佛教学研究》18－1，1969。

□服部克彦：《北魏洛阳时代的神仙思想——关于昆仑山西王母神仙思想》，《龙谷大学佛教文化研究所纪要》9，1970。

□服部克彦：《北魏洛阳佛教与西王母神仙思想》，《印度学佛教学研究》20－1，1971。

□服部克彦：《从北魏洛阳看神仙思想与佛教》，《东方宗教》39，1972。

□山田一雄：《卑弥呼朝与崇神朝的同一性证明7——根据洛阳上古音解读卑弥呼朝的伊声耆掖邪狗与奴佳提》，《京都学园大学论集》1－1，1972。

□JanFontein 著，新野岩男译《冈仓觉三、早崎梗吉与洛阳白马寺》，《佛教艺术》90，1973。

□服部克彦：《从〈洛阳伽蓝记〉看神仙思想》，《龙谷大学佛教文化研究所纪要》12，1973。

□宫园和禧：《唐代前期仓的管理运营（以洛阳含嘉仓为主）》，《九州共立大学纪要》8－2、9－1 合并号，1974。

□新华社：《洛阳东方红拖拉机厂"文革"后的变化》，《亚洲经济旬报》944，1974。

□福井文雅：《关于〈洛阳伽蓝记〉的〈四库提要〉》，《中国古典研究》20，1975。

□梅村坦：《中国的研究机关与博物馆（上海、洛阳、西安、兰州、乌鲁木齐、吐鲁番）》，《日本美术工艺》466，1979。

□木田知生：《北宋时代的洛阳与士人们——与开封的对立》，《东洋史研究》38－1，1979。

□布目潮风：《隋唐时代的穴仓与帝陵——从洛阳到西安》，《东洋学术研究》18－1，1979。

□藤原尚：《古都的诗（洛阳、西安）》，《中国文化与教育》，1980。

□砺波护：《隋唐时代的太仓与含嘉仓》，《东方学报》52，1980。

□中村胜：《洛阳的缓与急》，《亚洲经济旬报》1172，1980。

□川濑一马：《三都（洛阳、长安、北京）游想录》，《书志学》

28，1981。

□河流防灾访中考察团：《黄河水利委员会（郑州、洛阳间回线的探讨）》，《季刊防灾》66，1981。

□中岛比：《唐两京城坊考收载人物备忘录》，《东洋史苑》18、19，1981。

□二宫俊博：《洛阳时代的白居易——关于"狂"的自我认识》，《中国文学论集》10，1981。

□佐藤武敏：《唐代的洛阳与洛水》，《中国史研究》7，1982。

□吉村怜：《洛阳永宁寺塔址出土的塑像》，《早稻田大学大学院文学研究科纪要》28，1982。

□《追思九朝王朝"洛阳秘宝"展》，《艺术新潮》34 - 5，1983。

□坂田清：《西安、洛阳文学记行》，《东洋文化》26，1983。

□大久保隆：《〈王充传〉私论2——洛阳游学及其时代》，《福岛大学教育学部论集》，36，1984。

□冈田宗睿：《山水放荡——北京、西安、洛阳、苏州、上海之旅上》，《陶说》380，1984。

□冈田宗睿：《山水放荡——北京、西安、洛阳、苏州、上海之旅下》，《陶说》381，1984。

□池田温：《千唐志斋藏志》，《东洋史研究》44 - 3，1985。

□石井清文：《政治经济史学会古都视察访中团参加记》，《政治经济史学》248，1986。

□服部克彦：《北魏洛阳的寺院与佛塔》，《印度学佛教研究》35 - 2，1987。

□平田干郎：《中国当地之旅10——登封县、洛阳市》，《地域开发》284，1988。

□松本保宣：《关于东都洛阳宫明福门一带》，《立命馆文学》

519，1990。

□坂田清：《第9次中国古典之旅——上海、西安、洛阳、北京》，《东洋文化》33，1990。

□鬼头有一：《"白乐天万古流芳"树碑洛阳行》，《东洋文化》33，1990。

□菊本阳美：《洛阳招待宴会与揭幕式》，《东洋文化》33，1990。

□中村裕一：《隋东都洛阳与〈大业杂记〉》，《汲古》17，1990。

□陈国灿著，关尾史郎译《从长安、洛阳到吐鲁番的唐代文书》，《东洋学报》72－3、4，1991。

□秋本悦子：《北朝时期洛阳周围县设置与交通路线》，《中央大学亚洲史研究》15，1991。

□朴汉济著，尹素英译《北魏洛阳社会与胡汉体制》，《御茶水史学》34，1991。

□清木场东：《隋东都的皇城——城、门、街》，《久留米大学商学部40周纪念论文集》，1991。

□寺尾刚：《洛阳对李白的意义——以安史之乱时的作品为中心》，《中国诗文论丛》10，1991。

□饭岛武次：《洛阳附近出土西周土器编年研究》，《东京大学文学部考古学研究室研究纪要》，1992。

□胜浦令子：《法华灭罪之寺与洛阳安国寺法华道场——尼与尼寺的日唐比较研究》，《史论》46，1993。

□大地武雄：《〈洛阳伽蓝记〉与传说文学》，《二松学舍大学东洋学研究集刊》23，1993。

□和田浩平：《韩愈与洛阳》，《艺文研究》63，1993。

□王惠君：《北魏洛阳佛寺规制推移与建佛塔的考察》，《日本建筑学会计划系论文集》457，1994。

□张书田著，董秋凡译《以洛阳为中心的中日交流》，《东洋文化》38，1995。

□王惠君：《两晋南北朝都城佛寺建筑的考察——以北魏洛阳为中心》，《建筑杂志》110，1995。

□王惠君：《以北魏洛阳为中心的舍宅为寺的考察》，《日本建筑学会计划系论文集》479，1996。

□山中理：《大唐王朝之华——长安、洛阳出土的银器》，《日本美术工艺》693，1996。

□妹尾达彦：《隋唐洛阳城的官人居住地》，《东洋文化研究所纪要》133，1997。

□绀野敏文：《从中国佛教受容看习合图像考察（上）——洛阳出土神佛画像镜与乐山麻浩崖墓浮雕》，《艺术学》1，1997。

□王岩：《近年隋、唐洛阳城考古学的研究成果》，《东亚古代文化》93，1997。

□大川记幸等：《关于中国洛阳市混合交通的现状与将来的研究》，《交通工学研究发表会论文报告集》17，1997。

□李京华：《中国洛阳市西周时代铜铸遗迹的发掘与研究》，《金属博物馆纪要》28，1997。

□上田岳彦：《洛阳烧沟汉的墓葬形态与变迁》，《明大亚洲史论集》3，1998。

□伊藤诚浩：《隋末洛阳佛教与政情》，《东海佛教》43，1998。

□高桥继男：《洛阳出土四方唐代墓志的介绍与考察》，《东洋大学文学部纪要》24，1998。

□久保田和男：《五代宋初的洛阳与国都问题》，《东方学》96，1998。

□东英寿：《欧阳修的洛阳时代》，《鹿儿岛大学法文学部纪要》（人文学科论集）48，1998。

□绀野敏文：《从中国佛教受容看习合图像考察（下）——洛阳出土神佛画像镜与乐山麻浩崖墓浮雕》，《艺术学》2，1998。

□盐泽裕仁译《中国科学院考古研究所洛阳工作队汉魏洛阳城初期探查》，《法政史论》26，1999。

□竹内康浩：《洛阳出土传世品青铜器研究（1）》，《东洋文化研究所纪要》138，1999。

□盐泽裕仁：《建康石头城与洛阳金墉城——都市空间与防卫构想》，《法政史学》51，1999。

□伊藤诚浩：《隋末洛阳王世充集团的变质——唐代中国统一的另一面》，《文研会纪要》10，1999。

□松下宪一：《北魏洛阳迁都》，《史朋》32，1999。

□菅谷文则：《京师洛阳与乐浪的时间距离》，《东亚古代文化》100，1999。

□柴格朗：《白居易洛阳归隐时的唱和诗》，《大阪学院大学人文自然论丛》39、40，1999。

□行安茂：《作为教员研修一环的中国洛阳市访问》，《道德与教育》44－1通号300，1999。

□静慈圆：《洛阳福先寺兴亡与善无畏——围绕"增修背记"》，《密教学研究》31，1999。

□鹫江畅：《中国洛阳市公安局收容教育所（少年院）参观研修》，《更生保护》50－11，1999。

□堀江宏文：《关于北魏洛阳佛塔》，《大学院报》18，2000。

□西村富美子：《白居易与裴度的周边（上）——围绕长安、洛阳两地》，《未名》18，2000。

□吉田欢：《汉魏宫城中枢部分的展开》，《古代文化》52－4通号495，2000。

□竹内康浩：《洛阳北窑西周墓——探明西周史的艰难之路》，《东方》230，2000。

□王水照著，内山精也译《北宋洛阳文人群》，《中国文学研究》

26，2000。

　　□前冈孝彰：《中国调查旅行记（洛阳篇）》，《滋贺史学会志》12，2000。

　　□前岛佳孝：《关于隋末李密东都受官的试论》，《中央大学亚洲史研究》24，2000。

　　□西村富美子：《白居易与裴度的周围（下）——围绕长安、洛阳两地》，《未名》19，2001。

　　□能势良子：《洛阳的历史概述（1）》，《流通科学大学论集》（人文社会自然编）13，2001。

　　□田村信幸：《中国洛阳市东都商城火灾概要》，《火灾》51－2通号251，2001。

　　□绪方启二：《以中国南西部为中心的自行车、摩托车停车场状况——围绕太原、西安、洛阳、上海等都市自行车、摩托车停车场》，2001。

　　□饭岛武次：《洛阳附近出土的西周时代灰釉陶器研究》，《驹泽大学文学部研究纪要》60，2002。

　　□高野晶文：《洛阳汉墓铜镜出土情况的再探讨》，《亚洲学志》1，2002。

　　□小林仁：《洛阳北魏陶俑的形成与展开》，《美学美术史论集》14，2002。

　　□韩秀成：《葬礼、墓地变化与汉民族家族制度——洛阳市调查事例》，《都市民俗研究》8，2002。

　　□能势良子：《洛阳历史概述（2）》，《流通科学大学论集》（人文社会自然编）14－3，2002。

　　□三崎良章：《分裂时代的中原之都——洛阳物语》，《月刊历史（しにか）》13－8通号150，2002。

　　□池上正治：《亚欧大陆铁道4000kg（4）——游览洛阳石窟及

三门峡》，《东亚》421，2002。

　　□能势良子：《洛阳的历史概述（3）》，《流通科学大学论集》（人文社会自然编）15－1，2002。

　　□内田正之助：《中国北京、洛阳、西安栽培的赏叶植物》，《目白短期大学部研究纪要》39，2002。

　　□盐泽裕仁：《洛阳八关及其内包空间——汉魏洛阳盆地的空间理解》，《法政考古学》30，2003。

　　□埋田重夫：《白居易洛阳履道里邸的意义》，《中国文学研究》29，2003。

　　□清田寂天：《中国研修旅行——西安、洛阳》，《睿山学院研究纪要》25，2003。

　　□铃木七未：《从特定空间语言（长安、洛阳）看唐诗的诸问题》，《筑紫语文》12，2003。

　　□长岛和重：《关于隋唐洛阳城的诸问题》，《龙谷大学大学院文学研究科纪要》25，2003。

　　□茶谷满：《考古学中卫星画像的利用——通过 CORONA 卫星画像对洛阳墓群的判读与分析》，《历史与构造》32，2004。

　　□森达也：《唐三彩展洛阳之梦概要与唐三彩的展开》，《陶说》614，2004。

　　□高桥继男：《气贺泽保规编著〈复刻洛阳出土石刻时地记〉》（书评），《唐代史研究》7，2004。

　　□福原启郎：《气贺泽保规编著〈复刻洛阳出土石刻时地记〉》（介绍），《东洋史研究》63－2，2004。

　　□中尾健一郎：《白居易与洛阳》，《中国文学论集》34，2005。

　　□高兵兵：《原道真住所与白居易——平安京宣风坊邸与洛阳履道里邸》，《白居易研究报》6，2005。

　　□佐川英治：《北魏洛阳的形成与空间配置》，《大阪市立大学东洋史论丛特集号》，2005。

□刘世昭：《河南省洛阳——从北魏到唐的佛教艺术》，《人民中国》625，2005。

□盐泽裕仁：《洛阳地区魏晋南北朝隋唐期遗迹与文物状况》，《唐代史研究》9，2006。

□上原和：《龙门石窟古阳洞之开凿年代（上）》，《成城文艺》195，2006。

□吉田爱：《关于北魏洛阳迁都后非汉族统治》，《史观》154，2006。

□筱永宣孝：《汴洛铁路建设与法国外交经历》，《济论集》86，2006。

□滨田瑞美：《中国初唐时代洛阳周边优填王像》，《佛教艺术》287，2006。

□钱国祥：《魏洛阳永宁寺和塔基的发掘与研究》，《东北学院大学论集历史与文化》40，2006。

□安田二郎：《关于曹魏明帝"宫室修治"》，《东方学》111，2006。

□室山留美子：《北魏汉人官僚及其埋葬地选择》，《东洋学报》87 - 4，2006。

□外村中：《古代东亚的"池岛园林"与"池山园林"》，《佛教艺术》286，2006。

（二）日本洛阳研究成果目录（2006～2018年）

表 8　日本洛阳研究最新成果目录

日本洛阳研究最新成果目录汇总
（A 历史、B 文学、C 空间、D 其他）

序号	作者	题目 & 出处、页码	发表时间	内容领域
1	清水裕太等	《古代都市洛阳的古水文环境复原与现代水环境》，《日本陆水学会讲演摘要集》(71)，第218～218页	2006 年	C

续表

日本洛阳研究最新成果目录汇总
（A 历史、B 文学、C 空间、D 其他）

序号	作者	题目 & 出处、页码	发表时间	内容领域
2	梶井厚志	《从经济学解读成语故事洛阳纸贵》，《经济研讨》（経済セミナー）（613、614），第 6 ~ 11 页	2006 年 2 月	B
3	李勇、加藤丰次等	《中钢集团洛阳耐火材料有限公司生产的硅石砖》，《品川技报》（49），第 25 ~ 28 页	2006 年 3 月	D
4	钱国祥	《北魏洛阳永宁寺与塔基坛的发掘与研究》，《东北学院大学论集历史与文化》（40），第 9 ~ 39 页	2006 年 3 月	C
5	韩建华著，桥本裕行译	《洛阳地区兽面纹瓦当的类型与分期》，《考古学论考》（29），第 111 ~ 122 页	2006 年 3 月	D
6	吉田爱	《北魏洛阳迁都后的非汉族统治》，《史观》（154），第 130 ~ 131 页	2006 年 3 月	A
7	筱永宣孝	《汴洛铁道建设与法国外交》，《经济论集》（86），第 77 ~ 100 页	2006 年 3 月	D
8	山飒著，吉田良子译	《女帝武则天》，株式会社草思社	2006 年 6 月	B（历史小说）
9	上原和	《龙门石窟古阳洞的开凿年代（上）》，《成城文艺》（195），第 1 ~ 44 页	2006 年 6 月	A
10	滨田瑞美	《关于中国初唐时代洛阳周边的优填王像》，《佛教艺术》（287），第 6、45 ~ 72 页	2006 年 7 月	A、C
11	盐泽裕仁	《关于洛阳地区魏晋南北朝、隋唐时期的遗迹和文物状况》，《唐代史研究》（9），第 3 ~ 37 页	2006 年 7 月	C
12	上原和	《龙门石窟古阳洞的开凿年代（下）》，《成城文艺》（196），第 1 ~ 29 页	2006 年 9 月	A
13	杨效俊	《以长安洛阳为中心的初唐时代佛教造型——以光宅寺七宝台浮雕石佛群像为中心》，《鹿岛美术财团年报》（24），第 178 ~ 187 页	2006 年 11 月	C
14	茶谷满	《关于利用卫星画像等研究洛阳地域坟墓的分布》，《中国考古学》（6），第 187 ~ 196 页	2006 年 12 月	C

日本洛阳研究最新成果目录汇总

（A 历史、B 文学、C 空间、D 其他）

序号	作者	题目 & 出处、页码	发表时间	内容领域
15	不详	《中国石造宝箧印塔调查　洛阳桥北塔》，《丝绸之路学研究》(27)，第 7 ~ 9 页	2007 年	C
16	不详	《中国石造宝箧印塔调查　洛阳桥南塔》，《丝绸之路学研究》(27)，第 10 ~ 12 页	2007 年	C
17	气贺泽保规	《关于保存整理中国洛阳古石刻墓志的市井百姓的记录》，《东方》(311)，第 33 ~ 36 页	2007 年 1 月	C
18	橘英范	《洛阳相关日文文献目录稿》，《中国文史论丛》(3)，第 169 ~ 180 页	2007 年 3 月	B
19	陈良伟	《洛阳隋唐城合璧宫遗址的初步调查》，《三重大史学》(7)，第 15 ~ 21 页	2007 年 3 月	C
20	陈良伟著，马彪译	《关于洛阳隋唐城合璧宫遗址的初步调查》，《三重大史学》(7)，第 22 ~ 29 页	2007 年 3 月	C
21	张懋镕	《关于洛阳发现的三角缘神兽镜》，《博古研究》(33)，第 20 ~ 24 页	2007 年 4 月	C
22	刘俊、渡边俊行等	《关于中国长沙、洛阳市的住宅能源消费的调查研究》，《都市·建筑学研究》(12)，第 103 ~ 108 页	2007 年 7 月	D
23	郭全生、植田宪等	《中国洛阳地域唐三彩产业的历史和现状》，《日本设计学会研究发表大会概要集》(55)，第 128 页	2008 年	A、D
24	角山典幸	《北魏洛阳城研究的一个视角——以河阴县治的位置为中心》，《中央大学亚洲史研究》(32)，第 155 ~ 189 页	2008 年 3 月	C
25	不详	《洛阳空海之旅——空海圣迹八十八处》，《密教讯息》(メッセージ)(13)，第 120 ~ 125 页	2008 年 3 月	B
26	今井晃树	《汉魏洛阳城的中日共同调查》，《奈文研新闻》(ニュース)(29)	2008 年 6 月	C
27	金子修一	《洛阳国际武则天学术研讨会暨中国武则天研究会第十届年会及中国唐史学会第十届年会参会报告》，《唐代史研究》(11)，第 107 ~ 116 页	2008 年 8 月	B

日本洛阳研究最新成果目录汇总
（A 历史、B 文学、C 空间、D 其他）

序号	作者	题目 & 出处、页码	发表时间	内容领域
28	郭晓涛著，江川式部译	《汉魏洛阳故城考古发掘和研究的新进展》，《明大亚洲史论集》(12)，第 81 ~ 96 页	2008 年 9 月	C
29	佐佐木玲	《留学、短期停留报告　洛阳》，《明大亚洲史论集》(12)，第 104 ~ 109 页	2008 年 9 月	D（旅行记）
30	谷家章子	《留学、短期停留报告　洛阳》，《明大亚洲史论集》(12)，第 110 ~ 118 页	2008 年 9 月	D（旅行记）
31	中尾健一郎	《司马光的洛阳隐居生活与文学活动》，《日本中国学会报》(60)，第 147 ~ 162 页	2008 年 10 月	A、B
32	宇都宫美生	《隋唐洛阳城的河流、运河与水环境》，《中国水利史研究》(37)，第 16 ~ 37 页	2008 年 10 月	C
33	边见庸	《潜思录洛阳纸贵》，《现代》42(11)，第 27 ~ 29 页	2008 年 11 月	B
34	郭全生、宫崎清、植田宪	《支撑洛阳地域唐三彩的工匠的诞生与状况：南石山村现地调查》，《设计学研究》55(6)，第 103 ~ 112 页	2009 年 2 月	D
35	高崎淳子	《诗的世界——西安、洛阳》，《山口国文》(32)，第 201 ~ 211 页	2009 年 3 月	B
36	城仓正祥	《汉魏洛阳城　北魏宫城 2 号门的发掘》，《奈文研新闻》(ニュース)(32)	2009 年 3 月	C
37	角山典幸	《北魏洛阳城的宫人、僧侣的居住地》，《中央大学亚洲史研究》(33)，第 1 ~ 36 页	2009 年 3 月	A、C
38	郭全生、宫崎清、植田宪	《洛阳地域唐三彩制作技术的形成与变迁：通过南石山村现地调查》，《设计学研究》56(2)，第 83 ~ 92 页	2009 年 6 月	D
39	城仓正祥	《汉魏洛阳城北魏宫城 2 号门的发掘调查》，《奈良文化财研究所纪要》，第 22 ~ 23 页	2009 年 7 ~ 10 月	C
40	村上泰昭	《洛阳桥宝箧印塔考》，《史迹与美术》(史迹と美术)79(7)，第 216 ~ 228 页	2009 年 8 月	A、C
41	茶谷满	《利用 GIS 的洛阳古墓群的空间分析》，《中国考古学》(9)，第 77 ~ 88 页	2009 年 11 月	C

日本洛阳研究最新成果目录汇总
（A 历史、B 文学、C 空间、D 其他）

序号	作者	题目 & 出处、页码	发表时间	内容领域
42	栗山雅央	《左思〈三都赋〉为何能够洛阳纸贵》，《中国文学论集》(38)，第 20～33 页	2009 年 12 月	B
43	盐泽裕仁	《白居易生活过的洛阳——其主要遗迹与水环境》，《白居易研究年报》(10)，第 100～134 页	2009 年 12 月	C
44	下定雅弘	《洛阳日记——探访白居易的遗迹》，《白居易研究年报》(10)，第 323～353 页	2009 年 12 月	B、C
45	冈本真则	《关于洛阳地区西周时代的服属氏族》，《史滴》(31)，第 2～27 页	2009 年 12 月	A
46	中尾健一郎	《唐代洛阳城的毁灭与复兴——以李庚〈东都赋〉为中心》，《梅光学院大学论集》(43)，第 25～41 页	2010 年 1 月	B
47	滨一卫、中里见敬	《曲阜徐州开封洛阳西安旅行记》，《言语文化论究》(25)，第 178～200 页	2010 年 3 月	D（旅行记）
48	外村中	《魏晋洛阳都城制度考》，《人文学报》(99)，第 1～29 页	2010 年 3 月	A
49	郭晓涛、桥本裕行	《洛阳中州路的再检证——检证洛阳中州中路西工段的历史多面性》，《考古学论考》(33)，第 77～86 页	2010 年 12 月	D
50	方莉、程沛岩等	《唐东都洛阳城"新潭"考察记》，《中国水利史研究》(39)，第 1～11 页	2010 年	C
51	气贺泽保规	《洛阳学国际论坛 洛阳在东亚的地位》，《文化继续承学论集》(7)，第 61～73 页	2010 年	B
52	室山留美子	《隋开皇年间官僚在长安、洛阳的居住情况——通过北人南人墓志记载的埋葬地分析》，《都市文化研究》(12)，第 12～23 页	2010 年 3 月	A、C
53	挂田良雄	《洛阳伽蓝记中出现的西域人》，《防卫大学校纪要人文科学分册》(100)，第 17～30 页	2010 年 3 月	B

日本洛阳研究最新成果目录汇总
（A 历史、B 文学、C 空间、D 其他）

序号	作者	题目 & 出处、页码	发表时间	内容领域
54	佐川英治	《"奢靡"与"狂直"——洛阳建设的魏明帝和高堂隆》，《中国文史论丛》(6)，第 1 ~ 34 页	2010 年 3 月	A
55	宇都宫美生	《隋唐洛阳城西苑的四至和水系》，《中国文史论丛》(6)，第 35 ~ 71 页	2010 年 3 月	A、C
56	砺波护	《唐代长安的景教碑和洛阳的景教经幢》，《大谷大学图书馆·博物馆报》(27)，第 7 ~ 12 页	2010 年 3 月	A、C
57	南健太郎	《关于洛阳汉镜陪葬墓》，《熊本大学社会文化研究》(8)，第 273 ~ 284 页	2010 年 3 月	C
58	盐泽裕仁	《汉魏洛阳城的都市空间》，《史潮》(67)，第 5 ~ 38 页	2010 年 6 月	C
59	米田雅子	《历史中的都市空间——长安、洛阳、江户、伦敦的都市空间》，《史潮》(67)，第 84 ~ 87 页	2010 年 6 月	D
60	城仓正祥	《汉魏洛阳城北魏宫城 3 号门建筑遗址的发掘调查》，《奈良文化财研究所纪要》，第 14 ~ 15 页	2010 年 6 月	C
61	次山淳	《汉魏洛阳城和出土钱币》，《奈良文化财研究所纪要》，第 16 ~ 17 页	2010 年 6 月	A、C
62	安本美典	《画文带神兽镜之谜——并非魏都洛阳出土》，《季刊邪马台国》(106)，第 8 ~ 58 页	2010 年 7 月	A、C
63	宗迅、福川裕一	《关于中国洛阳市周边的历史村落的保存研究：1. 卫板村的历史与构成》，《(历史景观保全、都市计划)学术讲演梗概集》(F-1)，第 725 ~ 726 页	2010 年 7 月	C
64	宗迅、福川裕一	《关于中国洛阳市周边的历史村落的保存研究：2. 卫板村传统住宅的空间构成》，《2010 年度日本建筑学会关东支部研究报告集》，第 343 ~ 346 页	2010 年 7 月	C

续表

日本洛阳研究最新成果目录汇总

（A 历史、B 文学、C 空间、D 其他）

序号	作者	题目 & 出处、页码	发表时间	内容领域
65		《中国的多晶硅厂家（4）洛阳中硅高科技》，《亚洲市场调查》22（14），第 2～3 页	2010 年 8 月	D
66	蔡宗宪	《永嘉之乱后的洛阳及其镇盐化》，《中国史学》（20），第 71～87 页	2010 年 10 月	A
67	钱国祥、郭晓涛等	《北魏洛阳城出土瓦的考古观察》，《奈良文化财研究所研究报告》（3），第 208～227 页	2010 年 11 月	C
68	石自社、韩建华	《隋唐洛阳城出土瓦的制作技法》，《奈良文化财研究所研究报告》（3），第 300～326 页	2010 年 11 月	C
69	渡边将智	《东汉洛阳城的皇帝、诸宫的政治空间》，《史学杂志》119（12），第 1961～1998 页	2010 年 12 月	A、C
70	宗迅、福川裕一	《中国洛阳郊外卫坡村老街四合院住宅的空间构成》，《日本建筑学会论文集》76（668），第 1893～1902 页	2011 年	C
71	王飞雪、中山彻	《历史文化都市洛阳的都市规划变迁》，《日本家政学会研究发表要旨集》（63），第 70 页	2011 年	C
72	中尾健一郎	《北宋洛阳士大夫与唐代遗址》，《梅光学院大学论集》（44），第 1～19 页	2011 年 1 月	B、C
73	中尾健一郎	《唐末动乱期的洛阳与韦庄》，《日本文学研究》（46），第 52～63 页	2011 年 1 月	A、B
74	城仓正祥	《牡丹、都城、石窟与洛阳》，《奈文研新闻》（40）	2011 年 3 月	B
75	气贺泽保规	《日本洛阳学国际研讨会的召开及其意义》，《明治大学东洋史资料丛刊》8（洛阳学国际研讨会报告论文集），汲古书院，第 13～17 页	2011 年 3 月	D
76	罗炤、江川式部译	《"洛阳学"之我见》，《明治大学东洋史资料丛刊》8（洛阳学国际研讨会报告论文集），汲古书院，第 18～22 页	2011 年 3 月	D

日本洛阳研究最新成果目录汇总
（A 历史、B 文学、C 空间、D 其他）

序号	作者	题目 & 出处、页码	发表时间	内容领域
77	盐泽裕仁	《洛阳、河南的历史地理与文物状况》，《明治大学东洋史资料丛刊》8（洛阳学国际研讨会报告论文集），汲古书院，第 46～59 页	2011 年 3 月	A、C
78	冈村秀典	《中国的发端——夏商周三代的洛阳》，《明治大学东洋史资料丛刊》8（洛阳学国际研讨会报告论文集），汲古书院，第 60～79 页	2011 年 3 月	A
79	石黑久子	《围绕洛阳刑徒砖的考察》，《明治大学东洋史资料丛刊》8（洛阳学国际研讨会报告论文集），汲古书院，第 80～99 页	2011 年 3 月	A、C
80	落合悠纪	《曹魏洛阳的复兴与正始石经的建立》，《明治大学东洋史资料丛刊》8（洛阳学国际研讨会报告论文集），汲古书院，第 100～114 页	2011 年 3 月	A
81	佐川英治	《汉魏洛阳城研究的现状与课题》，《明治大学东洋史资料丛刊》8（洛阳学国际研讨会报告论文集），汲古书院，第 115～138 页	2011 年 3 月	A、C
82	车崎正彦	《三角缘神兽镜与洛阳》，《明治大学东洋史资料丛刊》8（洛阳学国际研讨会报告论文集），汲古书院，第 139～142 页	2011 年 3 月	A、C
83	王维坤	《关于日本三角缘神兽镜性质之我见》，《明治大学东洋史资料丛刊》8（洛阳学国际研讨会报告论文集），汲古书院，第 143～155 页	2011 年 3 月	A、C
84	小笠原好彦	《日本古代都城与隋唐洛阳城》，《明治大学东洋史资料丛刊》8（洛阳学国际研讨会报告论文集），汲古书院，第 152～168 页	2011 年 3 月	A、C

日本洛阳研究最新成果目录汇总
（A 历史、B 文学、C 空间、D 其他）

序号	作者	题目 & 出处、页码	发表时间	内容领域
85	肥田路美	《龙门石窟的奉先寺洞大佛与优填王像》，《明治大学东洋史资料丛刊》8（洛阳学国际研讨会报告论文集），汲古书院，第 169～177 页	2011 年 3 月	A、C
86	毛阳光著，梶山智史译	《近年洛阳出土唐代墓志概况与研究进展》，《明治大学东洋史资料丛刊》8（洛阳学国际研讨会报告论文集），汲古书院，第 178～195 页	2011 年 3 月	A、C
87	酒寄雅志	《嵩山法王寺舍利藏志与圆仁》，《明治大学东洋史资料丛刊》8（洛阳学国际研讨会报告论文集），汲古书院，第 196～203 页	2011 年 3 月	B
88	高明士	《关于洛阳学的可能性》，《明治大学东洋史资料丛刊》8（洛阳学国际研讨会报告论文集），汲古书院，第 204～206 页	2011 年 3 月	D
89	妹尾达彦	《洛阳学的可能性》，《明治大学东洋史资料丛刊》8（洛阳学国际研讨会报告论文集），汲古书院，第 207～221 页	2011 年 3 月	D
90	安本美典	《河南洛阳出土的三角缘画像镜与画文带神兽镜》，《季刊邪马台国》(109)，第 40～48 页	2011 年 4 月	A、C
91	城仓正祥	《汉魏洛阳城——北魏宫城西南隅的发掘调查》，《奈良文化财研究所纪要》，第 6～7 页	2011 年 6 月	C
92	李阳浩	《关于北魏洛阳永宁寺南门的上部构造的考察》，《学术讲演梗概集 F-2，建筑历史·意匠》，第 445～446 页	2011 年 7 月	C
93	角山典幸	《北魏洛阳城的平面规划与居民居住状况》，《人文研纪要》(72)，第 51～90 页	2011 年 9 月	A、C
94	南条竹则	《驼峰燕窝尽享古都洛阳的宫廷宴席》，《嗜好》(嗜み)(9)，第 24～31 页	2011 年 9 月	B

日本洛阳研究最新成果目录汇总
（A 历史、B 文学、C 空间、D 其他）

序号	作者	题目 & 出处、页码	发表时间	内容领域
95	中尾健一郎	《洛阳时代的白居易与魏晋士人：以竹林七贤为中心》，《中唐文学会报》(18)，第 17 ~ 36 页	2011 年 10 月	B
96	森达也	《北朝后期陶瓷编年再考：围绕北魏洛阳城大市遗址与巩义白河窑出土陶器年代》，《中国考古学》(11)，第 171 ~ 185 页	2011 年 12 月	A、C
97	盐泽裕仁	《关于洛阳都城遗址的保护与问题点》，《中国考古学》(11)，第 245 ~ 262 页	2011 年 12 月	C
98	宗迅、福川裕一	《中国洛阳周边卫坡村传统四合院住宅的居住变迁与现状》，《日本建筑学会计划系论文集》77(675)，第 1103 ~ 1112 页	2012 年	C
99	角山典幸	《北魏洛阳金墉城考：以其功能为中心》，《史学杂志》121(1)，第 119 ~ 120 页	2012 年	A、C
100	向井佑介	《近年围绕曹魏洛阳宫城的争论》，《史林》95(1)，第 247 ~ 266 页	2012 年 1 月	A、C
101	森部丰	《中国洛阳新出景教经幢的介绍与史料价值》，《东亚文化交涉研究》(5)，第 351 ~ 357 页	2012 年 2 月	B
102	长部悦弘	《北魏孝文帝的尚书省与洛阳迁都 1：以宗室元氏的尚书省任命情况为焦点》，《琉球大学法文学部人间科学科纪要》(27)，第 117 ~ 143 页	2012 年 3 月	A
103	橘英范	《作为小说舞台的隋唐洛阳城（续）》，《中国文史论丛》(8)，第 125 ~ 136 页	2012 年 3 月	B
104	黄婕	《东汉时代洛阳的文化表象：以〈两都赋〉的解读为中心》，《汲古》(61)，第 71 ~ 76 页	2012 年 6 月	B
105	盐泽裕仁	《汉魏洛阳城古水水文考》，《东洋史研究》71(2)，第 250 ~ 281 页	2012 年 9 月	A、C
106	种村由季子	《骆宾王帝京篇与则天武后的洛阳驻辇》，《日本中国学会报》(64)，第 67 ~ 81 页	2012 年	B

日本洛阳研究最新成果目录汇总
（A 历史、B 文学、C 空间、D 其他）

序号	作者	题目 & 出处、页码	发表时间	内容领域
107	宗迅、福川裕一	《关于中国洛阳周边卫坡村传统四合院住宅保存的课题》,《日本建筑学会计划系论文集》78(685),第 635～642 页	2013 年	C
108	李德方、刘海宇	《洛阳平泉山庄遗址实地考古简报》,《岩手大学平泉文化研究中心年报》(1),第 29～39 页	2013 年 3 月	C
109	长部悦弘	《北魏孝文帝时代的尚书省与洛阳迁都2：以宗室元氏的尚书省任命情况为焦点》,《琉球大学法文学部人间科学科纪要》(29),第 189～222 页	2013 年 3 月	A
110	妹尾达彦	《江南文化的谱系：建康与洛阳(1)》,《六朝学术学会报》(14),第 69～141 页	2013 年 3 月	B
111	今井晃树	《汉魏洛阳城——北魏宫城西南隅的调查成果》,《奈良文化财研究所纪要》,第 52～53 页	2013 年 6 月	C
112	戴燕著,铃木诗织译	《从吴郡到洛阳：西晋统一王朝的陆机、陆云》,《中国文学报》(84),第 10～34 页	2013 年 10 月	B
113	黄婕、连清吉	《先秦时代洛阳的文化表象：天下之中的象征》,《长崎大学综合环境研究》16(1),第 1～10 页	2013 年 10 月	B
114	田中一辉	《魏晋洛阳城研究序说》,《立命馆史学》(34),第 87～114 页	2013 年	A
115	汤浅阳子	《中尾健一郎所著〈古都洛阳与唐宋文人〉》,《白居易研究年报》(14),第 319～333 页	2013 年	B
116	茶谷满	《东汉洛阳城的可视领域与皇陵的空间关系：关于洛阳都城圈情况的基础考察》,《年报人类学研究》(3),第 122～135 页	2013 年	A、C
117	宇都宫美生	《隋唐洛阳城的谷仓》(东洋史部会第 111 届史学大会报告),《史学杂志》123(1),第 135 页	2014 年	A、C

日本洛阳研究最新成果目录汇总
（A 历史、B 文学、C 空间、D 其他）

序号	作者	题目 & 出处、页码	发表时间	内容领域
118	孙红飞、赵虎龙译	《汉魏洛阳城的故城保护与园林》，《岩手大学平泉文化研究中心年报》(2)，第 41~49 页	2014 年	A、C
119	刘海宇	《中国古代文献史料中的洛阳平泉》，《岩手大学平泉文化研究中心年报》(2)，第 188~204 页	2014 年	B
120	长部悦弘	《北魏孝文帝时代的尚书省与洛阳迁都 3：以宗室元氏的尚书省任命情况为焦点》，《琉球大学法文学部人间科学科纪要》(31)，第 193~217 页	2014 年 3 月	A
121	柿岛绫子	《探访圆仁的足迹(8)洛阳、登封(嵩山)、郑州》，《栃木史学》(28)，第 127~145 页	2014 年 3 月	C(旅行记)
122	妹尾达彦	《江南文化的谱系：建康与洛阳(2)》，《六朝学术学会报》(15)，第 77~111 页	2014 年 3 月	B
123	方莉琳	《洛阳的工厂劳动者的研究》，《2013 年度京都大学南京大学社会学人类学青年(若手ワークショップ)报告论文集》，第 58~67 页	2014 年 3 月	D
124	渡边将智	《东汉政治制度研究》，早稻田大学出版部	2014 年 3 月	A
125	福岛惠	《长安、洛阳的粟特人》，《亚洲游学》(175)，第 140~160 页	2014 年 8 月	A
126	渡部雄之	《关于欧阳修的〈洛阳牡丹记〉》，《中国中世文学研究》(63、64)，第 252~272 页	2014 年 9 月	B
127	齐藤隆信	《释彦琮与洛阳上林园翻经馆》，《印度学佛教学研究》63(1)，第 481~488 页	2014 年 12 月	A、B
128	早川尚志	《从与洛阳城的比较看恭仁京》，《地域与环境》(13)，第 91~107 页	2014 年 12 月	C
129	黑田真美子	《韦应物自然诗的变化(1)以洛阳时代为中心》，《法政大学文学部纪要》(71)，第 1~27 页	2015 年 3 月	B

日本洛阳研究最新成果目录汇总

（A 历史、B 文学、C 空间、D 其他）

序号	作者	题目 & 出处、页码	发表时间	内容领域
130	长部悦弘	《北魏孝文帝时代的尚书省与洛阳迁都 4：以宗室元氏的尚书省任命情况为焦点》，《琉球大学法文学部人间科学科纪要》(32)，第 9 ~ 31 页	2015 年 3 月	A
131	村元健一	《隋的大兴、洛阳二宫城》，《邮政考古纪要》(62)，第 260 ~ 284 页	2015 年 3 月	A、C
132	岳真也	《空海之旅向长安 1 从上海到洛阳》，《大法轮》82(6)，第 171 ~ 177 页	2015 年 6 月	D（旅行记）
133	黑田真美子	《韦应物自然诗的变化(2)以洛阳时代为中心》，《法政大学文学部纪要》(72)，第 1 ~ 32 页	2015 年 7 月	B
134	岳真也	《空海之旅向长安 2 从洛阳到西安》，《大法轮》82(7)，第 156 ~ 162 页	2015 年 7 月	D（旅行记）
135	小宫道江	《探访中国洛阳（图片与解说）》，《明日的文化财》(73)，第 3 ~ 4 页，图卷 1	2015 年 7 月	D
136	长部悦弘	《北魏孝文帝时代的尚书省与洛阳迁都 5：以宗室元氏的尚书省任命情况为焦点》，《琉球大学法文学部人间科学科纪要》(33)，第 17 ~ 36 页	2015 年 9 月	A
137	落合莞尔	《在洛阳筹集佛教兴隆资金的小野妹子》，《新领军人物》（ニューリーダー）28(10)，第 96 ~ 100 页	2015 年 10 月	A
138	角山典幸	《北魏洛阳金墉城的功能》，《人文研纪要》(82)，第 95 ~ 126 页	2015 年 10 月	A
139	内田和伸	《大明宫洛阳宫城遗址整修现状调查》，《奈文研新闻》(59)，第 6 页	2015 年 12 月	C
140	萧驰	《水国之再现：白居易的江南城市书写与洛阳履道园》，《东北大学中国语学文学论集》(20)，第 17 ~ 45 页	2015 年 12 月	B
141	山根直生	《五代洛阳的张全义：作为沙陀系王朝论的应答》，《东洋学刊》(114)，第 48 ~ 66 页	2016 年 1 月	A、B

日本洛阳研究最新成果目录汇总
（A 历史、B 文学、C 空间、D 其他）

序号	作者	题目 & 出处、页码	发表时间	内容领域
142	田中一辉	《〈魏晋洛阳城研究序说〉补遗》，《奈良史学》(33)，第 48～66 页	2016 年 1 月	A
143	新井宏	《北魏洛阳的永宁寺木塔的营造尺：探源"古韩尺"》，《计量史研究》38(2)，第 100～108 页	2016 年	A、C
144	赤井克己	《中国洛阳与冈山以及古日本的交流》，《冈山人》(冈山人じゃが)(8)，第 92～101 页	2016 年	A
145	田中一辉	《魏晋洛阳城的高层建筑：从高度看都城与政治》，《东方学》(131)，第 1～16 页	2016 年 1 月	A、C
146	田中一辉	《永嘉之乱的实像》，《史学杂志》125(2)，第 215～236 页	2016 年 2 月	A
147	角山典幸	《〈支那城郭概要〉著者石割平造的经历与长安、洛阳部分解说》，《东洋文库书报》(48)，第 47～98 页	2016 年	A、B
148	佐川英治	《中国古代都城的设计与思想》，勉诚出版	2016 年 2 月	A、C
149	宇都宫美生	《关于隋唐洛阳城含嘉仓设置与作用的考察》，《东洋文库和文纪要》98(1)，第 31～61 页	2016 年 6 月	A、C
150	霍宏伟 等编，冈村秀典监译	《洛阳铜镜》（上卷），科学出版社	2016 年 7 月	A、C
151		《洛阳铜镜》（下卷），科学出版社	2016 年 7 月	A、C
152	安本美典	《洛阳发现的三角缘神兽镜(1)现代中国的伪造镜》，《季刊邪马台国》(130)，第 23～43 页	2016 年 8 月	A、C
153	岩本笃志	《敦煌景教文献与洛阳景教经幢：唐代景教研究与问题点整理》，《唐代史研究》(19)，第 77～97 页	2016 年 8 月	A、B
154	加藤繁生	《平安京的洛阳与长安》，《史迹与美术》86(8)，第 265～271 页	2016 年 9 月	A
155	气贺泽保规	《则天武后》，讲谈社	2016 年 11 月	A、B

续表

日本洛阳研究最新成果目录汇总
（A 历史、B 文学、C 空间、D 其他）

序号	作者	题目 & 出处、页码	发表时间	内容领域
156	安本美典	《洛阳发现的三角缘神兽镜（2）现代中国的伪造镜》，《季刊邪马台国》（131），第 6 ~ 26 页	2016 年 12 月	A、C
157	西川寿胜	《关于洛阳发现的三角缘神兽镜》，《古代文化》68（3），第 365 ~ 372 页	2016 年 12 月	A、C
158	田中一辉	《代北与中原：北朝史学之正统观》，《东洋史研究》75（3），第 415 ~ 447 页	2016 年 12 月	A
159	田中一辉	《西晋时代的都城与政治》，朋友书店	2017 年 2 月	A
160	钱国祥著，松本圭太译	《汉魏洛阳宫城调查新发现及其构造》，《岩手大学平泉文化研究中心年报》（5），第 1 ~ 11、13 ~ 22 页	2017 年 3 月	C
161	角山典幸	《〈洛阳伽蓝记〉作者杨衒之及其创作动机》，《中央大学亚洲史研究》（41），第 103 ~ 131 页	2017 年 3 月	B
162	长部悦弘	《北魏孝文帝时代的尚书省与洛阳迁都 6：以宗室元氏的尚书省任命情况为焦点》，《琉球大学法文学部人间科学科纪要》（36），第 77 ~ 104 页	2017 年 3 月	A
163	气贺泽保规	《新编唐代墓志所在综合目录》，明治大学东亚洲石刻文物研究所	2017 年 3 月	D
164	佐佐泉太郎	《洛阳的怪僧》，东洋出版	2017 年 7 月	B（历史小说）
165	角山典幸	《北魏洛阳城：住民如何被统治与居住》，《亚洲游学》（213），第 194 ~ 204 页	2017 年 8 月	A
166	长部悦弘	《北魏孝文帝时代的尚书省与洛阳迁都 7：以宗室元氏的尚书省任命情况为焦点》，《琉球大学法文学部人间科学科纪要》（37），第 13 ~ 70 页	2017 年 9 月	A
167	宇都宫美生	《隋唐洛阳城"洛水贯都"考》，《法政史学》（88），第 27 ~ 48 页	2017 年 9 月	A、C
168	宇都宫美生	《隋唐洛阳城的谷仓》，《史学杂志》127（3），第 308 ~ 333 页	2018 年 3 月	A、C

日本洛阳研究最新成果目录汇总
（A 历史、B 文学、C 空间、D 其他）

序号	作者	题目 & 出处、页码	发表时间	内容领域
169	久保田和男	《五代北宋时期都城洛阳的退场：中国都城史的转换点》，《东洋史研究》76(4)，第 691～725 页	2018 年 3 月	A
170	妹尾达彦	《武则天的洛阳与唐玄宗的长安》（诞生杜甫的都城洛阳），《亚洲游学》(220)，第 30～44 页	2018 年 6 月	A
171	松原朗	《杜甫与祖父杜审言》（诞生杜甫的都城洛阳），《亚洲游学》(220)，第 45～58 页	2018 年 6 月	A、B
172	肥田路美	《杜甫所见的龙门石窟》（诞生杜甫的都城洛阳），《亚洲游学》(220)，第 59～78 页	2018 年 6 月	A、B
173	角山典幸	《北魏洛阳的治安维持官》，《人文研纪要》(91)，第 131～165 页	2018 年 9 月	A
174	塚本青史	《则天武后（上）皇后立志篇》，日本经济出版社	2018 年 12 月	B（历史小说）
		《则天武后（下）万岁通天篇》，日本经济出版社		

注：笔者以日本国立情报学研究所统计的日本公开发表的论文数据为主，兼顾日本各出版社出版的著作情况以及大学公开的硕士、博士学位论文，完成此表。与橘英范的《洛阳关系邦文文献目录稿》相结合可以形成一个相对完整的日本研究洛阳资料目录体系。为便于查询，个别作者姓名与杂志名称附日本原文表示。

日本洛阳学研究最新动态分析

由于 2007 年日本学者橘英范的《洛阳关系邦文文献目录稿》是对 1941 年至 2006 年初洛阳研究日文成果的初步统计，本书为在时间上与其衔接，收集统计了 2006 年 1 月至 2018 年 12 月在日本公开发表的洛阳研究日文成果，完成日本洛阳学研究成果汇总（2006~2018 年）。此次收集整理、统计翻译活动用时将近两年，在中国和日本分设两个据点，网络查询和实地考证同步进行，尽可能全面准确地收集、译介相关资料。与《洛阳关系邦文文献目录稿》结合，可以相对完整地初步形成日本近现代洛阳研究成果索引查询目录。

考察以日本国立情报学研究所统计的日本公开发表的论文数据为主，兼顾日本各出版社出版的著作情况以及大学公开的硕士、博士学位论文，较为全面地收集到以洛阳或洛阳相关元素为研究对象的相关日文成果近 180 篇（部）。成果汇总表中还包括个别从严格意义上说不能称为研究成果的日文资料，主要是正式出版的关于洛阳的历史小说、游记等，考虑这些文献资料能够很好地反映日本人对洛阳的历史认知和实地感性认识，故收录在内。以洛阳为背景的纯属虚构的文学作品不在本次统计当中。

分析此表，可以得出以下结论。

（一）成果数量大幅度增长

从成果数量来看，2006~2018 年的 12 年间，日文洛阳研究成果数量近 180 篇（部），平均每年 14.5 篇（部）。《洛阳关系邦文文献目录稿》的数据显示，1941~2006 年的 65 年间的成果数量为 210 篇（部），平均每年 3.2 篇（部）。尽管现有统计数据不免有遗漏，数据未必精确，但从大方向上可以看出，近十几年日本对洛阳的研究成果数量大幅度增长，与 2010 年日本"洛阳学"的正式提出是相辅相成的。由于长期以来日本的洛阳研究成果丰硕，其必然上升到"洛阳学"的层次，而"洛阳学"的提出，尤其是此前在东京、洛阳、京都数次召开洛阳学国际研讨会，又大大加速洛阳研究的发展，造成近年来成果数量大幅度增长的现象。

（二）研究内容打破人文科学内部的学科边界

从成果内容来看，虽然日本和洛阳相关的研究也涉及自然科学，但人文社会科学相关研究占压倒性的大多数。尤其是人文研究，多以不同时期的洛阳为主轴展开，涉及历史、文化、文学、地理、环境、考古等多个领域，很难具体归于某个单一门类（图35）。学科分类边界的模糊对于成果分类造成一定程度的困扰，但恰好符合气贺泽保规教授倡导"洛阳学"时提出的以洛阳为主轴联结各个学科的初衷。目前看来，关于洛阳的研究在人文社会科学内部学科边界已被打破，特别是近来通过考古、环境和遗迹的实地考察与历史文献结合的方法研究洛阳的倾向明显。以《千年帝都洛陽その遺跡と人文自然環境》为代表体现了这一倾向。

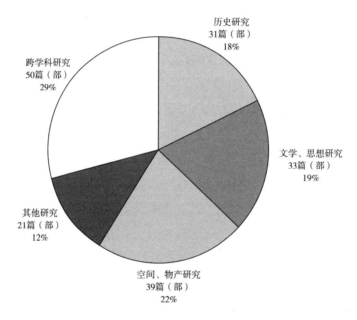

图 35　2006～2018 年日本洛阳研究成果内容比例

资料来源：笔者制作。

（三）出现聚焦于一点深度发掘的倾向

日本学界长期围绕各历史时期的洛阳从诸多领域进行研究。近年来出现一批日本学者将自己的研究长期聚焦于洛阳的某一点，花费大量时间和精力深度挖掘并形成一系列成果的现象。例如长部悦弘以北魏孝文帝时期迁都洛阳为背景，针对元氏宗室的尚书省任官情况，从2012年3月至2017年9月，以同一题目发表了七篇系列论文。这说明该作者至少用了近十年时间详细考察了北魏时期的政治体制中尚书省官僚体系和元氏宗室的任官情况，并且结合迁都的特殊历史背景进行了反复思索和翔实分析。同样，安本美典从多个角度连续发表四篇系列论文探讨洛阳发现的三角缘神兽镜的真伪，宇都宫美生长期专注考察隋唐洛阳城的都市环境等，都体现了日本学者深耕细作的研究风格。

（四）学术交流合作日渐频繁

通过成果汇总表还可以观察到一个显著的特征，就是作者署名栏中时有中国名字出现。这类成果共计37篇，约占总数的21%，可以归为三类：（1）原作者是中国学者，由日本学者等翻译成日文并在日本公开发表的成果11篇，约占总数的6%；（2）中国人与日本人合著、共同署名的成果14篇，占总数的8%；（3）在日中国学者等直接用日语完成并发表的成果12篇，约占总数的7%（图36）。这是2007年《洛阳关系邦文文献目录稿》中所未曾出现的现象，可见掌握中日两种语言学者的数量在增加，洛阳研究方面中日学术的互动合作与以往相比有显著进步。这种交流值得提倡，卓有成效的学术译介活动只有达到一定程度，才能带来相应的评论、研究，从而形成中日间活跃的讨论氛围，这成为高水准研究活动的基础。

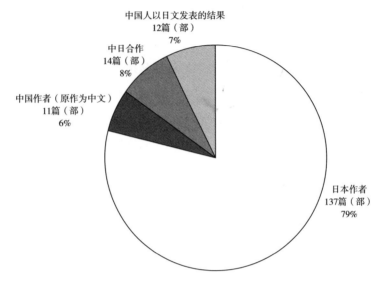

图36 研究成果作者国别比例

资料来源：笔者制作。

小 结

  洛阳的都城历史（包括陪都）长达一千多年，长期处于中国政治文化中心地位，对周边国家影响深远。古代中日交流史中洛阳与日本有频繁交集，带有洛阳文化印记的文学作品众多，历史的重合和文学的想象造就日本人对古都洛阳的特殊关注。经过古时的向往模仿、近现代的关注研究，21世纪上升到"洛阳学"的高度，这个过程是体现中国文化影响日本的重要实例。翔实考察日本洛阳学现象和成果，是追踪中国文化异域传播印记和影响的重要工作，可以为中国文化海外传播理论提供现实数据和学术支持。

  本次考察总体上采取传统的文献学方法，也尝试了相对较大规模地收集海外文献。本章的两个文献目录，大体包含了从20世纪初到2018年底近百年来研究洛阳的日文成果。可以明确，日本的洛阳研究时间跨度大、关联学科多，实际上是以洛阳这个文化空间为核心联结起多个领域的研究。以日本唐代史学研究会等学术团体为骨干的有体系的研究组织是日本"洛阳学"的中心力量。日本对洛阳的关注和研究，不是零星个人、个别群体的偶然尝试，而是长期以来由不同时代的具有卓越见识的学者所进行的有意识、有组织的努力。日本洛阳学现象具有中国文化辐射和域外文化自身发展的两个源头，是中国文化海外影响的重要印记。厘清日本洛阳学的发展历程和整体状况，精准评估、译介其研究成果，可以推动中外相关学科融合发展，形成文化地域学的发展范式。翻译介绍日语原始资料活动为中国文化海外传播提供翔实资料，在客观上增加洛阳的外文文献资料，也可以搭建国内外学术互动平台，为构建有中国特色的学术话语体系做好准备。

第四章

日本 "洛阳" 的启示

京都与洛阳的可比性

之所以把京都与洛阳这两座历史悠久的古都单独拿出来比较，不仅仅因为这两座城市的名字都叫"洛阳"，更因为它们在城市的基本条件方面存在众多共性，总结起来可归纳成以下几点。

1. 作为国都的时间及影响力

日本有记载的历史是近 2700 年，其中在 794～1869 年的 1075 年间，京都作为"平安京"被日本史学家称为"日本古代宫都所达到的最高点"，是日本作为都城时间最长、最著名的古都。因为中国早期的夏、商时期缺乏有力的文献记录，摒弃对都城的地址、年代的争议，按照最保守的算法洛阳的都城史也有近千年①，加上作为陪都的时间有 1000 多年。两座城市都有较长的都城史，对整个国家的历史文化产生过长期深远的影响。

2. 自然环境

洛阳位于黄河中游的伊洛盆地，它东据虎牢雄关，西封函谷要塞，北背邙山诸峰，南对龙门伊阙，伊、洛、瀍、涧四水蜿蜒其间，自古就被称为"河山拱戴，形势甲于天下"。京都市大致处于日本列岛的中腹位置，淀川和由良川两大水系交错成网，四周群山环绕，地理环境与洛阳相近。两座城市都是四周多山、城中多水；气候特点也

---

① 史念海在《中国古都与文化》（中华书局，1996）中计算的洛阳都城史时间为 885 年，实际上这还是没有把如武周等朝代计算在内的数字。

一致，都是四季分明、冬冷夏热。古人选择都城时，地势、山川、河流、物产等都起到决定性作用，四周有山作屏障的地形，在古代战争中有易守难攻的优势，京都和洛阳环境相似并非偶然。

3. 历史遗产

悠久的历史，更替的王朝，给都城留下极其丰富而珍贵的历史遗存。1994 年京都古城整体被列为世界文化遗产，具体包括 17 处文物。2000 年洛阳的龙门石窟通过测评，入选世界文化遗产；2014 年洛阳的含嘉仓遗址、回洛仓遗址、汉魏洛阳故城遗址、隋唐洛阳城定鼎门遗址、新安汉函谷关遗址分别属于中国大运河和丝绸之路列入世界文化遗产。除此以外，两个城市都有存于地面上或埋藏于地下的丰富的历史文物和遗迹。

4. 与佛教的渊源深厚

佛教产生于印度，经中国又传入日本，对中日文化和生活都产生巨大影响。洛阳和京都，在佛教传入和弘扬的过程中都有标志性地位。东汉初年佛教正式传入中国，洛阳建立中国最早的佛教寺院白马寺，大量佛教经典在这里被翻译成汉语。这些佛教经典又通过朝鲜半岛输入日本，在奈良和京都生根开花。

除此以外，追溯渊源，日本宫室、都城的源流都出自中国，模仿唐代的长安城和洛阳城的意识非常强，其中平安宫和平安京最为著名①。可以说中国的长安、洛阳两都对日本的平安京在政治、文化、经济、艺术、宗教方面都产生了巨大的影响，这些影响又通过其首都的中心地位辐射到整个日本，并延续了上千年。

时至今日，这两座都城都不再是真正意义上的首都，失去了作为首都的政治主导权所带来的种种资源优势，由当代之都演变成古都。综上所述，基于京都与洛阳有大体类似的地理、气候条件和历史文化

---

① 西嶋定生『奈良・平安の都と長安』小学館、昭和 58 年、178 頁。

脉络，回顾京都利用文化优势实现复兴之路，对于今日之洛阳具有现实意义。

京都的近代复兴之路

明治二年（1869）日本皇室由京都迁移到东京，标志着日本步入明治维新的近现代之路。日本史系列丛书中这样评价此次迁都对京都的影响："毋庸讳言，京都的繁荣极大程度上是依赖于朝廷。一旦迁都，其衰退的样子便有目共睹。"[1] 迁都的第三年（1872），京都人口就由江户时代中后期的约 35 万人锐减到约 22.6 万人[2]。随着首都功能迁往东京，京都的各个方面都严重衰退，激起了京都市民的反抗心和斗志，加上京都地方政府的热情，明治新政府也给予了支持，这些成为京都复兴的起点。

京都复兴的第一个契机是国家拨给京都府的新事业勃兴基金，以及把各项事业转交京都府的劝业基金。最初几代京都府知事（直至1898 年，京都府知事都兼任京都市市长）都把复兴京都作为头等目标，这个时期的复兴政策主要是引进欧洲的现代技术和体系，体现在劝业政策、教育、宗教、居民自治行政组织改革等方面。特别值得一提的是，1871 年在京都西本愿寺举行了日本最早的博览会。由京都府和民间力量共同成立京都博览会社，此后几乎每年都举行京都博览会，有大量的外国游客参加。1928 年为了庆祝昭和天皇即位，京都博览会将兴业和娱乐结合在一起并取得巨大成功，三个会场的入场人数合计达到 318 万人次。博览会的举行对于京都经济、文化的复兴起到极大作用，实现了促进京都工业化和劝业的目的。京都复兴的过程

---

① 赤松俊秀『京都府の歴史』山川出版社、昭和 44 年、240 頁。
② 脇田修等『物語 京都の歴史』中央公論新社、2008、286 頁。

经过以下几个关键节点。

1. 城市基础建设高潮以及人口百万都市

鉴于京都日益衰退，产业和人口都剧减，第三代京都府知事北垣国道启动连接琵琶湖和宇治川的水利工程，使之能开通船运。除水利、灌溉、防火方面的目的以外，还力图通过长达 6 年的建设工程带动京都产业的振兴。这项工程被视为京都复兴政策的核心，直到现在仍在京都市民生活的用水、发电、防火、工业等方面发挥着重要作用。

1904 年，为使京都经济彻底走出低迷，京都第二代市长西乡菊次郎再次着眼于城市基础建设，提出建设三大事业作为京都的百年大计。三大事业是明治至大正年间京都市最大的工程，包括琵琶湖第二次水利、水道工程，道路扩建工程及电车轨道铺设工程。水道、主干道的拓宽延长，市内电车的建设，都是现代都市必不可少的基础设施建设。这些城市基础建设既拉动了当时的经济发展，又完成了京都向现代化迈进的框架，为居民的现代生活奠定基础。特别是三大事业中的琵琶湖输水事业在水力发电方面具有跨时代的意义，使京都由完全的文化都市向文化产业都市转型。

通过三大事业的拉动，京都的经济开始好转，加上第一次世界大战带来的经济效果，以西阵织为主的纺织产业开始兴隆。周边地区被编入京都市，由于合并过来的地区多是田野荒地，这部分地区在昭和年间被迅速城市化，京都作为现代都市的基础逐渐形成。为了行政运营的统一性，京都市扩大都市领域，加快合并周边的市村，开始朝百万人口城市迈进，终于在 1931 年面积达到 288 平方公里、人口超过百万①，现代京都市的原型基本形成。

---

① 京都市政官网，http：//www.city.kyoto.jp/somu/rekishi/fm/nenpyou/toshi ＿ h ＿ frame. html。

1895～1931 年这段时期被伊藤雄之称为 "都市改造与公共性的时代"，京都市的转型也引起各种争议，学术界、宗教界、传统产业界、普通市民等结成的团体纷纷提出各类议案，交由专门的审议会讨论。容许文化多样性存在是京都的传统，也是京都地方政府的行政特点之一。关于京都的未来，始终有保守与革新两种意识和势力对立，即使在日本经济高速发展时期，也从未停止激烈的讨论。历史都市建设都不可避免地要面对问题，过度商业化的运作、大拆大建的开发方式容易使主题功能突出而忘掉文化责任。文化空间一旦遭到破坏，历史文脉也会被割断，造成无可挽回的损失。在城市快速发展的过程中如何保护文化遗产和加强建设，京都允许众多声音参与到政府的决策中来，在各派主张的制衡中，城市建设保持了克制，没有盲目发展。

2.《古都保存法》

第二次世界大战中，尽管没有遭受大规模空袭，战争仍然给京都的政治、经济及民众生活带来巨大破坏。政治体制的变化、保守派基础的动摇，特别是民众对新生活的向往，产生了促使京都行政革新的局势。战后，日本的都市化迅速推进，20 世纪 60 年代城市周边的开发盛行，房地产建设的热潮也波及京都。当地文化人士及市民团体展开反对房地产开发运动。特别是 1964 年的京都双岗开发等问题，引发了保护古都景观的大讨论。为保存具有重大历史意义且有历史景观的地区，日本首次制定了由议员立法的《关于位于古都的历史风土保存的特别措施法》(《古都保存法》)，严格限制房屋改建和新建住宅。

这个法律把以往作为国家政治、文化等中心，在历史上有重要地位的城市定义为 "古都"；把历史上有意义的建筑物、遗迹定义为 "历史的风土"。《古都保存法》把京都等古都的历史风土地带保护起来，以免在都市化进程中被破坏，目的是将珍贵的历史留给国民后世，永世传承。① 根据这个法律，京都三面的环山及山脚处地域被指定为历史风土保存区，严格限定改变现状的行为。

除法律外，还有很多管理规定和措施将历史风貌保存和市民的生活结合起来，达到协调。例如针对埋藏于地下的历史文化遗产，制定了关于"可能埋藏文物密集区"的制度，在调查完成之前，禁止对这些地区进行开发。这些法规最大限度地维持了京都市整体的历史风貌。

中国政府对于历史文化遗产的重要价值的认识也在逐步深入，2002年修订的《文物保护法》已经明确规定，文物保护要纳入城市发展规划。近年来，根据文化遗产的特征以及保护和管理工作的实际需要，还提出"大遗址"这一重要概念，用于专指文化遗产中规模大、文化遗产价值突出的古代文化遗址。洛阳是中国古代王朝都城的集中所在地，被列为以大遗址为代表的重大历史文化遗产集中分布的城市。这些动向说明政府与社会已经认识到保护历史遗产、延续历史文化命脉对城市发展将会产生重大的影响。但是，与京都的立法相比，还有制度不够细致完善、民众对相关法律的理解和认识不够深入、执法不够彻底、地方政府决策受眼前经济利益影响等问题。

3. 环境模范都市

京都是个历久弥新的城市，具体表现就是常常有创新之举，走在时代前列。为避免人类受到气候变暖的威胁，1997年12月，149个国家和地区的代表在日本京都通过了旨在限制发达国家温室气体排放量以抑制全球变暖的《京都议定书》②。这个协议是当时全球唯一从法律上要求各国减排的全面条约。作为世界各国集体应对气候变化的一个里程碑，《京都议定书》标志着人类在对抗全球变暖的行动上迈出了艰难的第一步。

---

① 参照日本《古都保存法》第1条目的、第2条定义。
② 松橋隆治『京都議定書と地球の再生』日本放送出版協会、2002、38頁。

虽然由于种种原因，《京都议定书》在 2012 年第二承诺期失效，但是为人类共同应对环境危机指明了方向。作为该协议的诞生地，京都从地方政府到市民都真正具有环保意识，在减少温室效应和保护环境方面率先做出切实努力。京都一直被日本政府选定为环境模范都市，通过公共交通优先政策、活用传统建筑技术等非常具体的措施，减轻环境负担，大幅削减二氧化碳排放量，积极向低碳社会迈进（图 37）。京都通过全体市民的实践，借助千年古都的影响力和号召力为保护环境而发声，"DO YOU KYOTO"（你京都了吗）一度成为环保爱好者的口头禅，意味着 "你为环境做了什么好事吗?"

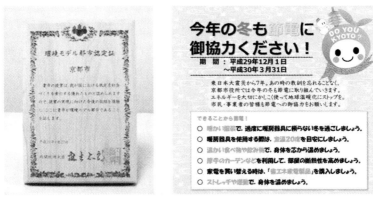

图 37　京都 2019 年环境模范都市认定书与节电的具体措施

资料来源：京都市政官网。

京都复兴的原动力——文化再生

京都既是历史古城也是现代都市，既有传统文化的负荷，也有工业城市、商业城市及国际观光都市存在的问题。京都在各个领域都面临与其他大都市不同的行政课题，涉及都市再开发、保存、交通、公害以及住宅问题等等。深远的历史背景和厚重的文化底蕴，已经内化为一种京都特有的精神力量渗透到各行各业及市民的生活中去，产业、城市规划、福祉等城市行政各个方面的制度和具体政策中也无处不体现保护扶持京都文化的理念。从尊重、珍视文化到发掘、利用文化，进而发挥文化优势是京都复兴和发展的关键。

（一）京都的商业

京都有西阵织、友禅染等和服产业，清水烧、乐烧等京烧（瓷器）产业，还有香、漆器、扇子、京人形（玩偶）、京版画、京料理等小规模传统产业。很少有城市能像京都那样，最能代表"和文化"的传统产业几乎都集中在京都地区，有二三百年历史的企业比比皆是，京都被称为"传统产业生生不息的都市"。

此外，日本唯一产生诺贝尔奖得主的民间企业岛津制作所、引领电子游戏机行业的任天堂、欧姆龙集团以及动漫制作企业等拥有高科技和新经营理念的创新型企业也集中在这里。京都是世界上为数不多的传统产业与高科技创新型企业共存的地方，其经济的特征之一就是传统产业与创新型企业共存互补、相得益彰。独创性与持续性，既是京都文化的特点，也是京都商业的核心特征。

京都商业特点的历史渊源，可以追溯到漫长的都城时代。由特权阶层支撑的经济确实曾为京都提供了许多优势，但明治维新的迁都给京都的传统产业带来极大打击。此后京都在很大程度上是通过强化文化实力推动经济来弥补失去政治主导权带来的损失。同时从海外引进先进技术促使传统产业再生，将海外市场开辟成京都传统企业的新市场。

效果最显著的就是将传统产业和高科技相结合，让历史遗产衍生出新的价值。京都商界不仅注重商品的功能性，而且注重通过增加商品的文化性或独创性来提高其附加价值。创业300年的京都香料老店松荣堂第12代店主畑正高在同志社大学大学院经贸研究科演讲时说，

"把历史作为固定资产来好好保存固然是好，但关键是如何使其流动起来，如何运用"，"被赐予传统、历史和文化的人，有不可估量的优势。无论怎样发掘也不会穷尽，这就是京都"。① 言语里充满了京都人特有的自信。这种把文化作为竞争力的商业观，在京都商界具有相当普遍性。长期以来京都对外来文化的共融性让文化顺应时代而变化，搭载文化的经济形式也不断革新，最终传承下来的就是保持独创性和持续性的精神。

（二）观光产业

京都有众多的文化遗产、优美的自然风光和丰富的人文景观，1994 年入选为世界文化遗产的"古都京都文化遗产"包括分布在全城的 17 处古迹。京都的文化遗产不只是这些建筑物，还有与这些建筑物相依相伴的周边环境。建筑、绘画、雕刻、园艺、历史遗迹和民俗艺术等丰富的文化元素都在这座古城得以体现，园林之美、造型之美、色彩之美都与周围的环境融为一体，处处都是文化。

2000 年公布的"京都市观光客 5000 万人构想"，使振兴观光成为京都市政中最重要的一环。京都积极发掘和创造以文化为代表的京都独特的旅游资源，包括各种类型的食宿，让客人们可尽情领略日本的风土人情。山清水秀的自然，历史悠久的寺庙神社，京都民居、和服、京料理等充满京都特色的文化符号，"京都花灯路""源氏物语千年纪事业"等突出文化主题的活动，加上高质量的服务（较大的旅馆均有精通外语的工作人员），使入京人数连续多年创历史最高纪录。根据日本政府观光局每年公布的《京都市观光调查结果》，2008年，游客比预计提前 2 年突破 5000 万人，总消费额为 6562 亿日元

---

① 畑正高 2005 年 9 月在同志社大学大学院商务研究科做的题目为"伝統と革新 薫香を商う"演讲的内容。

（约合人民币 437.5 亿元）。这个数字此后不断得到更新，2018 年京都旅游观光消费达到 1 兆 3082 亿日元。日本本国和海外游客的满意度分别为 90.3% 和 97.6%①，都维持在较高的水准，观光产业成为京都最大的经济支柱之一。

（三）市民意识

抽象的文化反映到生活中，形成独特的风俗人情、饮食习惯、语言风格、行事作风等，综合起来就是这个城市独特的人文特征和地域性格。出生于著名的西阵织世家的学者这样分析京都人："京都拥有 1200 年的古都历史，各地的优秀人才会集，能够融会贯通各种经验技能是京都的地方特色。正因为京都做了 1200 年的古都，京都人才拥有这样的能力"，"京都人很高兴别人关注京都，并以此为骄傲。因为他们认为这是理所当然的，并有强烈的愿望，希望通过自己积极的努力为这座城市添彩"。②

正是出于这种文化自豪感，京都人尤其爱护自己的居住环境，京都风貌的保持、《古都保存法》的制定都与市民运动有关。1994 年京都市出现了高 60 米以上的旅馆，不少京都人认为这些高层建筑破坏了京都原有的风景与气氛，甚至有景点拒绝这些高层旅馆的住客入园，以示抗议。京都市的许多景观政策最初来自学者和市民团体的提案，而且规定得十分详细。例如，自 2007 年起，京都市禁止在房顶设置户外广告和使用闪烁灯光，并强化建筑物的高度限制。③

京都人致力于保存城市的古老风貌，但并不守旧，不遗余力地发

---

① 数据来源于京都市情报馆公布的《平成 30 年京都观光综合调查》，https://www.city.kyoto.lg.jp/sankan/page/0000254268.html。
② 村山裕三『京都型ビジネス 独創と継続の経営術』日本放送出版協会、2008、148 頁。
③ 「京都市屋上広告を禁止・景観保護で点滅照明も」日本経済新聞、2006 年 11 月 25 日。

展新的艺术、文化,并且创造新的传统。为最初的京都博览会创作的新式日本舞谣 "都舞",因为受到好评而在京都得以推广,自 1872 年以来每年举行公演活动,流传至今已成为京都新的代表性文化。

文化氛围浓厚的京都,据不完全统计一年中共有节庆祭典活动 497 个,主要是各寺院神社举行,周围居民都积极参与,内容涉及生活的方方面面,有关于宗教、季节、人物纪念、日常生活等的活动,还有 "印章祭" "腰带祭" "针供养" 等关于生活用品的各种祭祀。[①] 京都的节庆祭典并非为游客设计,而是从古代起就贯穿于京都人的生活之中。传统节庆祭典活动是京都生活的一部分,几乎全体市民都要参与,也吸引了大量游客。这些活动无论规模大小,都保存了众多传统文化和民俗,是鲜活的物质和精神文化遗产。浓郁的仪式感、人人都要参与的责任感赋予京都人独特的文化意识。

(四)京都的文化活动——以祇园祭为例

1. 日本京都祇园祭的形式与内涵

日本的 "祭" 是集中反映其文化传统的最为重要的文化活动,始自原始社会,主要发源于作为日本本土宗教的神道教,是长期以来日本人在不断与恶劣自然环境抗争的过程中产生的。神道教认为,万物皆有灵,一个生命逝去的同时将会带来新的生命,祭祀活动就是原始的崇尚生命这一基本理念的直接体现,对人的社会价值观形成有极大影响。每年在京都举行的祇园祭是日本最为盛大的节庆活动,与葵祭、时代祭同为京都三大祭,同时又与大阪的天神祭、东京的神田祭并称日本三大祭。

祇园祭拥有长达 1000 多年的历史,最早起源于平安时代,原本是有悠久历史传统的八坂神社的祭礼。传说当时的日本大面积流行不

---

① 森谷克久『京都の祭り暦』小学館、2000、161-170 頁。

知名的瘟疫，京都地区最为严重，很多人被夺去了生命。民众都认为是牛头天王带来了疫病，是邪恶的鬼神在作祟，于是大家在城中心的庭院——"神泉苑"竖立起 66 根棍子代表当时日本被分为的 66 个地区，并制造出类似神轿的山矛，游街祈祷以驱除病魔。这次供奉活动被称为祇园御灵会，竟然真的使瘟疫得到了控制，成为祇园祭的前身。此后，拉着山矛游行、祈祷人们健康平安成为一种民间习俗，南北朝时期演变成祇园祭。

近代，随着以西阵为中心的纺织业劳动者和以中京区为中心的工商业者势力的抬头，日本的市民文化逐渐兴盛起来。京都祇园祭从最初由官方举办变成了由当地事业成功的商人举办。祭祀活动既是供奉带来疫病的牛头天王的活动，也是商人们展示自身财富的绝好机会，可以展示实力并达到宣传目的，所以备受重视。

祇园祭固定在每年的 7 月 1 日到 7 月 31 日期间（在不同的历史阶段时间略有调整），会在京都乌丸到和原町之间的马路进行大规模的活动，包括盛大的游行、展示等。其中 7 月 14 日到 16 日被称为"宵山"，7 月 17 日是山矛巡行，这 4 天是整个祇园祭期间最为热闹的时期，其场面也成为典型的传统京都夏季景象。

2. 日本京都祇园祭体现的文化传承

京都祇园祭被广为人知不仅仅因为其历史悠久、祭礼盛大，最重要的是持续长达一个月的活动始终在进行文化的传播与传承。这个已经历经千年的、最能代表日本民俗的活动之所以能够代代相传，原因就在于日本传统的物质文化和精神文化都在一系列活动中有充分的体现。

·山矛——祇园祭的核心道具

祇园祭是为镇压疫病而举办的盛典，最重要的内容就是山矛巡游。山矛在日本各地祭典中可以常常看到，以京都祇园祭的山矛最为出名。"山"与"矛"虽然常常连用，形式也非常相近，但其实指的是两种不同的东西，蕴含的文化意义也不同。"山"还能细分为"曳山"和"昇山",前者的外形与"矛"类似,但屋顶上立的是松木,后者则是在台车之上搭建小舞台,用各种人偶作装饰。

"矛"通常是搭载着祭典乐队的台车,有高大的屋顶。"矛"的屋顶上方立着松木,松木的高度达到20米,下方供奉着代表神灵替身的"御神体"(goshintai)。日本传统的神道教认为,有神灵依凭之物就能够成为敬拜的对象。"船矛"是神灵渡海用的,所以上方没有松木而是由四尊御神体人偶代替。还有一种"伞矛"比较特殊,它保留中世的形式,只有华盖没有屋顶。"山"与"矛"的名称和形式是固定的,具体总结如表9。

表9　祇园祭用的山矛

单位：个

种类	山矛名称	数量
矛	长刀矛　函谷矛　鸡矛　月矛　船矛　绫伞矛　四条伞矛　菊水矛　放下矛	9
山	岩户山　保昌山　郭巨山　伯牙山　芦刈山　油天神山　木贼山　太子山　白乐天山　孟宗山　占出山　山伏山　霰天神山　螳螂山　北观音山　南观音山　桥弁庆山　鲤山　净妙山　黑主山　役行者山　铃鹿山　八幡山	23

"山"与"鉾"常常合称,不同时代或地方也叫"山车""曳山""太鼓台"等。大多数游客去京都祇园祭是为了观看山矛游行。如表9所列,32辆矛车都有各自的名字、来历和历史渊源。山矛并不完全等同于神轿,祇园祭中用山矛代替人来聚集疫病恶神,巡游的顺序也很有讲究,即长刀矛在最前面,其他的山矛每年抽签决定顺序。长刀矛因顶端有一把大长刀而得名,这长刀是用来破除污秽、吓退怨灵的神器(图38)。长刀矛之所以在游行中打头阵,是因为它能起到除退凶险邪恶的疫病的作用。而其余的山矛不能震慑这些疫病邪灵,只能把它们聚集起来带到神社祭祀圈内。32辆山矛车完全依靠人力前行,形成壮观的山矛车队。山矛是祇园祭特有的巡礼载体,也可以说是祇园祭

的灵魂所在，它们是每年町民用自己的双手搭造而成的，游行过后人们将这些装饰华丽的山矛全部拆散解体，代表消除疫病邪灵成功。

图38　长刀矛

资料来源：京都观光情报 KYOTO design。

·展示品——祇园祭的文化载体

各个地区巡行的山矛以各种精致华丽的美术工艺品为装饰，例如精美的织物和刺绣、考究的灯笼、各式各样工艺精湛的饰物器皿等等，被誉为"移动的美术馆"。比如长刀矛上的装饰品绒毯大都来自16世纪的中国和印度；伯牙山四周的挂饰多与中国有关，正前方悬挂的是一幅明代绣作，汇集了诸如孔雀、麒麟、仙女、白鹭等中国传统的祥瑞意象，蕴含招运纳福之意；螳螂山除了彩绣以外，顶上还有一只精巧逼真、惟妙惟肖的螳螂模型（图39）。

祇园祭的特色，除了山矛本身以外，还在于公开展示各种珍藏品。

图 39　2008 年螳螂山巡行

资料来源：京都観光情報 KYOTO design。

从江户时代开始，每年的 7 月 13 日至 16 日，城镇的旧式家庭在屋檐下挂神灯、青帘，铺上席子，装饰鲜花，并竖起屏风。京都的传统世家也会在祇园祭期间，公开展示世代相传的屏风和古玩宝物。这些屏风大多是传世之宝，平时难得一见，比如说织锦画屏风、西阵织屏风等，因此祇园祭又被称为"屏风祭"，每年都由世代担负祇园祭的世家和商家负责展示和装饰，其中既有传统屏风，也有当代作家的作品。屏风的特别展示多在京都居民的住宅中进行，屏风连同家中珍藏的美术品一起向世人公开。

·市民的参与——文化传承最直接最自然的方式

祇园祭作为日本具有代表性的祭祀，风俗习惯还包括御迎提灯、神舆洗、花伞巡行等等，几乎所有的仪式都要求大量人员参与。为期一个月的盛会期间，从伴奏的练习、矛的组装，到山矛游行、会场的布置装饰等等，都能感受到人的互动和参与。以居住区域为单位，家长带领孩子，先辈指导后辈，只有市民的高度参与才能完成文化传统的传承。

山车与矛车由于都保留着最为原始的形态，必须由当地居民世世代代现场相传，手工搭建。最重的山矛超过 10 吨，最高处达到 25

米，要严格遵守传统，只使用繁复的榫卯和特定的绳索而不能使用一根钉子。正因如此，即使是巨型山矛，无论如何拽拉都不会崩塌。

山矛巡游在进行的过程中需要人力拉动，大的山车甚至需要40至50个训练有素的成年男子互相配合才能拉动。遇到拐角处，路面上要事先铺撒竹条与木炭，还需要4个人站在不同方向同时进行指挥。山矛转弯时众人配合默契、进退有度，合力拉动绳子改变方向，是游行中最大的看点。伴随着众人的呐喊与汗水，齐心协力推动巨大的山矛，瞬间将行进角度调转90度，那种团结一致、热火朝天的场面让游客也深受感染和鼓舞（图40）。

图40　山鉾转弯

资料来源：京都観光情報 KYOTO design。

不仅壮年男子，京都的妇女和小孩也深入参与到祇园祭的各项活动中。每年选出年幼的男孩担任"稚儿"作为神的使者，"稚儿"必须身穿传统的神圣服饰，完成包括在山矛上表演"太平之舞"在内的种种使命。祇园祭中曾经禁止女性登上矛车，但现在已经不太严格，也有女性吹奏队登上矛车巡游。"花伞巡行" 是以妇女和孩子为主角进行的，女子盛装列队，搭配着秀美别致的花伞和传统折扇巡游（图41）。在街头看热闹的日本人也大多身着和服，尤其是女孩子，要穿夏日简易和服，使整个城市充满古典的风情，像历史大舞台。

图41　祇园祭后祭中的花伞巡行

资料来源：艶やか京都・祇園祭「花傘巡行」，https：//www.
travel．co．jp/guide/article/19529/。

地域居民的大量参与，使持续了千年的祇园祭在今天仍然具有强大的生命力，对祇园祭的传承和传播起到极其重要的作用。祭祀庆典活动让不同身份、不同年龄的人参与其中，增强人们对传统文化的切身体验，是最有效、最自然的传播和教育方式。特别是选择儿童作为主角参与活动，从孩童时期就开始传统文化的启蒙，充分体现京都人对于传统文化代际传承的重视。

3. 京都祇园祭的经济效果与影响

京都祇园祭期间，多条道路成为步行者的天堂，路上满是临时小店，各处都被游客占满。观光游客在祇园祭中可以随处感受到具有日本特色的色彩搭配，听到传统器乐的演奏。身着传统服饰的人们缓缓推动山矛巡行，有的车上装点着精美的艺术品，有的车上乘坐有穿着华美服装的年幼孩子，整个城市犹如展示日本传统文化的古典画卷。祭祀活动不仅本身产生旅游收入，而且对住宿、饮食、纪念品贩卖等其他多种产业都产生拉动性经济效果（表10）。

表10 京都祇园祭期间的人气商品

商品名称	特点	价格
油纸伞	用料考究,色彩、图案都极具日本特色	价格昂贵
西阵织制品	西阵地区织造的丝绸,质量非常好,高超的印染技艺和独创的花纹给人特别的美感,做成的各类小包等典雅华贵	价格昂贵
京烧	京都烧制的陶瓷器又统称清水烧,采用传统工艺,质地细腻,色彩和谐,最近在陶瓷器制造中又加入许多创新元素,具有很高的艺术价值	价格昂贵
京果子/酱菜	最初用于神社的仪式,口感好、风味独特,更重要的是外形别致、颜色高雅,常常因季节更替而变化,可以带给人艺术享受	高于同类糖果、点心等食品

虽然京都也同整个日本一样，开始受到出生率下降、人口不足的影响，但借助文化的影响力，几乎所有京都商品都较之其他地区的同类商品具有更高的经济附加值。以表10提到的油纸伞为例，日本普通油纸伞的价格在2000至8000日元之间，而创立于1690年的京都和伞屋"辻仓"的价格在10000至30000日元之间。据《平成30年京都观光综合调查》统计，2018年京都旅游观光消费达到1兆3082亿日元，其中外籍观光客人的消费总额为3725亿日

元，经济波及效果达到 1 兆 4179 亿日元，引发 15.8 万个岗位的雇佣效果。无论从哪个角度，都可以说文化是京都经济的最大原动力。

4. 京都带给洛阳的启示

·营造文化空间

第二次世界大战后，日本的都市化迅速推进，京都也曾被房地产开发建设的热潮所困扰。但京都人没有追求暂时利益的最大化，而是清醒地选择牺牲部分利益，主动推动制定《古都保存法》，限制新建住宅和房屋改建，最大限度地维持了京都市整体的历史风貌，目前日本国内将近百分之十五的重要文化财产可以在京都找到。

与此相比，由于历史原因，洛阳地面景观保存不多，最大的硬伤就是洛阳市内的有形文化资源有限，离开景区以后很难再看到体现古都风貌的文物。这一点其实早已被注意到，洛阳近几十年的城市规划一直很重视景观建设，也进行了以丽景门、天堂明堂、洛邑古城为代表的一系列复原、保护、重建工程。我们必须承认，尽管因为历史依据、还原度、设计方案、工程质量等问题，洛阳的城市建设、古都复原工程中有不少被质疑、诟病之处，但对于普通大众来说，这些建设对于体现洛阳的古都风情还是能够起到很大的积极作用的。我们应该意识到，文化空间的营造是需要全民参与的一个长期过程，不仅仅是建造一些仿古建筑物，更多的曾经为国之大都的历史韵味体现在城市的每一个细节中。理想的洛阳城市应该是，在各个景区可以充分感受历史的博大与沧桑；出了景区也有满城的书香诗韵，目光所及之处整洁而精致，日常接触之人敦厚而儒雅。

另外，洛阳虽然有利用历史文化资源的意识，但似乎缺少长期稳定而明确的定位。同样是古都，北京主打明清，西安主打汉唐，南京主打六朝，开封主打北宋，各自有各自的卖点，洛阳却处于尴尬的境地。对于普通人来说，洛阳的历史漫长又复杂，值得宣传的文化要素过多，缺少有特点的东西，难以留下鲜明的印象。城市周边，洛河两岸东西不满30公里的地域范围内，依次分布着二里头遗迹、偃师商城遗迹、东周王城遗迹、汉魏故城遗迹以及隋唐洛阳城五大遗址，形成罕见的"五都会洛"。这些遗址虽然近年来已经受到重视，向着遗址公园发展，但是由于分散存在，缺少明确主题，不太为一般人所知，并没有进入观光路线，可以说仍然是沉睡的文化资源。

其实，都城遗址如此密集，并且与文化的联系如此密切，时间跨度又如此之长，在世界上也是罕见的。如何把沉睡的文化资源真正利用起来是最具现实意义的课题。笔者认为洛阳文化的产业化可以突出某个具体的点，但最大的主题还应当围绕这个城市可以纵观中华文明上下五千年这个特点。今后完全可以将面向中小学生的修学旅行作为目标，借助洛阳的历史记载、文学形象等无形的遗产和文物、都城遗址等有形遗产，通过把二者串联起来，将整个城市设计成生动有趣、可以触摸到的中华文明时光隧道。如果可以营造出这样的文化空间，那么洛阳的价值就真正得到了实现，伴随而来的经济效果也是不可估量的。

·赋予节日庆典文化意义

日本的祭祀原本用来体现人们在传统神道教影响下的生死观，但当代的"祭"已经演变成了以祭祀为名而进行的市民狂欢活动，是传统文化和现代社会融合的产物。虽然京都的各种文化活动也带有商业气息，但还是以对本国的文化传承为己任，这些可以对洛阳牡丹文化节形成多方面的启示。

京都祇园祭系列活动围绕一个核心，那就是祈祷。无论是本地居民还是外来游客，通过祇园祭中的种种行动，感谢神灵的慷慨赐予和庇护，同时祈祷未来的健康平安。这种近似宗教的心理作用使祇园祭拥有强大的魅力，居民和游客形成消费习惯，甚至每年都要参与祇园祭。相比之下，牡丹文化节的核心是看花，欣赏牡丹的美好。围绕这个核心，洛阳也做了很多努力，如调节花期、管理好各大公园等等。但由于未能赋予"看牡丹"以更深的文化意涵，回头客远不及京都祇园祭。对策是深挖牡丹文化节的内涵，找到契合活动本身，又具有深度的文化意义，以形成牡丹文化节深入而持续的吸引力。

京都祇园祭祭祀庆典活动呈现丰富多彩的文化元素，洛阳的相关文化元素也应该尽量多地体现在牡丹文化节、关公祭祀大典等活动中。洛阳本身具有众多的文化元素，如历史名人、名胜古迹、典故等等，但是文化元素在节日庆典中的体现存在严重滞后的问题。牡丹造型的唐三彩是一个相对成功的有益尝试，但更多的文化元素或是缺失，或是显得生硬，与相关活动尚未形成自然和谐的结合途径。期待我们可以参照祇园祭的巡游模式开发出更多形式的活动，将更多体现洛阳特色的文化元素巧妙地融合在活动当中，形成有机体系，提升洛阳本土的节日庆典给人的印象，增加文创产品的附加价值和销售机会。

· 提升本地市民的参与度

现代社会的都市化日益明显，钢筋水泥林立而起，社区的集体感逐渐丧失，除去虚拟的信息世界中人与人的交流，现实世界中人们之间的联系实际上是在逐渐减弱的。对文化的认同感，特别是当地特有的祭祀庆典活动正好可以起到一个桥梁的作用。共同参与有意义的地方文化活动，可以拉近人与人之间的距离，增强同一区域内居民的交流沟通，促进社区团结，全员参与的京都祇园祭为此做了很好的范例。相比而言，洛阳的牡丹文化节在参与程度上远远达不到祇园祭的水平。甚至对于大多数洛阳市民来说，举办所谓一年当中最大的文化盛会，除了能够带来一定的城市自豪感以外，几乎没有参与感。现实生活中反倒会因此而更多地感受到诸如交通拥堵、开车限号、旅游年票不能使用等种种"不便"，从而对牡丹文化节持冷淡态度。

对此的解决办法有很多，政府的积极推动和执行作用最为关键。

京都地方政府对祇园祭在法律和行政方面都给予大力协助，包括对相关领域、行业或人群给予政策支持，国库补助金等具体支持，体现了日本政府对传统文化传承的重视以及"文化立国"策略制定的背景。洛阳市政府也可以借鉴，首先可以从制度和政策上在注重对外地游客的吸引政策的同时，也给予本地市民以相应的优待，让市民感受到作为当地人的优越感，从而发自内心地大力支持牡丹文化节、关公祭祀大典等有特色的文化活动。其次，文化活动中加入地域居民合作完成的项目，比如开展以小区为单位的设计装饰美化物等活动，以促进居民间的合作；向市民征集活动设计方案，增强连带感，增强民众的积极性。另外，从孩童开始进行乡土教育，培养洛阳孩子对当地历史和传统文化的意识，从小树立家乡自豪感。

终　章

历史发展到一定阶段，城市成为文明时代人类文化聚集的中心，马克思指出，"没有城市，文明就少有可能兴起"。城市在发展过程中保存各个历史时期的遗痕，传承民族的文化基因，保留人类文明发展的脉络。① 中国悠久的历史造就了无数灿若星辰的历史名城，位于中原大地的洛阳曾经格外炫目。这个众多王朝的都城，到北宋为止几乎一直是当时的首善之区，形成自己独特的文化。

　　随着中国经济进入高速发展时期，沿海城市的发展引人注目，曾经辉煌的古都由于自然环境的变迁、内陆的地理位置、缺乏政策扶持等原因失去了昔日的风采。与新兴城市不同，保护与发展的矛盾可能影响和制约历史城市的经济发展，众多的文物古迹如果处理不当，甚至成为城市发展的负担。历史遗迹是当时社会发展的脉络和特点，大量涌现的文物能体现文化的缘起和演变，保护好这些历史文物古迹，固然是历史赋予古都的责任；正确地理解和运用古都的文化，延续传承中华文明的精髓，更是时代赋予我们的当代课题。

　　文化的外延和内涵都过于抽象和复杂，很难用一个明确的概念来阐明所谓的"洛阳文化"。本书中的"洛阳文化"，是在文化前加入

---

　　① 单霁翔：《文化遗产保护与城市文化建设》，中国建筑工业出版社，2009，第349页。

洛阳这个特定的地域，二者融合形成的一个固有价值，指当时住在洛阳以及相关联的人们在才智、道德、爱好的基础上创造、构筑起来的东西。笔者在本书中引入文化表象这一可以横切并自由考察各种文化现象的概念，通过中国和日本两种文化视域，考察反映时代特点的文学作品和文化现象，进而捕捉洛阳文化表象的时代特征。日本文化视域中的洛阳，再次印证古人对这座城市的定位——"伊洛之都，皇王所宅，乃夷夏归心之地，非农桑取利之田"。用一句话概括最终得出的结论：古都洛阳的城市文化史是华夏文明变迁的核心体现，洛阳特有的以文化认同为基础的凝聚力可以看作古代中华民族共同体意识的思想雏形。华夏归心之地，曾经的亡国之痛与文化之殇都不改其辉煌，本书以"华夏之心"为名，正是想再次审视这座古城，重新发现其中蕴含的力量。

一　历史上洛阳的文化表象

本书以历史为轴，不仅是王朝的交替，还把社会、文化的变革也考虑在内，将洛阳分成从先秦到宋的五个历史阶段。大量引入中国和日本关于洛阳的研究，分析总结出每个阶段洛阳的文化表象（具体说来就是通过对当时的历史文本的解读还原出来的城市风貌形象或象征意义）。

1. 先秦时期：天下之中

在中国漫长的历史中，秦具有划时代的意义。从远古到公元前221年的这段时期可以统称为先秦时期。探明先秦时期的历史，洛阳一带地域是核心区域，不探讨这个地区的历史与文化就无法谈中国古代史。作为起点，在先秦时期，洛阳的文化表象是成为天下之中的象征。本书分析洛阳在先秦时期成为"天下之中"象征的原因，与洛阳的地理环境和统治者的政治意图有密切关联。洛阳地域位于洛阳盆地中心区域的平原地带，虽然"洛阳"这个名称以及所涵盖的地理范围在先秦时期有过数次变动，但这一地区整体上被称为"洛阳"，是中华文明的发祥地。周王朝认为洛阳是天下之中，并建都于此，这成为洛阳被看作"天下之中"的原点。在此后相当长的时期内，洛阳都被视为高度文明和正统王朝的象征。洛阳的"天下之中"的印象在以农业文明为中心的时代，在以陆地运输为主要交通手段的时代，具有相当大的影响。先秦时期以后的众多王朝，之所以定都洛阳，除了为满足当时的现实需求以外，在很大程度上是因为围绕在洛阳身上的"天命""正统"的光环。而这些光环的源头，正是先秦时期形成的"天下之中"的文化表象。

2. 两汉时期：礼制之美

中华文明史中绵延四百余年的两汉时期最重要的特征是儒学成为国家教义。西汉初始定都洛阳，旋即迁往长安，洛阳成为重要的经济都市。东汉再度以洛阳为都，修建象征礼制的建筑，设置太学等，以编撰完成《白虎通义》为标志，儒教国家成立。汉的代表性文学体裁是赋，一系列的都邑赋鲜明地反映了这个历史时期洛阳礼仪制度完备，实施道德教化，构筑出洛阳"礼制之美"的文化表象。特别是汉赋的代表作《两都赋》，呈现了洛阳"道德之富"的形象，得出礼制下的简约道德比没有节制的豪奢更值得推崇的结论。文学作品构建起的"礼制之美"的洛阳形象，有东汉统治者实施的恢复礼乐制度国策和太学等儒学教育普及的历史背景作支撑。制度与教育相辅相成，社会整体的文化道德水平达到一定高度，后世史官与学者论及各朝世风时，高度赞扬以当时洛阳为代表的"东汉世风"。洛阳在两汉时期仍然具有交通枢纽和军事环境优势，礼制复兴与重视文德的政治环境，加上文学作品的助力，使洛阳的文化表象在"天下之中"的基础上加入礼乐制度和道德教化的要素，洛阳成为礼制道德的象征。

3. 魏晋南北朝时期：融合之始

从魏到隋的近四百年间出现了三十多个王朝，是中国历史上政权更替最频繁的时期。这个时期夹杂在汉与唐这两个统一王朝之间，是少数民族入主中原、权力长期分裂的时代。从社会秩序和政治制度来看可以被认为是黑暗时代，但从文化的角度来说是一个从统一国家桎梏中解脱出来的充满自由和活力的时代。洛阳处在时代旋涡的中心位置，是受战争摧残最严重、文化冲突最激烈之处，同时也是屡次被毁都能奇迹般复兴、众多文化融合共生的地方。这个时期被称为觉醒时代，几乎所有文化事件和现象都与洛阳有渊源，思想、民族、宗教方面的飞跃发生于此。儒学思想由盛转衰，受到佛教理论的影响，作为学问更加深入化，借老庄思想来解释经学使得玄学成立，形成被誉为"魏晋风流"的时代精神；民族融合在魏孝文帝迁都时达到最高潮；宗教方面，儒、释、道三教也在对立，甚至激烈的冲突中呈现融合共生的趋势。通过玄学的诞生过程、乐府诗以及《洛阳伽蓝记》，可以看到洛阳城中文化渐渐融合共生的具体实态。"融合之始"既是魏晋南北朝时期洛阳的文化表象，也是贯穿整个时代的大趋势，为中华文明进入新的阶段奠定基础。

4. 隋唐时期：归心之地

始于魏晋的文化融合共生，终于释放出无限力量和绚烂光彩，成就了从很多角度都可以称为中国史上全盛时期的隋唐时期。在这个诗歌的黄金时代，洛阳出现在诗作中的频率远远高于其他城市，是这个时代特有的文化现象。这意味着洛阳得到当时士人有意识的特别关注，比如年轻时曾经沉迷于洛阳的繁华诗酒，安史之乱以后把洛阳当作"国"来捍卫的李白；出身洛阳却不喜都市浮华，在故乡丧失以后才真正把洛阳当作"家"来怀念的杜甫；以及一生眷恋洛阳、怀有情结的白居易；等等。初唐、盛唐的诗中洛阳意象有三个明显的特征，即王权、繁华和怀乡之思，这个时期的唐诗里的洛阳是象征王权的帝都，有着繁华都市形象，同时萦绕着淡淡的乡愁。以安史之乱为转折点，安禄山占据洛阳并称帝，强烈刺激了唐朝文化士人的民族与文化自尊心。李杜诗篇中的洛阳成为"家""国"的象征，引发人们对文化归属感的追求；中唐以后，以白居易为首的士人集团长期聚居在洛阳，给洛阳添加了风雅意象；到了晚唐的动乱时期，作为"家国意象"的延伸，诗人作品中的洛阳成为追忆王朝强盛时期和怀古的对象。隋唐时期洛阳的文化表象为文化原乡般的乡愁，其根源来自历史造就的文化认同——洛阳是数个王朝的故都旧地，曾经经历少数民族的毁灭、"衣冠南渡"，成为南迁士人长期以来怀念的文化原乡。文化乡愁不仅与历史文化密切相关，也反映现实的变迁，安史之乱把这种情感放大，洛阳大量出现在唐诗中意味着唐代士人对洛阳文化象征意义的认同。文化表象随着历史的发展不断得到修正，隋唐时期洛阳的文化表象呈现新的转折，是呈现强烈华夏文化身份认同的"归心之地"。

5. 北宋时期：理学之源

众多的先行研究把宋代作为中世到近世的大转折的时期，把宋代定位为中国的文艺复兴时代，儒学以理学这一新的形式再次复兴是这个时代最重要的文化动向。新儒学（理学）兴起的源头就是"二程"在洛阳创立的洛学，洛学形成、确立、传播的过程与洛阳息息相关。从周公在洛阳制礼作乐，到东汉儒学兴盛，洛阳地域儒学历史悠久，儒学的根基十分牢固。此外，魏晋时期，这片土地老庄思想兴盛，与儒学思想交织，诞生玄学。同时，这里又因是佛教最早传到中国的地方而闻名。宋代西京洛阳是名副其实的文化中心，一流的文士学人会聚，"二程"在思想上从洛阳传统民风中汲取营养，又从周围的学术交流中得到启示从而创立洛学；同时，"二程"洛学在与王安石新学的对抗过程中借助保守派的政治势力得到发展；传播的过程中也得益于洛阳的交通地理和书院传承的形式。洛学发扬光大，成为程朱理学和阳明心学的源流，影响中国人的思想数百年，理学之源是北宋时期洛阳的文化表象，随之而来的儒学复兴成为整个宋代的文化特征。

二 "洛阳文化"的价值所在

文化具有空间性、风土性的特征。洛阳在四千年中国王朝史中的四分之三的时间里（公元前2000年到1000年，约3000年）一直占据着历史的中枢位置。以这个地域为背景的时间和空间交织生成的文化表象复杂多变，在相当长的时间内基本上代表华夏文明的最高水平。华夏文明发展和演变成中华文明的核心，洛阳本身也成为中华文化史中富有深刻象征意义的文化符号（表11）。

表11　华夏文明与洛阳文化表象对应关系示意

时代	华夏文明（汉文化）演变	洛阳文化表象的变迁
先秦时期	礼乐制度的形成	天下之中
两汉时期	儒教国家的确立	礼制之美
魏晋南北朝时期	民族、思想、宗教的融合	融合之始
隋唐时期	华夏文化特有的家国意识	归心之地
两宋时期	华夏（汉）文化的顶峰	理学之源
元、明、清直至近代	受到极大冲击整体上处于低迷状态，磨砺生成更为丰富多元的中华文明	城市文脉受到极大冲击，未再形成鲜明的文化表象

21世纪新时代的人们即将迎来中华民族的伟大复兴，洛阳周边的河洛古国等考古发现让中原文明再次作为中华文明本源引起关注和思考。洛阳文化也必将在中华文明探源工程中迎来新的生机。

周公的制礼作乐与营造洛邑几乎同步完成。以东汉洛阳太学的繁盛为标志，儒学真正建立起对全国的影响力。魏晋南北朝的民族、思想、宗教的大融合，为唐代文化的飞跃性发展奠定基础。安史之乱唤起汉民族的民族意识，宋代在洛阳儒学复兴大幕拉开，汉文化达到顶点。此后，蒙古的入侵切断了洛阳的文脉，洛阳没有再次回到历史舞台的中心。从表 11 中可以直观地看到，各个时期中华文化发展史的走向几乎与洛阳文化表象的变迁是同步的。换言之，中华文明，特别是核心部分的华夏文明的流向转变，几乎都是首先在洛阳实现的。这不是单纯的偶然一致，而是可以说明，北宋之前洛阳文化自身就是华夏文化的代表性所在，曾经承担着华夏文明风向标的作用。

一般的历史记述是以历史的推进为中心来描写的，容易以长期稳定的王朝都城为焦点。这对于某个时代的历史文化研究无疑是合适的材料，但对于历史整体研究，或者文化流向研究是有局限性的。长安、北京这样的都城特别适合体现某几个朝代的中国历史和文化，对于把握中华文明整体的变迁和发展却未必是最合适的。

早有学者指出，汉族不是血统的概念，而是文化的概念，中华民族和文化是在漫长的历史中，与周边少数民族，甚至是周边国家不断融合的结果。洛阳都城文化史研究在某种程度上贯穿了整个中国历史，对于探明中国这样的古文明大国的文化演变意义重大。因此，洛阳文化的最大价值在于，可以通过一个相对固定的空间，感受华夏文明的起源、发展和演变的轨迹，理清中华文明从古代到近世的脉络。利用这个研究结论，洛阳的定位就可以从单独王朝中提取出来，放在更高的、俯瞰中华文明的高度上进行讨论。

三　探明中日文化视域中的洛阳

通过保持一贯性的文化表象这一概念，以中日文化视域多元互证，全面综合地考察发生在从先秦时期到宋代洛阳的文化现象与重要文学作品，可以发现，虽然中国和日本存在研究方法、视角的差异，但得出的结论是共同的，即洛阳文化是华夏文明的核心所在，其价值在于可以纵观中华文明的轨迹。日本学者对洛阳的关注程度以及对洛阳的历史地位，特别是文化影响方面的肯定，甚至超过了中国学者。日本有如此深入的研究，说明洛阳值得从文化根源上受到关注和重视。中国与日本的相关学者联合起来，构筑国际视野下的洛阳学，是今后有待进一步展开的课题。

本书细致梳理古代中日交流史，充分把握洛阳在中日交往中的地位与作用。详细调查日本的洛阳文化印记，明确日本洛阳学的历史根源与现状，特别是收集整理日本洛阳学研究成果，制成中文目录，具有学术和实用价值，为搭建学术互动和交流平台奠定基础。日本洛阳学的大量研究成果给我们提供多维视角和有益补充，也鞭策中国本土的洛阳研究更加深入。

同时，在本书的最后，借用笔者主持的部分课题成果，以日本京都的文化复兴为例，提示复兴古都洛阳的方向。那就是把文化作为城市发展的原动力，寻找可以把文化遗产转变为经济效益的途径。洛阳文化在很多方面具有价值，但最核心的价值在于可以纵观中华文明的轨迹，这是其他城市所不具有的。今后城市发展的规划、宣传、定位等，都应该立足于此。这部分的论述比较粗糙，还有很多具体相关课题值得深入探讨。

中日文参考文献

闻一多：《唐诗杂论》，古籍出版社，1956。

司马光：《资治通鉴》，中华书局，1956。

顾炎武：《日知录》，明伦出版社，1970。

北京大学中国文学史教研室选注《魏晋南北朝文学史参考资料》，中华书局，1978。

范晔：《后汉书》，鼎文书局，1978。

简牍学会编辑部：《中国古代城市论集》，简牍学会，1980。

谭其骧：《中国历史地图集》，地图出版社，1982。

徐苹芳：《唐代两京的政治、经济和文化生活》，《考古》1982年第6期。

张川等选注《咏洛古诗选》，河南人民出版社，1986。

王文进：《洛阳伽蓝记：净土上的烽烟》，时报文化，1987。

王育民：《中国历史地理概论》（下册），人民教育出版社，1988。

王克陵：《西周时期"天下之中"的择定与"王土"勘测》，《人大报刊复印资料（先秦、秦汉史）》1990年第5期。

何沛雄：《〈两都赋〉与〈二京赋〉的历史价值》，《文史哲》1990年第5期。

吴先宁：《北朝文学研究》，文津出版社，1993。

龚胜生：《试论我国"天下之中"的历史源流》，《华中师范大学学报》（哲学社会科学版）1994 年第 1 期。

孙明君：《汉末士风与建安诗风》，文津出版社，1995。

洛阳市文物工作队编《洛阳考古四十年　1992 年洛阳考古学术研讨会论文集》，科学出版社，1996。

史念海：《中国古都和文化》，中华书局，1998。

徐金星：《汉魏洛阳故城保护　考古研究的回顾和展望》，《河洛春秋》1996 年第 1、2 期。

洛阳市文物局、洛阳白马寺汉魏故城文物保管所编《汉魏洛阳故城研究》，科学出版社，2001。

葛兆光：《洛阳与汴梁——文化重心与政治重心的分离》，《中国思想史》（第二卷），复旦大学出版社，2001。

汤用彤：《魏晋玄学论稿》，上海古籍出版社，2001。

赵金昭编《洛阳文化与洛阳经济》，中州古籍出版社，2001。

赵达夫：《〈两都赋〉的创作背景、体制及影响》，《文学评论》2003 年第 1 期。

董鉴泓主编《中国城市建设史》，中国建筑工业出版社，2004。

钱穆：《二程学术述评》，载《中国学术思想史论丛》卷伍，安徽教育出版社，2004。

连清吉：《日本近代的文化史学家：内藤湖南》，台湾学生书局，2004。

顾祖禹：《读史方舆纪要》，中华书局，2005。

周振甫译注《洛阳伽蓝记》，江苏教育出版社，2006。

陈义初主编，河南省河洛文化研究中心编《河洛文化与汉民族散论》，河南人民出版社，2006。

王美秀：《历史·空间·身份——洛阳伽蓝记的文化论述》，里仁书局，2007。

李久昌：《20 世纪 50 年代以来的洛阳古都研究》，《河南大学学报》（社会科学版）2007 年第 4 期。

李久昌：《"天下之中"与列朝都洛》，《河南社会科学》2007 年第 4 期。

李健超：《汉唐两京及丝绸之路地理历史论集》，三秦出版社，2007。

李久昌：《国家、空间与社会——古代洛阳都城空间演变研究》，三秦出版社，2007。

王文进：《北魏文士对南朝文化的二重态度》，《南朝山水与长城想象》，里仁书局，2008。

单霁翔：《文化遗产保护与城市文化建设》，中国建筑工业出版社，2009。

张其贤：《"中国"与"天下"的概念探源》，《东吴政治学报》2009 年第 27 期。

段鹏琦：《汉魏洛阳故城》，文物出版社，2009。

白高来、白永彤编《白居易洛中诗编年集》，军事谊文出版社，2008。

张乃翥、张成渝：《洛阳与丝绸之路》，北京图书馆出版社，2009。

许宏：《最早的中国》，科学出版社，2009。

郭引强：《洛阳大遗址研究与保护》，文物出版社，2009。

赵振华：《洛阳古代铭刻文献研究》，三秦出版社，2009。

傅崇兰等：《中国城市发展史》，社会科学文献出版社，2009。

胡阿祥：《"天下之中"及其正统意义》，《文史知识》2010 年第 11 期。

陈君：《〈两都赋〉的创作与东汉前期的政治趋向》，《文学评论》2010 年第 2 期。

吴迪等：《古都洛阳》，杭州出版社，2011。

施蛰存：《唐诗百话》，华东师范大学出版社，2011。

葛兆光：《宅兹中国》，中华书局，2011。

陆敏珍：《北宋时期的洛阳与洛学》，《浙江学刊》2011 年第 2 期。

王贵祥：《古都洛阳》，清华大学出版社，2012。

柳诒徵：《中国文化史》，中华书局，2015。

金大珍：《北魏洛阳城市风貌研究——以〈洛阳伽蓝记〉为中心》，中国社会科学出版社，2016。

刘彦卿：《天下洛阳：洛阳城外的洛阳往事》，中国炎黄文化出版社，2016。

刘未：《宋代皇陵布局与五音姓利说》，《浙江大学艺术与考古研究》（第 3 辑），浙江大学出版社，2018。

唐克扬：《洛阳在最后的时光里》，广西师范大学出版社，2018。

冈崎文夫『魏晋南北朝通史』弘文堂书房、1943。

田中克己『李太白』評論社、1944。

武内義雄『中国思想史』岩波書店、1957。

森鹿三『分裂の時代　魏晋南北朝』人物往来社、1967。

島田虔次『朱子学と陽明学』岩波新書、1967。

宇都宮清吉等『中国中世史研究—六朝隋唐の社会と文化』東海大学出版社、1970。

安部健夫『中国人の天下観念 – 政治思想史試論』創文社、1972。

那波利貞『唐代社会文化史研究』創文社、1974。

京都市編『京都の歴史第八巻　古都の近代』学苑書林、1975。

京都市編『京都の歴史第五巻　近世の展開』学苑書林、1975。

吉川幸次郎『中国文学史』岩波書店、1975。

吉川幸次郎『中国文学入門』講談社、1976。

小川環樹『小川環樹著作集』筑摩書房、1977。

武内毅雄「儒教の論理」『武内毅雄全集』第二巻 角川書店、1978。

木田知生「北宋時代の洛陽と士人達 開封との対立の中で」『東洋史研究 38』、1979。

松浦友久『唐詩の旅―黄河編』社会思想社、1980。

大室幹雄『劇場都市―古代中国の世界像』三省堂、1981。

植木久行『唐詩の風土』研文出版、1983。

西嶋定生編『奈良・平安の都と長安』小学館、1983。

大室幹雄『桃源の夢想―古代中国の反劇場都市』三省堂、1984。

平岡武夫、今井清『唐代の長安と洛陽（資料編）』同朋社、1985。

宮崎市定「隋唐文化の本質」『中国に学ぶ』中央公論新社、1986。

松浦友久、植木久行『長安・洛陽物語』集英社、1987。

伊藤道治「西周王朝と洛邑」伊藤氏『中国古代国家の支配構造』中央公論社、1987。

楊寛著（西嶋定生監訳）『中国都城の起源と発展』学生社、1987。

狩野直喜『両漢学術考』筑摩書房、昭和 63 年。

石川忠久『漢詩の風景』大修館書店、1989。

入矢義高『洛陽伽藍記』平凡社、1990。

寺尾剛「李白における洛陽の意義―安史の乱時の言及を中心に」『中国詩文論叢』10、1991。

飯田昭・南部孝男『歴史都市京都の保全・再生のために』文理閣、1992。

妹尾達彦「白居易と長安・洛陽」太田次男等編『白居易の文学と人生Ⅰ』勉誠社、1993。

和田浩平「韓愈と洛陽—元和年間初期に於ける吏隠の狭間」『芸文研究』63、1993。

五井直弘編『中国の古代都市』汲古書院、1995。

妹尾達彦「隋唐洛陽城の官人居住地」『東洋文化研究所紀要』第百三十三冊、1997。

斯波義信、浜口允子『中国の歴史と社会』放送大学教育振興会、1998。

大西国太郎『都市美の京都（保存・再生の理論）』鹿島出版会、1998。

竹内康浩「洛陽出土伝世品青銅器研究（一）」『東洋文化研究所紀要』138 号、1999。

植木久行『唐詩の風景』講談社学術文庫、1999。

森谷尅久編『京都の祭り暦』小学館、2000。

稲畑耕一郎「中国古代文明と黄河」『月刊しにか』1 号大修館書店、2001。

松橋隆治『京都議定書と地球の再生』日本放送出版協会、2002。

デイビッド・スロスビー著、中谷武雄・後藤和子監訳『文化経済学－創造性の探求から都市再生まで』日本経済新聞出版社、2002。

長嶋和重「隋唐洛陽城に関する諸問題」『龍谷大学大学院文学研究科紀要』25、2003。

朝尾直弘等『県史 26　京都府の歴史』山川出版社、2004。

中尾健一郎「白居易と洛陽」『中国文学論集』34、2005。

川本芳昭『中華の崩壊と拡大』講談社、2005。

平勢隆郎『都市国家から中華へ』講談社、2005。

気賀澤保規『絢爛たる世界帝国：隋唐時代』講談社、2005。

小島毅『中国思想と宗教の奔流』講談社、2005。

後藤和子『文化と都市の公共政策』有斐閣、2005。

岸本美緒『中国社会の歴史的展開』放送大学教育振興会、2007。

佐原康夫「周礼と洛陽」舘野和己編『古代都市とその形制』奈良女子大学COEプログラム、2007。

橘英範「六朝詩に詠じられた洛陽」『洛陽の歴史と文学』佐川英治編集、岡山大学文学部プロジェクト研究報告書10、2008。

谷川道雄『隋唐世界帝国の形成』講談社、2008。

村山裕三『京都型ビジネス　独創と継続の経営術』日本放送出版協会、2008。

渡邊義浩『後漢における「儒教國家」の成立』汲古書院、2009。

山崎茂雄『文化による都市再生学』アスカ文化出版、2009。

中村良夫『風景学入門』中央公論新社、2009。

塩沢祐仁『千年帝都洛陽　その遺跡と人文・自然環境』雄山閣、2010。

気賀澤保規編『洛陽学国際シンポジウム報告論文集　東アジアにおける洛陽の位置』汲古書院、2011。

中尾健一郎『古都洛陽と唐宋文人』汲古書院、2012。

気賀澤保規編『遣隋使がみた风景：東アジアからの新視点』八木書店、2012。

茶谷満「後漢洛陽城の可視領域と皇帝陵との空間関係—洛陽都城圏の様相に関する基礎的考察」『年報人類学研究』第3号、2013。

后　记

古有师云："学者只守一乡，则滞于一曲，隘吝卑陋。必游四方，尽见人情物态，南北风俗，山川气象，以广其闻见，则有益于学者矣。"于是负笈东渡，求学于日本。然而，徜徉在和风中，最大的收获却是有机会可以再次审视中国文化。特别是在日本常常得以邂逅洛阳，感受到这座古城不事张扬却挥之不去的文化印记。尽管游学千里之外，所学专业为环境科学，最终的研究对象却仍选择了家乡。

此书收集、记述和分析不同时期中日文化视域中的洛阳，起初的确有"生斯长斯，吾爱吾庐"的狭隘地域情结。但随着研究的深入，发现一部洛阳史几乎牵动大半个中国史，洛阳文化纠缠着整个华夏文化的核心，这个课题广阔宏大，又精微幽深。无数次深感心有余而力不足，痛恨自己的才疏学浅，又无数次因为一点小小发现而欣喜若狂。洛阳，承载的历史记忆与文化内涵，绝不应只属于这个地域，甚至不应仅仅局限于中国。这座古都曾经那么深刻地承载着华夏意识和文明之光，连沐浴过这种光辉的日、韩等国的海外学人都怀着敬畏之心去研究它，那么读懂洛阳更应该成为我们每个中国人的义务。

原本希望从历史的纵横联系上注重文化的历史结构性变动和长期发展驱使元素，以较长的时段来观察、把握不同时期、不同文化作品中的微观洛阳，并系以宏观的历史之思。然而力有不逮，到目前为止并未能真正有质量地完成这个分析。好在此书从中日交流史中较为详细地梳理出古代洛阳与日本的关联，有大量体现洛阳与日本特殊关系的材料，文化表象分析中也大量引用日人的洛阳研究成果。特别是收集整理的洛阳在日本社会的点滴余韵、日本洛阳学研究成果等，都是通过有意识地长期关注、积累而得的，这是以往尚没有人真正下功夫做的，这些努力或许可以为今后这个课题的进一步展开铺平一些道路。

本书也可以作为简略的洛阳文化小史来读。冯友兰先生说："小史者，非徒巨著之节略、姓名学派之清单也。譬犹画图，小景之中，形神自足。非全史在胸，曷克臻此。"正是借其"著小史者，意在通俗"之意，才敢将寓居东瀛十余年中追踪古都洛阳文化的所思所识付诸笔端。在这个艰辛与欣喜交织的过程中，幸而有研究生时代的井手启二先生，热忱地将我引向学问之路；有博士生时代的连清吉先生，教授我中国传统的治学之道和日本式钻研的学习态度；回国后有河南科技大学提供的良好环境；当然还有家人一如既往的爱与实际支持，书稿才得以完成。感激之情，无以言表！

感谢之余，更多的是感慨，因为，越深入了解，越觉"洛阳"实在是过于博大精深，相比之下自己的书写还是过于简陋和肤浅。尽管诚惶诚恐，仍真诚地期待各位方家指导指正！

2020 年 4 月完成书稿于洛阳

图书在版编目（CIP）数据

华夏之心：中日文化视域中的洛阳／黄婕著. --
北京：社会科学文献出版社，2020.7
ISBN 978 - 7 - 5201 - 6544 - 0

Ⅰ.①华…　Ⅱ.①黄…　Ⅲ.①中日关系 - 文化交流 -
文化史 - 研究②文化史 - 洛阳　Ⅳ.①K203②K313.03
③K296.13

中国版本图书馆 CIP 数据核字（2020）第 062449 号

华夏之心
——中日文化视域中的洛阳

著　　者／黄　婕

出 版 人／谢寿光
组稿编辑／任文武
责任编辑／李　淼　王玉霞
文稿编辑／侯婧怡

出　　版／社会科学文献出版社·城市和绿色发展分社（010）59367143
　　　　　　地址：北京市北三环中路甲 29 号院华龙大厦　邮编：100029
　　　　　　网址：www. ssap. com. cn
发　　行／市场营销中心（010）59367081　59367083
印　　装／三河市东方印刷有限公司

规　　格／开本：787mm × 1092mm　1/16
　　　　　　印张：22.25　插页：0.5　字数：291 千字
版　　次／2020 年 7 月第 1 版　2020 年 7 月第 1 次印刷
书　　号／ISBN 978 - 7 - 5201 - 6544 - 0
定　　价／78.00 元

本书如有印装质量问题，请与读者服务中心（010 - 59367028）联系